dt

»Die Zukunftsfähigkeit des *homo sapiens sapiens* – und nicht nur seiner Schrumpfgestalt, des *homo oeconomicus* – erfordert neben der Erhaltung der natürlichen Lebensgrundlagen auch eine Nachhaltigkeit auf der gesellschaftlichen und human-individuellen Ebene. Diese kommt in einer gerechten Gesellschaft zum Ausdruck, in der alle Individuen an der Gestaltung beteiligt sind und die Möglichkeit besitzen, sich physisch, geistig und emotional optimal zu entfalten. Das schließt eine Befriedigung ihrer Grundbedürfnisse ein. Was zukunftsfähig ist, lässt sich nur schwer in Vorschriften und Rezepte fassen. Zukunftsfähigkeit wird mehr durch eine Lebenshaltung erreicht, die aufmerksam, umsichtig, vorsorgend, emphatisch und liebend ist. Leichter ist es zu benennen, was nicht zukunftsfähig ist. Etwa unsere durch ungebremstes Wachstum und Beschleunigung gekennzeichnete westliche Lebensweise.«

Hans-Peter Dürr, am 7. Oktober 1929 in Stuttgart geboren, war bis Herbst 1997 Direktor des Werner-Heisenberg-Instituts am Max-Planck-Institut für Physik und Astrophysik in München. 1987 wurde er mit dem Alternativen Nobelpreis ausgezeichnet. Dürr ist Begründer der Initiative »Global Challenges Network«, einer Organisation, die ein Netz aus Projekten und Gruppen knüpft, die konstruktiv und gemeinsam »an der Bewältigung der Probleme arbeiten, die uns und damit unsere natürliche Umwelt bedrohen«.

Hans-Peter Dürr

Für eine zivile Gesellschaft

Beiträge zu unserer Zukunftsfähigkeit

Herausgegeben von Frauke Liesenborghs

Deutscher Taschenbuch Verlag

Von Hans-Peter Dürr ist
im Deutschen Taschenbuch Verlag erschienen:
Das Netz des Physikers (33056)

Originalausgabe
Juni 2000
2. Auflage Juli 2002

www.dtv.de

Umschlagkonzept: Balk & Brumshagen
Umschlagbild: ›Wolkenwelt‹ (1976, Öl auf Holz, 70x80 cm)
von Henning von Gierke
Satz: KCS GmbH, Buchholz/Hamburg
Gesetzt aus der Garamond 9,5/10,75'
Druck und Bindung: Druckerei C. H. Beck, Nördlingen
Gedruckt auf säurefreiem, chlorfrei gebleichtem Papier
Printed in Germany · ISBN 3-423-36177-8

Vorwort

Es mag einem angesichts der bedrückenden Lebensbedingungen für den Großteil der Menschheit, der damit verbundenen ökonomischen, sozialen und humanen Ungerechtigkeiten und Katastrophen, die die meisten Menschen auf dieser Erde ertragen müssen, der nicht enden wollenden militanten Auseinandersetzungen in allen Teilen der Welt womöglich allzu optimistisch vorkommen, die Vision einer »zivilen Gesellschaft« zu verbreiten. Hans-Peter Dürrs »Optimismus« nährt sich jedoch weniger aus Wünschen, Träumen und Hoffnungen als aus pragmatischen Beobachtungen und naturwissenschaftlichen Erkenntnissen: Es gibt kein einziges Naturgesetz, so argumentiert er, das notwendig Ungerechtigkeit, Zerstörung und Macht erzwingt. Im Gegenteil – die (Über)Lebensfähigkeit alles Lebendigen basiert auf Kooperation, Kreativität und der Tatsache, dass die Zukunft offen ist.

Doch um diese optimalen Ausgangssituationen und »Arbeitsbedingungen« für die Gestaltung einer zukunftsfähigen Weltgesellschaft zu nutzen, wird es notwendig sein, seine eigenen, individuellen Fähigkeiten engagiert einzubringen und mit dem kreativen Potenzial von anderen Menschen zu vernetzen. Das wiederum setzt die grundlegende Bereitschaft eines jeden Menschen voraus, sich als willkommenes Mitglied der Weltgemeinschaft zu verstehen, aber es erfordert ebenso die Zivilcourage, diese Mitgliedschaft aktiv und konstruktiv umzusetzen.

Hans-Peter Dürr beschreibt aus unterschiedlichen Perspektiven Zusammenhänge, Hindernisse, Herausforderungen und Möglichkeiten, die mit einem solchen zivilen Engagement verbunden sind. Die Beiträge sind in der Regel Abschriften oder Zusammenfassungen von Vorträgen.

Frauke Liesenborghs

Inhalt

Einleitung

Wer kümmert sich um unsere Zukunft?

Es ist verhängnisvoll, dass Fragen der Zukunftsfähigkeit des Menschen in der nationalen und internationalen Politik immer mehr verdrängt werden. Denn die Zukunftsfähigkeit des *homo sapiens sapiens*, des ganzen Menschen mit all seinen physischen, geistigen und emotionalen Potenzialen (und nicht nur seiner Schrumpfgestalt, des *homo oeconomicus*), muss bei unserem Planen und Handeln höchste Priorität haben und behalten. Stattdessen orientieren sich immer mehr Länder an der wirtschaftlichen Wettbewerbsfähigkeit, so als wäre Wettbewerb ein Ziel an sich und nicht nur ein Mittel zu einem besonderen Zweck, wie eben vor allem unsere Zukunftsfähigkeit. Zukunftsfähigkeit erfordert nicht nur die langfristige Sicherung der natürlichen Lebensgrundlagen der Menschen, sondern auch die Gewährleistung gerechter Gesellschaftsordnungen, die erst ein friedliches Zusammenleben aller Menschen ermöglichen, und den einzelnen Menschen die Chance für ein lebenswertes Leben verschaffen. Da Menschen »nicht vom Brot alleine« leben, muss dies über die Befriedigung ihrer physischen Grundbedürfnisse (wirtschaftliche Komponente) hinausgehen. Es muss ihnen erlauben, ihre Persönlichkeit zu entfalten und an der Gestaltung ihrer Gesellschaft mitzuwirken.

Wir müssen uns um unsere Zukunftsfähigkeit selbst kümmern. Denn die Natur wird uns dazu nicht zwingen. In ihr gilt die Regel, dass »Dummköpfe«, die ihre langfristigen vitalen Interessen vernachlässigen, einfach aus der biologischen Evolution entlassen werden. Leider gilt dies nicht individuell, sondern kollektiv, so dass die Einsichtigen, wenn sie dies verhindern wollen, Wege finden müssen, die Nichteinsichtigen von ihren Dummheiten abzuhalten. Wie kann so etwas gelingen?

Dies ist eine schwierige Aufgabe. Wir sind darauf nicht vorbereitet. Warum? In der Vergangenheit war der Einfluss des Menschen auf seine Umwelt vergleichsweise so geringfügig, dass alle seine

Umweltsünden, bis auf wenige lokale irreparable Schäden, durch die Robustheit des über Jahrtausende stetig gewachsenen und hoch ausgetesteten Ökosystems erfolgreich abgefedert wurden. Diese Elastizität hat uns dazu verleitet, die Natur als einen Partner zu betrachten, der sich alles gefallen lässt, und darüber hinaus als ein unendliches Reservoir, aus dem wir beliebig Rohstoffe entnehmen und in das wir am Ende allen unseren Abfall werfen können, ohne uns Gedanken über die langfristigen Folgen machen zu müssen. In der Tat verfügt die Natur über eine immense Vielzahl von Prozessen, die ihr erlauben, die durch unser Wirken aufgerissenen Kreisprozesse wieder zu schließen. Aufgrund der Industrialisierung unserer Gesellschaft, in der die menschlichen Umwelteinflüsse, insbesondere durch den wachsenden Einsatz fossiler Brennstoffe wie Kohle, Erdöl und Erdgas, durch die Ausbeutung von über Millionen von Jahrhunderten angesammelten Sonnenenergiespeichern, in ihrer Intensität, Vielfalt und Beschleunigung extrem verstärkt wurden, reicht jedoch die Robustheit der Natur zu ihrer Selbstheilung nicht mehr aus. Dadurch fällt nun uns Menschen die heikle Aufgabe zu, auch die langfristigen Folgen unseres Handelns mit zu bedenken und große irreversible Schäden für uns nach Möglichkeit zu vermeiden. Es hieße jedoch die Komplexität des Ökosystems der Erde gigantisch zu unterschätzen, dies, wie manche Wissenschaftler heute empfehlen, durch eine weitere, gewaltige Verstärkung menschlicher Eingriffe in das Biosystem zu erreichen. Es müssen vielmehr menschliche Aktivitäten derart umgestaltet werden, dass sie die Robustheit des Biosystems nicht überfordern.

Die Initiative für eine solche Umgestaltung kann nur von den Verständigen und Vernünftigen kommen. Ihre Implementierung bedarf jedoch, wie ich glaube, dringend staatlicher Unterstützung und einer entsprechenden Institutionalisierung. Die Macht liegt heute vorwiegend bei der Wirtschaft. Aufgrund ihrer kurzfristigen Ziele und ihrer Orientierung am einkommengewichteten Menschen (Kunden und Shareholder) kann sie jedoch diese Aufgabe nicht übernehmen und will dies, nach ihrem augenblicklichen Selbstverständnis, auch gar nicht. Der Staat, als Vertreter aller Bürgerinnen und Bürger, muss sich deshalb dieser Aufgabe stellen. Er kann dies jedoch nicht leisten, weil er zu schwach ist und ihm der Auftrag und die notwendigen Institutionen fehlen. Denn es gibt keine Instanz, welche die Rechte zukünftiger Generationen ausreichend schützt und die politischen Entscheidungen in ähnlicher Weise auf ihre langfristigen Konsequenzen untersucht, wie dies etwa die Judikative, die richterliche Gewalt, bezüglich der Verträglichkeit von Gesetzen mit der Verfassung tut. Es ist völlig unangemessen, Fragen der Zukunftsfähigkeit auf parteipolitischer Ebene opportunistisch auszufechten, wie dies im Augenblick geschieht, weil die kleine Gruppe der Weitsichtigen, begleitet von der Häme einer vorwiegend einfältigen Presse, von den vielen so genannten Realisten, welche die Zukunft immer nur durch den Rückspiegel sehen, statt neuen Einsichten eine Chance zu geben, immer mehr ins Abseits gedrängt werden.

Die Zukunftsfähigkeit muss dringend, um unser aller Zukunft willen, zum übergeordneten Ziel *aller* Menschen werden. Es ist hierbei insbesondere die »Zivilgesellschaft«, die – neben Staat und Wirtschaft – in die uns und unsere natürliche Lebenswelten betreffenden Entscheidungsprozesse einbezogen werden muss. Um dieses zu ermöglichen, müssen sicherlich neue institutionelle Wege gefunden werden. Unverzichtbar ist aber ebenso das Engagement und die Übernahme von Verantwortung eines jeden Einzelnen von uns.

Hans-Peter Dürr

Das neue Weltbild

Gott, der Mensch und die Wissenschaft

Vorbemerkungen

Als Naturwissenschaftler möchte ich mich dem umfassenden und jeden überfordernden Thema: Gott, der Mensch und die Wissenschaft von unten her, also von der Wissenschaft, oder genauer: der Naturwissenschaft und Physik, anzunähern versuchen. Und dies zunächst, weil ich dort angesiedelt bin und mich deshalb am besten auskenne. Wichtiger ist jedoch etwas anderes. Zu Beginn dieses Jahrhunderts hat sich im Denkgebäude der Physik nicht nur ein Paradigmawechsel, sondern eine tief greifende Revolution ereignet, die unser physikalisches Weltbild radikal verändert hat: die Quantentheorie. Durch sie wurden überraschende Möglichkeiten eröffnet, alte Streitfragen in einem ganz neuen Licht zu sehen und miteinander zu versöhnen. Insbesondere gilt dies auch für die Beziehung zwischen Wissenschaft und Religion, die unserem Thema zugrunde liegt. Diese Revolution im physikalischen Weltbild hat zudem gezeigt, dass auch die hehre Naturwissenschaft auf einmal in eine ähnlich fragwürdige Situation wie früher die Kirche geraten kann, die damals in voller Überzeugung verkündet hatte, dass nur sie die Wahrheit und nichts als die Wahrheit vertrete. Denn die selbstbewusste Naturwissenschaft überschätzt heute ihren Wahrheitsanspruch. Auch sie irrt, und sie irrt in manchen Punkten in gefährlicher Weise, so dass wir sie ernsthaft ermahnen müssen ihre großen Erfolge nicht so zu missdeuten, als ob sie nun, gewissermaßen in der Nachfolge der Religion, letztlich auserkoren sei, die eigentliche Wahrheit zu finden.

Ein Studium der Philosophie und Wissenschaftsgeschichte zeigt, dass viele der heutigen grundsätzlichen Erkenntnisse schon früher, wenn auch in einer etwas anderen Form, aufgetaucht waren. Jeder, der einen Zipfel der Wahrheit zu fassen kriegte, schrie »Hurra« und verkündete: »Ich hab's gefunden.« Er sah dann fortan alles nur unter dem Aspekt dieses Wahrheitszipfels und hielt alles Übrige für einen Irrtum. Viele Verirrungen waren die Folge. Denn so einfach scheint es mit der Wahrheit nicht zu sein, dass sie sich unausweichlich einer zweiwertigen Entscheidung »richtig oder falsch« stellt. Was sich aus heutiger Sicht als »Wahrheit« abzeichnet, ist eine ganz andersartige, viel offenere Wahrheit.

Eine wesentliche Konsequenz des neuen physikalischen Weltbildes ist, dass es *prinzipielle* Grenzen des Wissens gibt, also Grenzen, die sich nicht nur aus unserer augenblicklichen Ignoranz definieren. Selbstverständlich wissen wir, dass wir viele Dinge nicht wissen. Wir empfinden dies als einen Mangel, den wir mit Anstrengung im Laufe der Zeit zu beseitigen hoffen. Wir versuchen dies, indem wir eifrig von anderen das schon Bekannte lernen, was uns selbstverständlich nur zu einem winzigen Teil gelingt. Wir geben uns nicht damit zufrieden. Weiter fragend stoßen wir in das noch Unbekannte vor und betreiben systematisch Wissenschaft. Die Grenzen des Wissens verschieben sich durch unsere Forschungen immer weiter ins Neuland. Es gibt jedoch nicht nur solche temporären Grenzen, »frontiers«, sondern echte Grenzen des Wissens, »limits«, die prinzipiell nicht überschritten werden können. Was wir Wissen nennen, was also wissbar ist, erfordert nämlich notwendig gewisse Vorbedingungen. Diese führen dazu, dass vieles, was für unser Leben sehr wichtig ist, nicht erfasst werden kann und deshalb draußen bleibt. Es gibt ein Drinnen und Draußen. Was wir wissen und was wir nur glauben können, wird auf diese Weise aufgetrennt. Viele Lebenserfahrungen sind deshalb nur dem Glauben zugänglich. Historisch betrachtet ist dies keine revolutionäre Einsicht, sondern nachgerade eine Binsenwahrheit. Überraschend jedoch war, dass diese Einsicht gerade von einer Wissenschaft – und auch noch von der Physik – aus sich heraus bestätigt wurde, wo die Physik doch mit der festen Überzeugung angetreten war, dass alles gewusst werden kann und der Glaube bestenfalls nur die Rolle eines zeitweiligen Lückenbüßers spielt.

Es war Max Planck, dessen eigentümliche Forschungsergebnisse die neue Physik auslösten. Den Grundstein für das neue Weltbild legten Niels Bohr und eine Schar von enthusiastischen Zwanzigjährigen wie Werner Heisenberg, Wolfgang Pauli und Paul Dirac. Weil sie vielleicht noch so wenig von der alten Physik kannten, fiel ihnen der verwegene Sprung in die neue Weltdeutung leichter als den

»alten Herren«. Anstatt weiter über das Absurde des neuen Weltbildes zu rätseln und den Zusammenbruch des alten Weltbildes zu beklagen, erkannten sie mit Staunen die umfassendere Bedeutung und die größere Integrationskraft der neuen Weltsicht. Es benötigte allerdings über ein Vierteljahrhundert, bis sich die neue Weltdeutung wissenschaftlich etablierte. Weil das gewohnte Verständnis versagte, war dieser Prozess schmerzhaft und der Widerstand dagegen groß. Noch heute ist der Lernprozess nicht abgeschlossen, ja es scheint sogar, als ob die aus dem neuen Weltbild gezogenen wesentlichen Lektionen wieder in Vergessenheit zu geraten drohen. Dies ist einigermaßen erstaunlich. Denn wesentliche Elemente der modernen Technik, z. B. die für die Informationstechnik wesentliche Mikroelektronik oder die Atombombe, um zwei herausragende Entwicklungen unserer Zeit zu benennen, würden ohne diese neuen Erkenntnisse gar nicht funktionieren. Trotzdem klammern wir uns in der Wissenschaft und der Wirtschaft noch immer an eine Denkweise des 19. Jahrhunderts. Denn sie verspricht uns, dass wir die Welt am Ende begreifen und »in den Griff« bekommen können, und vermittelt uns den Eindruck, alle komplexen Probleme ließen sich am besten lösen, wenn sie nur geeignet analysiert und zerlegt werden. Wir wehren uns deshalb instinktiv gegen die im Hintergrund auftauchenden neuen Vorstellungen, die solche Unternehmungen streng genommen zum Scheitern verurteilen. Diese mangelhafte Einsicht ist letztlich die Ursache für viele unserer heutigen gesellschaftlichen Schwierigkeiten.

Das moderne im Gegensatz zum klassischen physikalischen Weltbild

Ich will Ihnen jetzt einiges über die neue Physik erzählen, ohne dass ich hier sehr in die Tiefe gehen kann. Es ist immer schwierig, über etwas zu sprechen, für das unsere Sprache gar nicht geschaffen ist, denn sie hat sich doch an unserer täglich erfahrenen Umwelt entwickelt. Heisenberg hat diese Eigentümlichkeit und Schwierigkeit einmal in seinem Buch ›Der Teil und das Ganze‹ so ausgedrückt: »Die Quantentheorie ist so ein wunderbares Beispiel dafür, dass man einen Sachverhalt in völliger Klarheit verstanden haben kann und gleichzeitig doch weiß, dass man nur in Bildern und Gleichnissen von ihm reden kann.« Die Umgangssprache versagt also, um das Neue zu beschreiben, obwohl man alles genau »verstanden« hat. Die große Genauigkeit eines solchen »Verständnisses« von nicht unmittelbar Vorstellbarem erzielt man dabei durch höhere Abstraktion und mithilfe der flexibleren Sprache der Mathematik.

Was machte vorher die klassische Physik so erfolgreich? Die klassische Physik hat die Vorstellung: Außerhalb von uns existiert eine Welt, die ohne uns, als ihren Betrachter, auch existiert in Form von Objekten, Gegenständen. Die Wirklichkeit, sagt man, ist *Realität*. Realität, von lat. *res*, das Ding, heißt, dass die Welt aus Dingen, aus Materie besteht. Diese Materie existiert in einem dreidimensionalen Raum und in der Zeit. Das Bemerkenswerte an der Zeit ist dabei, dass diese sich anders artikuliert als die drei Raumdimensionen. Nur ein Zeitpunkt, die augenblickliche Gegenwart, ist uns jeweils zugänglich. Dieses Jetzt!, was wir unmittelbar erleben, ist kurz und wird sofort unwiederbringlich Vergangenheit. Und schon ist eine neue Gegenwart da, ein neues Jetzt!, das aus einer vorgestellten Zukunft uns erreicht. Es bleibt uns dabei unverständlich, warum uns die Wirklichkeit nur in einem Nacheinander, Schicht für Schicht, aufgetischt wird, wo doch, was in Zukunft passiert, für unser Leben und Überleben so wichtig ist. Es gelingt uns jedoch, diese Ignoranz durch die empirische Feststellung zu überwinden, dass die jeweiligen Gegenwarten nicht willkürlich aufeinander folgen, sondern dass hier ein tieferer Zusammenhang besteht, eine kausale Verknüpfung, wie wir sagen, bei der bestimmte »Ursachen jetzt« zu bestimmten »Wirkungen später« führen. Die Belegungen der Schichten folgen bestimmten Gesetzmäßigkeiten, Naturgesetzen. Das Zukünftige wird dadurch in seiner speziellen Ausprägung festgelegt und für uns vorhersehbar. Die Welt läuft, ähnlich wie ein mechanisches Uhrwerk, eindeutig determiniert ab.

In der Technik verwenden wir diese Gesetzmäßigkeiten, um das Zukünftige für unsere Zwecke geeignet zu gestalten. Doch diese Gestaltungsmöglichkeit funktioniert nur, wenn der Mensch als Zukunftsgestalter nicht selbst Teil des determinierten Uhrwerks ist. Wir postulieren deshalb für den Menschen eine zusätzliche *geistige Dimension* und mit dieser die Möglichkeit des Wissens. Die geistige Dimension soll nichts mit der mechanistischen Natur zu tun haben, sondern sie ist »Gott ähnlich«. Wir erleben uns praktisch als vom »lieben Gott« beauftragt, auf dieser Erde in seinem Namen, gewissermaßen als Mitschöpfer, einzugreifen und das Weltgeschehen geeignet – möglichst in Richtung des Guten – zu lenken. Daraus erwächst die Fähigkeit: »Wissen ist Macht.« Wir haben also im Rahmen der klassischen Beschreibung die Vorstellung einer streng determinierten Natur, die sich von einem mit Geist begabten und einsichtsvollen sowie mit erlerntem Wissen und vielfältigen Fertigkeiten ausgestatteten Menschen absichtsvoll manipulieren und in den Griff bekommen lässt. Er muss dazu den Zustand der Welt und ihre Gesetzmäßigkeiten möglichst genau kennen. Aufgrund der Verschiedenartigkeit der geistigen und materiellen Dimension fallen bei dieser Betrachtungsweise Mensch und Natur prinzipiell auseinander. Der Mensch wird göttlich erhöht, die Natur gottlos erniedrigt, der Trennungsstrich willkürlich gezogen. Ist jeder Mensch in diesem erhöhten Sinne ein Mensch oder, wie in der Vergangenheit angenommen, eigentlich nur der Mann? Oder anders: Warum soll der Mensch so verschieden sein von seinen näheren und entfernteren Verwandten im Tierreich, abgetrennt vom ganzen wunderbaren Reich des Lebendigen?

Aufgrund der klassischen Vorstellungen bedeutet mehr Wissen einen Machtzuwachs. Man möchte immer genauer beschreiben, was *ist.* Man stellt fest: Was *ist,* ist Materie. Aber die Materie hat auch noch Form. Wir sagen deshalb: Die Materie ist das Grundlegende, die Form ist eine abgeleitete Eigenschaft, die etwas mit der Anordnung der Materie zu tun hat. Gibt es Materie, die keine Form mehr hat? Um sie zu finden, zerlegen wir Materie immer weiter, um schließlich formlose Materie zu erhalten. Kleinste Teilchen, die sich nicht weiter zerlegen lassen, sollten formlos sein. Wir nennen sie »A-tome«, die Unzerlegbaren. Auf der Suche nach diesen »Atomen« kommen wir zu immer kleineren Teilchen, auch den so bezeichneten Atomen, den Bausteinen der chemischen Elemente. Aber auch sie erweisen sich bei genauerer Betrachtung als zerlegbar in kleinere Einheiten: Atomkerne, Elementarteilchen usw. Kaum wähnen wir beim Allerkleinsten angekommen zu sein, geht es weiter und der Verdacht verdichtet sich, dass wir nie an ein Ende kommen werden. Aber wir kommen zu einem Ende, doch auf eine ganz unerwartete Weise. Das ist der revolutionäre Anfang der modernen Physik.

Schon bei den Atomen und ihren Bausteinen stellen wir nämlich fest, dass sie *gar keine Materie mehr sind.* Wir kommen also zum

Ergebnis: *Materie ist nicht aus Materie zusammengesetzt.* Atome und ihre »Bausteine« haben nicht mehr die Eigenschaften von Materie. *Es sind reine Gestaltwesen.* D. h., wir haben auf einmal im Vergleich zur klassischen Vorstellung eine Umkehrung der Rangordnung. Die klassische Ansicht war doch: Die Materie ist das Primäre und das eigentlich Wichtige: Materie bleibt Materie, und sie ist deshalb so verlässlich, weil sie – im Gegensatz zur Form, die sich nach Maßgabe der Naturgesetzlichkeit ständig verändert – zeitlich gleich bleibt. Die neue Erkenntnis lautet nun: Die Form oder allgemeiner die Gestalt ist es, die sich im Laufe der Zeit nicht verändert. Materie gibt es im Grunde gar nicht. Diese bildet sich erst als »Als-ob«-Erscheinung bei größeren Anhäufungen der atomaren Gestaltwesen auf einem räumlich höheren Niveau durch Ausmittelung heraus. *Wir stellen fest, die Wirklichkeit ist im Grunde keine Realität, keine dingliche Wirklichkeit.* Was bleibt, ist – wie wir es nennen – *Potenzialität.* Es ist nicht die Realität selber, sondern nur eine mögliche Fähigkeit, sich auf verschiedene Weise zu *realisieren*, sich als Materie zu manifestieren. Im Grunde gibt es nur Gestalt, reine Beziehungsstruktur ohne materiellen Träger. Wir können vielleicht auch sagen: *Information.* Information lässt sich nicht greifen. Aber es ist bemerkenswert, dass wir eine Struktur haben, die sich – wenn sie sich genügend verdichtet – wie Materie anfühlt und uns vorgaukelt, wir könnten sie greifen. Die Wirklichkeit ist aber Potenzialität. Die Beziehungsstruktur ist grundlegender als die Existenz des aufeinander Bezogenen. Gewissermaßen: Ein Wald ohne seine Bäume, das Gemeinsame, ist primärer als die einzelnen Bäume zusammengenommen.

Die ursprünglichen Elemente sind also *Beziehungen der Formstruktur*, sie sind nicht Materie. Wenn diese Nicht-Materie gewissermaßen gerinnt, zu Schlacke wird, dann wird daraus etwas »Materielles«. Oder noch etwas riskanter ausgedrückt: *Im Grunde gibt es nur Geist.* Aber dieser Geist verkalkt und wird, wenn er verkalkt, Materie. Und wir nehmen in unserer klassischen Vorstellung den »Kalk«, weil er »greifbar« ist, ernster, als was vorher da war, das Noch-nicht-Verkalkte, das geistig Lebendige. Es gibt gar nichts Seiendes, nichts, was existiert. Es gibt nur Wandel, Veränderung, Operationen, Prozesse. Wir verkennen die Änderung in ihrer primären Bedeutung, wenn wir sie ontologisch beschreiben als: A hat sich in der Zeit in B verwandelt. Denn es gibt im Grunde weder A noch B noch Zeit, sondern nur die Gestaltveränderung, nur die Metamorphose. Solche Gestaltveränderungen lassen sich prinzipiell nicht isolieren, weil sie offene Beziehungsstrukturen sind. *Es gibt deshalb nur eine einzige Gestalt und diese ist die »Welt«, die potenzielle »Wirklichkeit«. Es gibt nur das eine. Und dieses eine lässt sich prinzipiell nicht in Bestand-Teile aufteilen, es ist das Nicht-Zweihafte.* Denn Aufteilen hat etwas mit unserer materiellen Sichtweise zu tun und unserer Vorstellung, dass Teile ähnliche Eigenschaften haben wie das Ganze oder zumindest mit denselben Begriffen beschrieben werden können. Die Welt stellt sich somit als etwas Nicht-Auftrennbares, als etwas Ganzheitliches dar. Die Elementarteilchenprozesse sind nicht so, dass sie ihre Ursache haben und dann zu einer bestimmten Wirkung führen, sondern es geht ganz »lebendig« und spontan zu. Ein Teilchen verschwindet hier und entsteht wieder dort, und dann sagen wir: Es hat sich von hier nach dort bewegt. Wir konstruieren so etwas wie eine Bahn eines unvergänglichen Teilchens. In unserer »mesoskopischen« Lebenswelt, die Millionen oder gar Milliarden Mal viel größer ist als die Welt der hier besprochenen immateriellen Atome, ist dies auch eine angemessene Sprechweise, weil sich die »Lebendigkeit« der subatomaren Prozesse hier fast völlig herausmittelt.

Die Zukunft ist im Wesentlichen offen. Die Welt wird in jedem Augenblick neu erschaffen, aber vor dem Hintergrund, wie sie vorher war. Nur gewisse Dinge sind vorgezeichnet, die im Wesentlichen von den alten herrühren, so wie man Gewohnheiten hat, die man auf diese Weise immer wieder auslebt. Alles ist mitbeteiligt an der Gestaltung der Zukunft. Die Zukunft ist nicht etwas, das einfach hereinbricht, sondern die Zukunft wird gestaltet durch das, was jetzt passiert.

Bedeutung der modernen Physik für unsere Lebenswelt und den Menschen

Im Mikroskopischen lässt sich das Zukünftige nicht eindeutig vorherbestimmen aus dem, was in der Gegenwart passiert. Die Zukunft ist offen, jedoch nicht ganz offen, nicht willkürlich, denn es lassen sich immer noch bestimmte Wahrscheinlichkeiten angeben für das unendlich Vielfältige, was sich in der Folge ereignen kann. Das Beispiel eines Würfels verdeutlicht dies. Ich kann nicht vorhersagen, welche Zahl ich würfeln werde. Wenn ich aber gleichzeitig eine Million Würfel auf den Tisch werfe, wird das Resultat praktisch eindeutig: Alle Augenzahlen kommen gleich oft vor (in diesem Fall mit einer mittleren Abweichung von etwa einem Tausendstel, der Wurzel aus eins durch eine Million). Wir stellen fest: Die indeterminierte Naturgesetzlichkeit im Mikroskopischen ist so, dass im statistischen Mittel makroskopisch die uns wohl bekannten klassischen Naturgesetze herauskommen. Die Zukunft erscheint in dieser Vergröberung determiniert. Es sieht so aus, als hätten wir ein Kausalgesetz: Aus A folgt B; und das ziemlich genau, bis auf winzig kleine Abweichungen. Es formiert sich so etwas wie Materie. Sie lässt sich in Bruchstücke teilen, die wieder Materie sind und Materie bleiben. Gestalteigenschaften, die im Untergrund, im Mikroskopischen, eine fundamentale Rolle spielen, wie vor allem gewisse Symmetrieeigenschaften, aus denen die bekannten Erhaltungssätze resultieren – etwa der wichtige Erhaltungssatz der Energie, nach dem sich die Gesamtenergie zeitlich nicht verändert –, finden nun in der uns gewohnten größeren Welt durch Ausmittelung einen Ausdruck in entsprechenden materiellen Eigenschaften.

Die Vorstellung, dass die Gestalt fundamentaler sei als Materie, macht uns erhebliche Schwierigkeiten, weil wir Gestalt und Form in unserer Lebenswelt eigentlich immer nur sekundär als Anordnung von Materie begreifen. Genau betrachtet stimmt dies aber nicht. Jede Erfahrung und jedes Erlebnis ist zunächst eine Beziehung, eine unaufgelöste Relation zwischen dem Beobachter und dem Beobachteten. Das Objekt, der isolierte materielle Gegenstand, ist Ergebnis einer Abstraktion, bei der wir die spezielle Sichtweise des Beobachters gewissermaßen durch Mittelung über alle möglichen Standpunkte abtrennen. Durch diese Objektivierung gelangen wir zu einer begrifflichen Sprache und zu einer unserer Wahrnehmung geläufigen objektivierbaren, reduzierbaren Welt, die insbesondere für eine Wirtschaft prädestiniert ist, wo sich Werte an der Tauschfähigkeit orientieren. Im Übrigen spielen im lebendigen Leben und in den meisten Hochkulturen Beziehungsstrukturen eine weitaus wesentlichere Rolle als das Materielle. Durch den Verlust seiner Lebendigkeit hat das Materielle jedoch den Vorteil der Beständigkeit, was für Vergleiche wichtige, verlässliche, allgemeine Referenzsysteme ermöglicht.

Der Entropiesatz (der Zweite Hauptsatz der Thermodynamik) sagt, dass *in Zukunft das Wahrscheinlichere wahrscheinlicher passiert*. Das hat in der Regel zur Folge, dass, wenn wir eine besondere, ausgezeichnete Struktur haben, diese im Laufe der Zeit automatisch, also ohne unser Zutun, zerfällt. Durch die Wechselwirkung mit allen Dingen der Welt gerät ein differenziertes System in Unordnung. Die Entropie, Maß der Unordnung, nimmt immer zu. Infolgedessen kann sich der Gegentrend – die Ausbildung höherer Ordnung, die Differenzierung und Strukturierung – nicht von alleine ausbilden. Er bedarf notwendig des Eingriffs einer »ordnenden Hand«. Diese ordnende Hand ist wesentlich durch zwei Eigenschaften charakterisiert: arbeitsfähige Energie und selektierende Intelligenz.

Wenn wir einem System (arbeitsfähige) Energie zuführen, dann schaffen wir zunächst nur die *Voraussetzung*, dass sich im System etwas neu ordnen kann. Soll sich aber das System höher differenzieren oder, allgemeiner, in Richtung einer unwahrscheinlicheren Konfiguration verändern, so muss eine unterscheidende und auswählend steuernde Intelligenz eingeschaltet sein. Dies wird beim Ordnen von Spielkarten deutlich. Einsatz von arbeitsfähiger Energie durch unsere Hände führt nur zu einer schnelleren Durchmischung der Spielkarten. Die eigentliche Ordnung wird nur erreicht, wenn aufmerksam die verschiedenen Karten erkannt und entsprechend in geeignete Lagen geschoben werden. Dies braucht nicht nur Intelligenz, sondern für ihre Wirksamkeit vor allem auch Zeit. Diese Beobachtung ist wichtig, wenn wir die Evolution des Lebens auf unserer Erde verstehen wollen, bei der in dreieinhalb Milliarden Jahren Erdgeschichte sich aus einfachen Molekülen in einem ständigen Aufbauprozess immer höher geordnete und differenzierte Lebewesen bis hin zum Menschen entwickelt haben. Wo ist hier die »ordnende Hand«, die so wirksam dem Haupttrend zur Unordnung entgegensteuert? Die arbeitsfähige Energie für den gegenläufigen Ordnungsprozess des Lebens stammt von der Sonne. Die Erde liegt im Strahlungsfeld des Sonnenlichts. Nicht aber die eingestrahlte Sonnen*energie* ist wichtig – wegen des Energie-Erhaltungssatzes wird diese Lichtenergie auf der Erdoberfläche nämlich nur in eine andere Form verwandelt, die dann als Wärmestrahlung wieder in den Weltraum zurückgestrahlt wird –, sondern die höhere Ordnungsstruktur der eingestrahlten Sonnenenergie im Vergleich zur zurückgestrahlten Wärmestrahlung. Die Sonnenstrahlung lädt gewissermaßen nur ihre Ordnungsenergie – die als Syntropie oder negative Entropie bezeichnet wird und mit der Arbeitsfähigkeit der Energie zusammenhängt – auf der Erde ab. Dieser Ordnungsschub ist aber, wie schon bemerkt, nur die Voraussetzung für eine mögliche Höherentwicklung. Es muss eine selektierende Intelligenz hinzukommen, damit es wirklich aufwärts und nicht einfach nur schneller abwärts geht. Woher stammt diese selektierende Intelligenz? Sie hat mit Instabilitätslagen von Systemen zu tun, die eine Sensibilisierung erlauben. Diese drückt sich gewöhnlich durch ein chaotisches Verhalten aus.

Was wir »lebendige« Materie nennen, ist nicht eine andere Materie als die übliche, die »tote« Materie. Die lebendige Materie ist im Grunde *dieselbe* »Materie«, die jedoch eigentlich gar keine Materie ist. Ihre Lebendigkeit tritt makroskopisch in Erscheinung, wenn das Gesamtsystem in einen Zustand instabiler Balance gebracht wird. In einem labilen Schwebezustand können sich auf einmal diese Lebendigkeit, diese Offenheit, Unvorhersehbarkeit, die Kreativität und all die Dinge entfalten, die der Wirklichkeit eigentlich zugrunde liegen und die wir nach bisheriger Anschauung nie in der Materie vermutet haben. Auch in der »toten« Materie herrscht diese Lebendigkeit, doch wird sie dort herausgemittelt. Eingeprägte Instabilitäten sorgen bei den »lebendigen« Konfigurationen dafür, dass durch einseitige und sensible Verstärkungsmechanismen solche Ausmittelungen nicht mehr greifen können.

Die Grundvoraussetzung des makroskopisch Lebendigen ist Chaos. Das leuchtet uns einerseits ein, doch klingt es andererseits wenig plausibel, weil Lebendiges offensichtlich doch auch eine Ordnung zeigt. Wenn jedoch Chaos mit Chaos verkoppelt wird, dann braucht daraus nicht ein Superchaos zu resultieren, sondern es können dabei auch geordnete Strukturen entstehen. Diese Strukturen sind allerdings nicht fest bestimmt, sondern sind nur durch gewisse Muster charakterisiert. Ist dies nicht ein Charakteristikum des Lebendigen? Ein Eichenblatt wird wieder ein Eichenblatt und ich erkenne es als solches, aber jedes Blatt ist doch anders. Dieselbe Nicht-Materie, wie die tote Materie, destabilisiert – oder sollte man sagen: sensibilisiert? –, führt im Verband zu Strukturen, die dem Lebendigen ähneln. Geht das wirklich so? Könnte man sich vorstellen, dass das, was wir lebendige Materie nennen, eigentlich die

Grundstruktur der Materie widerspiegelt, in denen die »Teile« so miteinander kooperieren, dass etwas wie eine lebendige Zelle oder gar ein Mensch entsteht? Das Wesentliche des Lebendigen soll also in seiner Instabilität liegen? In diesem labilen Zustand können sich prinzipiell hoch geordnete, differenzierte Strukturen bilden. Ein instabiler Zustand ist aber labil, er kann nicht dauern, weil er kurzfristig zusammenbricht. Gibt es Möglichkeiten, statische Instabilität dynamisch zu stabilisieren? Eine solche Situation gibt es in der Tat. Wir praktizieren sie täglich. Wir stehen auf einem Bein und sind, statisch betrachtet, instabil. Wir stehen auf dem anderen Bein und sind in der gleichen wackligen Lage. Wenn wir aber gehen, wechseln wir von einer Instabilität in die andere und erreichen dadurch einen dynamisch stabilen Gang ohne große Gefahr, dabei hinzufallen. Das ist das Wesen des Lebendigseins: statische Instabilität in eine Dynamik einzugliedern, bei welcher der Vorzug der Instabilität, nämlich offen, also nicht determiniert und deshalb unter Umständen auch entscheidungsfähig zu sein, verbunden wird mit einer bestimmten Beständigkeit, also nicht zu Boden fallen und in den statisch stabilen Zustand wechseln, der Sterben bedeuten würde. Manche schaffen diese Balance ja neunzig Jahre und länger. Dass eine solche dynamische Stabilität überhaupt erreicht werden kann, setzt eine ausbalancierende ordnende Hand voraus. Dies verlangt eine ständige Zufuhr von arbeitsfähiger Energie. Pflanzen beziehen diese direkt von der Sonne, die übrige Kreatur und wir als Menschen indirekt aus »Konserven« von Sonnenenergie, durch unsere Nahrung.

Leben basiert nicht auf anderer Materie, sondern ist Ausdruck normaler Materie, die eigentlich keine Materie ist, sondern die das Wesentliche, was das Lebendige ausmacht, im Grunde schon *hat*. Dieses Wesentliche, das Potenzielle, lässt sich wohl besser mit dem Geistigen als dem Materiellen, dem Realen, charakterisieren. Dieser geistigen Struktur ist eigen, dass sie nicht nur im Wesentlichen indeterminiert ist, sondern dass sie im Grunde unauftrennbar eine Einheit bildet. Die Wirklichkeit und in ihr das Biosystem bildet ein innig verwobenes Ganzes, das nur in einer Vergröberung als aus Teilen bestehend betrachtet werden kann. Dieses Biosystem der vielfältigen Lebensformen darf hierbei nicht als ein stabiler Granitkegel vorgestellt werden, der sich in einer dreieinhalb Milliarden Jahre währenden Evolution langsam aufgetürmt hat und auf dessen

Spitze der Mensch als Krönung der Schöpfung thront. Wegen der inhärenten Instabilität des Lebendigen gleicht dieser Kegel mehr einem Kartenhaus, in dem sich die instabilen Karten wechselseitig stützen. Das Lebendige ist deshalb im Grunde ungeheuer verletzbar. Weniger verletzbar allerdings als im Gleichnis das Kartenhaus wegen eingebauter dynamischer stabilisierender Kräfte. Die Struktur wird gewissermaßen am Zusammenklappen gehindert, weil an jeder Karte ein gegenwirkendes Kräftepaar dauernd die Karten so hin und her schiebt, dass die Gesamtbalance in jeder Bauphase des Gebäudes – des Biosystems – gesichert wird. Statt als Kartenhaus sollte das Biosystem besser mit einer Menschenpyramide verglichen werden, wie sie für uns manchmal im Zirkus aufgebaut wird. Sie kann beim Aufstieg von weiteren Leuten nur durch ständige kleine Gewichtsverlagerungen der unteren in der Balance gehalten werden.

Die Ausbalancierungsfähigkeit der tragenden Kräfte hat jedoch ihre Grenzen. So können wir als Menschen nicht beliebig auf der Spitze herumtanzen, ohne Gefahr zu laufen, dass die ganze Struktur plötzlich zusammenklappt. Insbesondere dann, wenn oben zu viele zu ausgelassen herumtoben und sich noch zusätzlich daranmachen, Karten unten am Gebäude herauszuziehen – oder im zweiten Vergleich, Menschen unten herausstoßen – mit der Vorstellung: Warum brauche ich dieses oder jenes Tierchen, warum diese Pflanze? Und dies, weil immer schneller und höher weitergebaut werden soll. In unserer Vermessenheit und Beschleunigungswut erliegen wir immer mehr der Versuchung, unserem Bio-Kartenhaus gedankenlos Karten zu entnehmen, ohne zu sehen, dass wir, als Menschen oben auf der Spitze thronend, auf komplexe Weise existenziell abhängig sind von allem, was unter und neben uns ist. Nochmals: Das Biosystem ist ein metastabiles System, kein stabiler Granitkegel. Die Sensibilität, mit der wir die Wirklichkeit geistig erfassen, wird durch Instabilität erkauft. Wenn wir im stabilen Grundzustand sind, passiert uns nichts, aber das Geistige könnte in uns nicht mehr zum Ausdruck kommen, die Welt der Ahnungen und Gedanken wäre verschüttet, denn alles Lebendige mit seiner Offenheit, Kreativität, mit Geist und Seele wäre in diesem Fall sozusagen weggemittelt, verrauscht und verflimmert.

Die neue Weltsicht erlaubt alte Gegensätze zu versöhnen. So ermöglicht sie insbesondere, den Mensch in die Natur voll mit einzubeziehen, ohne dass wir ihn zu einer Maschine degradieren müssen. Die Natur ist hierbei eine andere, eine weit umfassendere, ja eine geistige und beseelte. Wir sind dadurch der alten Streitfrage enthoben, wo der Mensch mit seinem geistigen Vermögen und der Fähigkeit zum absichtsvollen Handeln aufhört und wo die Natur mit ihrer vorgestellten streng determinierten Gesetzlichkeit anfängt. Es gibt keine scharfe Grenze zwischen Mensch und Natur, und trotzdem bleibt die Besonderheit des Menschen gültig, nicht nur kreativ in dieses Geschehen eingreifen, sondern dies auch bewusst tun zu können. Unsere Beziehung zur Mitwelt und insbesondere auch unser mitmenschlicher Umgang ist durch diese Einsicht wesentlich betroffen. Wir können davon ausgehen, dass das, worüber wir uns verständigen wollen, nicht erfordert, dass alles im Detail ausgebreitet und beschrieben werden muss. Ich muss nicht alles aussprechen, damit der andere mich versteht, nicht alles vom anderen erfahren, bevor ich verstehe, was er sagt. Es gibt schon Kommunikation zwischen Menschen, bevor sie überhaupt ein einziges Wort ausgetauscht haben. Als Teile eines größeren Ganzen können wir auf einem uns gemeinsamen Untergrund aufbauen. Dieses Gemeinsame umfasst nicht nur das, was das Menschengeschlecht in seiner Gesamtheit in allen Zeiten erlernt hat, sondern stellt ein ganzheitliches geistiges Potenzial dar, gewissermaßen als eine, in einem ständigen Lernprozess sich immer weiter differenzierende Gestalt, in der Wissen, Ahnung und noch dunklere Informationen verschlüsselt sind und uns zu dem machen, was wir sind. Das steckt alles in unserem Untergrund, zu dem wir je individuellen Zugang haben, obwohl der Untergrund uns nicht privat zugeordnet ist. Sehr viel von dem, was wir Kommunikation nennen, ist gar nicht Kommunikation, sondern ähnelt mehr einer Kommunion, einer Erweiterung unseres Selbst, da wir uns an der gemeinsamen Wurzel treffen. Die Erfahrung des Untergrundes ist nicht direkt greifbar, nicht begreiflich, wir können nur in Gleichnissen über sie sprechen. Sie erlaubt uns Einsichten, die wir nicht objektivieren können und die trotzdem oder gerade deshalb für die menschliche Gesellschaft wesentlich sind, weil sie ganzheitlich ist und damit Orientierung erlaubt.

Die Wirklichkeit ist im Grunde nicht Realität, sondern Potenzialiät. Wir leben nicht in einer materiellen, sondern in einer geistigen Welt. Die materielle, mechanistische Welt hat jedoch in weiten praktischen Bereichen unserer Lebenswelt eine überzeugende Gültigkeit. Materie in der klassischen Vorstellung und damit auch die mechanistische Welt erscheint wie eine Kruste des Geistes. Das Wesentliche am Lebendigen ist, dass es nicht nur Kruste ist. Die modernen Biologen teilen heute in ihrer überwiegenden Mehrheit nicht diese Meinung. Sie orientieren sich, unter dem Eindruck ihrer großen Erfolge, immer noch an dem mechanistischen Naturbild der Physik des letzten Jahrhunderts. Aus meiner Sicht missverstehen sie ihre Erfolge, wenn sie dies als einen überzeugenden Hinweis deuten, dass das Lebendige, wie schon das Tote, in ausreichendem Maße als »Kruste« begriffen werden kann. Das mag für Prozesse stimmen, die sie experimentell beobachten und untersuchen können, erklärt aber wenig über die Logistik, die den Ablauf und das Zusammenspiel dieser Prozesse steuert. Ich stimme mit den Biologen überein, dass biologische Systeme einschließlich des Menschen nicht von der übrigen Natur auf grundlegende Weise abgetrennt sind. Aber dieser enge Zusammenhang macht das Lebendige nicht zur Maschine, sondern umgekehrt die ganze Natur zu etwas prinzipiell Lebendigem. Der Mensch, wie die übrige Natur, ist im Grunde kreativ, die Wirklichkeit in ihrer zukünftigen Entwicklung wesentlich offen. Alles ist an der Gestaltung der Zukunft beteiligt. Der Mensch erfährt dies – wohl als Einziger – auch in einem bewussten und absichtsvollen Sinne. Er ist bewusst kreativ und trägt deshalb auch Verantwortung für die Zukunft.

Die Erfahrung der Transzendenz

Wie verbindet sich nun die neue Weltsicht mit dem, was wir »Transzendenz« nennen oder in tiefer Versenkung als das Göttliche oder GOTT persönlich erleben und in den Weltreligionen als solches verkünden? Aus neuer Sichtweise ist Wirklichkeit Potenzialität. Potenzialität ist unauftrennbar, sie erlaubt nicht mehr von *Teilen* zu sprechen, im Sinne von Bestandteilen, aus denen sie sich zusammensetzt. Sie ist, was allem gemeinsam ist, worauf alle aufsetzen, in der alles lebt. Diese Sprechweise ist letztlich irreführend, da von »allem« zu sprechen wieder eine Aufteilung des Einen in Mehreres suggeriert. Das Wesentliche der Potenzialität ist, dass sie nicht (dingliche) Realität ist. Sie enthält nur die Kann-Möglichkeit einer Realisierung. Sie ist nichts, was ich begreifen kann, was sich eindeutig in Begriffe fassen lässt. Sie entzieht sich unserem Zugriff. Potenzialität bedeutet eine Beziehungsstruktur, Relationalität, Gestalt ohne materiellen Träger. Sie erlaubt nicht von Existierendem und Seiendem zu sprechen. Sie ist mehr Bewegung, Operation, Metamorphose, ein Sowohl-als-auch und nicht ein Entweder-oder. Als Beziehung können wir Potenzialität nicht wissen, sondern nur erleben, erfahren. Wir zerstören sie, wenn wir sie begreifen wollen.

Die Frage nach der Sinnhaftigkeit unseres Lebens kann nicht im Rahmen unseres begrifflichen Denkens gestellt werden. Der Sinn eines »Teils« ergibt sich immer nur in Bezug auf den Hintergrund, das Ganze, in dem dieses Teil unauftrennbar eingebettet bleibt und aus dem nichts herausgelöst werden kann. Die Frage nach dem Sinn ist nicht zulässig, weil sie aus der Ebene, in der sie gestellt wird, »nach oben« hinausführt. Der Sinn des Lebens erschließt sich jedenfalls nicht, indem Unzusammenhängendes, wie Materieteile oder scharf getrennte Informationsteile, Bits bei einem Computer, immer komplizierter angehäuft und vernetzt wird. Es wird hierbei nie ein Bewusstsein, ein EGO, entwickeln können, das plötzlich ein *»cogito ergo sum«* verkündet und nach dem Sinn seiner Existenz, seines »Lebens« fragt. Die Frage nach Bedeutung verlangt immer eine noch höhere Ebene, in die wir nicht durch raffiniertes Kombinieren, durch »Emergenz«, gelangen können. Die Sinnhaftigkeit steckt in dem System als Ganzem von Anfang an drinnen. Oder besser: Die Sinnhaftigkeit ergibt sich aus der Beziehung des Einzelnen, des nur konstruiert Abgetrennten, in Bezug auf den Hintergrund. In der Erfahrung dieser Beziehung begegnen wir dem Religiösen.

Schöpfung im erfahrbaren Sinne geschieht bei der in jedem Augenblick stattfindenden Realisierung von Potenzialität. Das macht auch die singuläre Bedeutung des »Jetzt!« aus. Warum erfahre ich nur etwas »im Augenblick der Gegenwart« und nicht in der Vergangenheit und in der Zukunft? Weil in diesem Augenblick etwas, das bisher nur als Potenzialität, als Möglichkeit angelegt ist, auf einmal sklerotisiert, verkrustet. Es gerinnt und wird auf einmal zu Materie, zu Stoff, es wird ein »Faktum« (es wird »gemacht«), ein Dokument, und ich erfahre dies als eindrucksvolles Ereignis. Und das, was einmal fest ist, ist nicht mehr lebendig, es ist determiniert, greifbar, klassisch beschreibbar oder wir begreifen es so »als ob«.

Ich greife immer wieder in den vollen Topf des Potenziellen, versenke mich in Ahnungen und versuche daraus neue Ideen zu entwickeln, die ich sprachlich zu fassen und handelnd umzusetzen versuche. Das ist das aufregende Erlebnis, das wir Leben nennen. Es bedeutet auch, dass überhaupt nichts Wesentliches passiert, wenn wir nur Information austauschen. Mit der rasant zunehmenden Menge von Information, die uns die modernen Technologien erschließen, können wir zunächst wenig anfangen. Information wird für mich erst fruchtbar, wenn ich sie verarbeitet und daraus Wissen geschaffen habe. Der unterscheidende Verstand und die bewertende Vernunft sind hierbei der eigentliche Engpass. Die Qualität ihres Wirkens erfordert Zeit. Wachsende Beschleunigung gibt ihnen keine Chance. Deshalb darf die tatsächlich sich formierende Datenaustauschgesellschaft nicht mit einer viel schwerer zu verwirklichenden Wissensgesellschaft identifiziert werden, deren Herausbildung durch die Datenfülle eher erschwert wird.

Wir sagen, unsere Welt sei komplex geworden. Die Welt ist immer komplex gewesen. Uns bedrückt nur in zunehmendem Maße die Komplexität unserer Welt, weil wir glauben, dass wir nur mit ihr zurechtkommen, wenn wir sie auseinander genommen und ausreichend begriffen haben, um sie geeignet zu unserem Nutzen manipulieren zu können. Nein, Leben heißt mit komplexen Dingen ohne große Ängste umgehen lernen. Es verlangt, das wenige für mich und in meiner augenblicklichen konkreten Situation Relevante, was auch die fernere Zukunft betreffen kann, zu erkennen und notwendige Handlungen einzuleiten. Alles Übrige kann in den Hintergrund treten. Der nächste Augenblick kann schon zu einer anderen Auswahl führen, was ständige Aufmerksamkeit verlangt. Die Zukunft ist wesentlich offen. Wir müssen lernen, mit einer unbestimmten Zukunft zuversichtlich leben zu können. Sicherheit erfahren wir mehr durch bessere Orientierung, durch topologische Wahrnehmung, Mustererkennung, also die Fähigkeit, Zusammenhänge grob zu erfassen, und weniger durch exaktes Faktenwissen, das uns ein Computer verlässlicher und umfassender bieten kann.

Wesentlich für das Lebendige ist weniger die Fülle an erreichbarer Information, sondern die Fähigkeit, die im Augenblick jeweils irrelevante Informationen zu unterdrücken. In einer Welt, in der vornehmlich chaotische Prozesse ablaufen, sind langfristige Prognosen kaum möglich. Deshalb ist auch derjenige nicht am erfolgreichsten, der ein festes Ziel vor Augen hat und versucht dieses auf beste Weise zu erreichen. Das Ziel läuft ihm zwischenzeitlich einfach davon, es sei denn er versucht, es durch umfassende Manipulation der Natur gewaltsam festzuklemmen. Trotz der »Genialität« des Menschen kann ihm dies nur in einem ganz beschränkten Maße gelingen. Wer in der Evolution des Lebens mit ihren verrutschenden Zielen letztendlich überlebt, muss die Fähigkeit zum Spielen haben: Er darf sich nicht auf ein festes Ziel konzentrieren, sondern muss die Möglichkeit schaffen, verschiedenartigen zukünftigen Herausforderungen erfolgreich begegnen zu können. Dies verlangt Lebendigkeit, Flexibilität, Vermehrung der Optionen anstatt der Maximierung einer bestimmten Option. Es wäre wie bei der Vorbereitung einer neuartigen Olympiade, bei der erst am Vorabend der Spiele entschieden würde, in welcher Disziplin ein Sportler oder eine Gruppe von Sportlern zum Wettkampf antreten soll. In diesem Falle müssten sich die Sportler oder ihr Team auf ganz andere Weise vorbereiten, um am Ende eine gute Leistung zu erbringen. Dies würde mehr der Vorbereitung auf das wirkliche Leben entsprechen. Es ist seine enorme Flexibilität und nicht seine besondere physische Stärke, die dem Menschen bisher eine so erfolgreiche Entwicklung beschert hat. Flexibilität wird hierbei durch große Vielfalt und konstruktive Kooperation des Verschiedenartigen erreicht. Das gemeinsame Spiel muss ein Plussummenspiel sein, in dem der Vorteil des einen auch zum Vorteil des anderen gereichen muss. In dieser konstruktiv zusammenwirkenden Gemeinsamkeit von Verschiedenem, und nicht in einem ihre Chancen verengenden Gegeneinander, erkennen wir ein Welt- und ein Gottesbild, wie es uns auch die großen Hochkulturen und Weltreligionen vermitteln. Wir haben heute vergessen sie richtig zu interpretieren. Weil wir im zunehmenden Maße auf kurzfristige Erfolge zielen, anstatt langfristig zu disponieren, haben wir den Eindruck, dass ethische Forderungen, religiöse Einsichten und kulturelle Beziehungsformen sich bestenfalls nur noch für den Sonntag und Feierabend und nicht mehr für den tätigen Werktag eignen. In der Geschäftigkeit, der Hetze und dem Lärm des Alltags verlieren wir die Fähigkeit, unsere Verbundenheit in der Tiefe intuitiv zu erleben und aus dieser ergiebigen Quelle Kraft und Weisheit zu schöpfen.

Aus dem Studium von 3000 Jahren Wissenschafts- und Kulturgeschichte habe ich gelernt, dass zu jeder Zeit die Gefahr besteht, die Wahrheiten, die wir gefunden zu haben glauben, in ihrer konkreten Ausdeutung und Bedeutung zu überschätzen. Aber wir sollten auch nicht in den umgekehrten Fehler verfallen, alles was nicht allen rationalen Argumenten standhält, völlig zu verwerfen. Interessant erscheint mir aus heutiger Sicht vielmehr, dass vieles, was sich einmal in einem tieferen Sinne als wahr erwiesen hat, in gewisser Interpretation auch wahr bleibt, obwohl die Aussagen in ihrer Fülle, konkret betrachtet, auseinander klaffen und sich sogar widersprechen. Solche Aussagen dürfen immer nur als Gleichnisse für das nicht begreifliche Transzendente gesehen werden. Sie werden deshalb gewissermaßen erst von einer höheren Warte aus miteinander verträglich. Dazu möchte ich ein Beispiel geben.

Stellen Sie sich einen Körper in vier Raumdimensionen vor. Selbst bei reicher Fantasie gelingt uns das nicht. Denn wir sind nur an die drei Raumdimensionen Höhe, Breite, Tiefe gewöhnt und haben auch nur diese in unseren Vorstellungen vor Augen. Unser Verständnis geht aber etwas weiter. Wir glauben vieles zu verstehen, was wir nicht begreifen können, also wovon wir keine anschauliche Vorstellung haben. Ein vierdimensionaler Körper gehört vielleicht in diese Kategorie. Wie verschaffen wir uns ein Verständnis? Wir nehmen als Analogie den begreiflichen dreidimensionalen Körper. Den kann ich auch aus der zweidimensionalen Perspektive verstehen. Wie ein Architekt brauche ich dazu drei verschiedene Ansichten: Grundriss, Aufriss und Seitenriss. Ich kann ihn auch auf dem zweidimensionalen Fernsehschirm darstellen, indem ich durch Drehung des Körpers im Bild die jeweils verdeckte Dimension sichtbar mache. Auf ähnliche Weise könnte ich nun auch einen vierdimensionalen Körper durch seine vier Projektionen, alles dreidimensionale Körper, *verständlich* machen. Aber *begreiflich* wird uns der vierdimensionale Körper durch diesen Trick immer noch nicht. Gott und ähnlich Unbegreifliches sind zwar unverständlicher als ein vierdimensionaler Körper, aber sie teilen mit diesem die Eigenschaft, dass wir sie uns *nicht vorstellen können*. Wie bei den vier verschiedenartigen dreidimensionalen Projektionen des vierdimensionalen Körpers wird uns auch Gott und das Transzendente in verschiedenen Weltreligionen vorgestellt. Sie machen unterschiedliche Aussagen und wir streiten uns, welche wohl die eigentliche Wahrheit verkündet. Trotz ihrer teilweisen Widersprüchlichkeit könnten alle sich als wahr erweisen, wenn es uns gelänge, sie von einer höheren Dimension aus zu betrachten. Eine Koexistenz der verschiedenen Religionen und Kulturen ist dringend notwendig. Sie sollten sich nicht nur wechselseitig tolerieren, sondern als gleichrangig respektieren und versuchen zu *erahnen,* welche Potenzialität sich auf einer höheren Ebene hinter ihren verschiedenen konkreten Ausdrucksformen verbirgt.

Fundamentalismus basiert darauf, dass jemand eine Projektion herausgreift und behauptet, das sei die einzig richtige, und dann alle anderen Kulturen dieser Erde verwirft und bekämpft. Kandidaten dafür sind nicht nur gewisse Weltreligionen. Auch die Naturwissenschaften neigen heute zum Fundamentalismus, weil das objektiv Messbare für die einzige Möglichkeit gehalten wird, das Wesentliche in unserer Welt zu erfassen und das Wahre zu erkennen. Dabei wird übersehen, dass die Welt bei wissenschaftlicher Betrachtung auch nur von einer gewissen Seite erfahren werden kann. Darüber hinaus dominiert in der heutigen Gesellschaft das Marktgeschehen. Wir beschränken uns deshalb vornehmlich auf eine Lebensphilosophie, ein Weltbild, bei dem es um Dinge geht, die man »greifen« kann, also Dinge, die sich vom Menschen ablösen lassen, die tauschfähig sind. Doch dies sind genau die verkrusteten Dinge, die sich aus der Evolution des Lebendigen ausgeklinkt haben. Per Definition kommt in dieser Welt des »Begreifbaren« das Transzendente nicht mehr vor. Das Gute, Schöne und Wahre hat keinen Platz mehr und der Verlust der Transzendenz, des Göttlichen, hinterlässt nicht einmal ein Loch. Doch die Wirklichkeit ist nicht nur Realität. Sie spiegelt sich in der Evolution des Lebendigen, deren bisherige Krönung der entwicklungsfähige, in die Schöpfung unabtrennbar eingebundene *homo sapiens sapiens* ist und nicht etwa seine Schrumpfgestalt, der *homo oeconomicus.*

Naturwissenschaftliche Erkenntnis und Wirklichkeitserfahrung

Was können wir wirklich wissen?

Einleitende Bemerkungen

Die Naturwissenschaft hat uns tiefe Einblicke in die Struktur unserer Welt und ihre zeitliche Entwicklung verschafft. Sie hat dem absichtsvoll handelnden Menschen vielfältige Möglichkeiten eröffnet, Naturprozesse für seine Zwecke zu nutzen. Die auf diese Weise aufgewachsene Technik hat unsere Lebenswelt dramatisch verändert. Und dies, wegen der Ambivalenz der Zwecke, nicht nur zum Vorteil des Menschen, sondern, wie dies in unserem Jahrhundert überdeutlich wurde, auch zu ihrem Nachteil. Naturwissenschaft und Technik haben der Menschheit eine ernste Existenzkrise beschert. Wir sind nicht nur in einer »Krise der Immanenz«, weil uns die unmittelbare Erfahrung, als Menschen unauflösbar im Transzendenten – dem »Einen«, dem »Nicht-Zweihaften« – verankert zu sein, verloren gehen könnte. Wir stehen bereits mitten in einer zweiten Krise, die da »Erschöpfung der Moderne« genannt wird. Diese zweite Krise lässt uns die Brüchigkeit und Unzulänglichkeit unserer heutigen säkularisierten, materialistischen Weltbetrachtung immer deutlicher gewahr werden. Die Krise besteht eigentlich darin, dass wir – und hier meine ich vornehmlich uns in der nördlichen, industrialisierten, so genannten entwickelten Welt – in all der Üppigkeit und all dem Trubel unseres Alltags unter einem Hunger nach Geistigem und Sinnhaftem, einem Gefühl von Verlorensein und Einsamkeit leiden. Mehr noch, dass uns die tieferen Ursachen unserer Frustration eigentlich gar nicht bewusst werden und wir deshalb auch nicht bereit und willig sind, geeignete Nahrung aufzunehmen und »nach Hause zurückzukehren«. Der Widerstand, das im eigentlichen Sinne Vernünftige zu tun, resultiert aus einem falschen Verständnis oder mangelhaften Gebrauch unserer Rationalität. Die Rationalität stellt sich uns verengt dar als eine Fähigkeit, Wissen – exaktes Wissen, wie wir vielfach glauben – über die Wirklichkeit, die Welt, sammeln und kritisch denkend verarbeiten zu können, damit es sich zu einer besseren Steuerung unseres absichtsvollen Handelns eignet. Unsere heute immer noch ungebrochene Zuversicht, unser Leben und Handeln auf Rationalität in diesem eingeschränkten Sinne gründen, ja ausschließlich gründen zu können – das heißt die andere Seite der Rationalität, die abwägende, wertträchtige Vernunft nicht wesentlich einzubeziehen –, basiert vornehmlich auf den eindrucksvollen Erfolgen moderner Wissenschaft, insbesondere den Naturwissenschaften, und den vielfältigen praktischen Umsetzungen dieses Wissens in Form unserer modernen Technik.

Wie so oft in unserer Geschichte kommen wir Menschen dabei immer wieder in die alte Versuchung: Gelingt es uns einmal, einen kleinen Zipfel der »Wahrheit« zu erhaschen, dann meinen wir in diesem Zipfel gleich die einzige und ganze Wahrheit zu sehen. Wir betrachten das ganze Weltgeschehen nur unter dieser einen neuen Einsicht und zwängen, was nicht so recht passen will, mit Intelligenz, Schlauheit, Eloquenz, doch auch mit unbewusster oder bewusster Mogelei und Gewalt in dieses Korsett. Dieser Impuls entspringt nicht nur unserer Dummheit und Ungeduld. Dahinter steht der verständliche und lebensdienliche Wunsch, die undurchsichtige Komplexität unserer Mitwelt auf etwas für uns Einfacheres und damit Einsehbareres, Überschaubareres zu reduzieren. Durch diese vereinfachten Vorstellungen der Wirklichkeit und ihrer eingeprägten zeitlichen Entwicklung gelingt es uns, die Unsicherheit des Zukünftigen, die wir ständig als existenzielle Bedrohung empfinden und im nächsten Augenblick auch als dramatische, schmerzhafte, tödliche Realität erfahren und erdulden müssen, in vielen Details zu mildern. Ja, es hat sogar den Anschein, als ob wir unsere primitiven Nachbildungen der Wirklichkeit Schritt für Schritt so verbessern und verfeinern könnten, dass sie uns letztlich jegliche Unsicherheit zu beseitigen erlaubt. Doch immer genau zu wissen, was uns künftig erwartet, hätte kaum Vorteile für uns. Im Gegenteil: Die eine große, umfassende Unsicherheit würde durch eine noch bedrückendere Gewissheit vielfältigen Scheitern abgelöst, wofür uns die Gewissheit einiger spärlicher Erfolge kaum entschädigen würde. Die Situation ändert sich jedoch grundlegend, wenn wir, was wir glauben, als Menschen wirklich – und nicht nur eingebildeterweise – auch die Fähigkeit besitzen, absichtsvoll zu handeln. Dann haben wir prinzipiell die Möglichkeit, mit unserem Wissen und durch geeignetes Verhalten die als sicher prognostizierten negativen Folgen zu vermeiden und unsere Überlebenschancen erheblich zu verbessern. Wir können darüber hinaus durch bewusste Manipulationen unserer Mitwelt versuchen, die für uns erwünschten Folgen herbeizuzwingen. Wissen wird hierdurch zu einem Machtinstrument und lässt in uns die Hoffnung wachsen, durch fortschreitende Verfeinerungen die Zukunft in immer höherem Maße meistern, beherrschen und letztlich »in den Griff« bekommen zu können. In vielen Fällen, wenn auch meistens nur kurzfristig, scheint uns dies ja auch zu gelingen. Macht bezieht ihre Stärke aus der Einfalt – durch Bündeln von Kräften und nicht deren Differenzierung. Aber sie ist wegen dieser Einfalt vergänglich. Die momentanen Erfolge der »Wahrheitssuche« verleiten zum Fundamentalismus. Das Körnchen Wahrheit wird unangemessen verabsolutiert. Wissenschaft und Technik im Verbund mit der Ökonomik stellen heute in gewissem Sinne so einen Fundamentalismus dar.

Mein Thema ›Naturwissenschaftliche Erkenntnis und Wirklichkeitserfahrung‹ möchte sich der Frage stellen: Wie steht wissenschaftliche Erkenntnis und unser naturwissenschaftlich fundiertes Wissen in Beziehung zu unserer allgemeinsten Wirklichkeitserfahrung? Ich kann selbstverständlich diese schwierige Frage hier nur sehr grob behandeln und dies nicht nur aufgrund der äußeren Beschränkung. Die Frage zielt darauf: Was können wir wirklich wissen? Bei ihrer Betrachtung wird eine prinzipielle Schranke wissenschaftlichen Wissens sichtbar werden: Es gibt ein Wissen um prinzipielles Unwissen. Dies ist nicht nur negativ zu werten. Wissen ist nicht alles. Grenzen des Wissens öffnen wieder größere Räume, die nur einem Gläubigen zugänglich sind, wobei Glauben mehr bedeuten kann als Unwissen, Abwesenheit von Wissen.

Ausgangspunkt meiner Überlegungen werden die überraschende Vertiefung und Verbreiterung unserer Weltsicht sein, zu der die Entwicklung der Naturwissenschaften – ausgelöst durch die revolutionären Entdeckungen in der Physik und die dadurch notwendige Neuinterpretation ihrer Grundlagen – zu Beginn unseres Jahrhunderts geführt hat. Erstaunlich ist dabei, dass dieser tief greifende Wandel in unserem Verständnis der Wirklichkeit auch heute noch, fast hundert Jahre nach den bahnbrechenden Arbeiten von Max Planck und Albert Einstein, in unserer Gesellschaft und ihren Wissenschaften kaum philosophisch und erkenntnistheoretisch nachvollzogen worden ist. Und dies nicht etwa aufgrund eines Versagens der neuen Vorstellungen. Im Gegenteil, die Quantenphysik, welche diese neue Entwicklung bezeichnet, hat in den letzten siebzig Jahren seit ihrer Ausdeutung einen beispiellosen Triumphzug durch alle Gebiete der Physik angetreten und sich bis zum heutigen Tage unangefochten bewährt. Sie ist es ja, die vor allem in der Folge die ungeahnten technischen Entwicklungen angestoßen hat, die unserem Zeitalter, zum Guten oder Schlechten, unverkennbar ihren Stempel aufgedrückt haben. So wären die Atomkerntechnik und die modernen Informationstechnologien ohne die neuen Einsichten nicht möglich gewesen. Obwohl alle diese vielfältigen, erstaunlichen und gewaltigen Konsequenzen wissenschaftlich akzeptiert wurden, fühlt sich die Wissenschaft auch heute noch in gewisser Hinsicht überfordert, gleichzeitig die in hohem Maße überraschenden Vorstellungen zu übernehmen, aus denen die neue Physik eigentlich erst verständlich wird. Dies hat viele Gründe. Allen voran: Der Bruch, den die neue Physik fordert, ist tief. Er bezeichnet nicht nur einen Paradigmenwechsel, wie dies von Thomas Kuhn in seinem Buch ›The Structure of Scientific Revolutions‹ 1962 beschrieben worden ist. Deutet diese neue Physik doch darauf hin, dass die Wirklichkeit, was immer wir darunter verstehen, *im Grunde keine Realität* im Sinne einer *dinghaften* Wirklichkeit ist. Wirklichkeit offenbart sich primär nur noch als *Potenzialität*, als ein »Sowohl-als-auch«, also nur als *Möglichkeit* für eine Realisierung in der uns vertrauten stofflichen Realität, die sich in objekthaften und der Logik des »Entweder-oder« unterworfenen Erscheinungsformen ausprägt. Potenzialität erscheint als das *Eine*, das sich nicht auftrennen, das sich nicht mehr zerlegen lässt. Vor dem Hintergrund unserer gewohnten, durch das klassisch physikalische Weltbild entscheidend geprägten Vorstellungen klingt dies ungeheuerlich, eigentlich unannehmbar.

Der Weg zu den neuen Vorstellungen war dementsprechend äußerst mühsam und schmerzhaft. Und er muss von jedem Novizen neu erschlossen werden. Die Entdecker der neuen Physik, der Quantenmechanik, Planck und Einstein, die dafür mit dem Nobelpreis ausgezeichnet wurden, waren selbst nicht bereit, diesen Weg konsequent zu Ende zu gehen. Obgleich sie die Unausweichlichkeit der Schlussfolgerungen anerkannten, hofften sie bis zuletzt auf einen konventionellen Ausweg. Es war den Jüngsten unter den damaligen Physikern, Werner Heisenberg, Paul Dirac, Wolfgang Pauli und anderen unter ihrem verehrten Kopenhagener Lehrer

Niels Bohr, vorbehalten, die neue Weltsicht in eine konsistente und, in einem gewissen Sinne, überzeugende Gestalt zu bringen. Doch genau betrachtet haben nur wenige die von ihnen entworfene »Kopenhagener Interpretation« der Quantenmechanik zum Anlass genommen, ihre Wirklichkeitsvorstellung letztlich zu revidieren. Und dies nicht in einem Akt bewusster Verweigerung, sondern mehr im Sinne einer unbewussten Verdrängung des so Unvorstellbaren, »weil nicht sein kann, was nicht sein darf«.

Dieser Wunsch war und ist verständlich, insbesondere vor dem Hintergrund unserer westlichen Zivilisation, die so stark auf schöpferisches physisches Wirken, auf Veränderung, Handeln, Machterwerb und Machterweiterung ausgerichtet ist und zu deren Grundverständnis es deshalb gehört, sich die Wirklichkeit als objekthafte Realität vorzustellen, um sie in dieser materiell geronnenen Form zum eigenen Nutzen manipulieren und in den Griff bekommen zu können. Durch eine pragmatische, positivistische Einstellung, die vorgibt auf jegliche »Ideologie« verzichten zu wollen und zu können – wobei in diesem Zusammenhang unter »Ideologie« gerne alles subsumiert wird, was über das direkt Greifbare und quantitativ Messbare hinausgeht –, wird intellektuell der Weg geebnet, die wesentlichen philosophischen Aussagen der Quantenphysik zu ignorieren, ohne dabei auf ihre praktischen Folgerungen verzichten zu müssen. Zudem ist man ja glücklicherweise in der gewohnten Lebenswelt, dem von uns direkt wahrgenommenen Mesokosmos, um mehrere Größenordnungen von jenem Mikrokosmos entfernt, wo sich die Quantenmechanik den forschenden Physikern so unwiderstehlich aufdrängte.

Fast hat es den Anschein, als ob die großen Probleme unserer Zeit teilweise darin begründet lägen, dass wir in den Gesellschaftswissenschaften, in der Politik wie in der Wirtschaft, mit den veralteten Vorstellungen des 19. Jahrhunderts versuchen die neuen Kräfte zu bändigen, die uns aufgrund der ganz andersartigen Einsichten im 20. Jahrhundert zugewachsen sind. Diese Erkenntnis wäre noch kein Grund zur Beunruhigung, wenn es nur darum ginge, einfach geduldig abzuwarten, bis die neuen Vorstellungen auch in die Gesellschaftswissenschaften und in unseren politischen Alltag vorgedrungen sind. Doch die zeitweilige Unfähigkeit, unser Handeln mit dem angemessenen Denken in Einklang zu bringen, könnte angesichts der entfesselten Einwirkungspotenziale die

Menschheit leicht aus der Evolution katapultieren. Dabei wäre das sich herauskristallisierende neue naturwissenschaftliche Weltbild in hohem Maße geeignet, die verschiedenen Wissenschaftszweige – so die Naturwissenschaften und Geisteswissenschaften – wieder enger zusammenzuführen. Es erlaubt Glaube und Wissen, Religion und Wissenschaft als wesentliche und in gewisser Weise komplementäre Elemente einer umfassenden Sichtweise zu verstehen. Der Glaube wird von seiner Lückenbüßerrolle befreit, in der ihm jeweils nur noch überlassen bleibt, was bis zu diesem Zeitpunkt »noch nicht gewusst« wird. Das Wissbare erfährt in der neuen Weltsicht eine prinzipielle Einschränkung. Dadurch erhält der Glaube wieder seine volle Bedeutung und eigenständige Wertigkeit zurück.

Über die Wahrheit

Glaube und Wissen sind beide auf »Wahrheit« gerichtet. Wahrheit bedeutet jedoch in beiden Fällen etwas anderes. In der neuen Sichtweise wird es in gewisser Weise keine dieser Wahrheiten mehr geben, sondern »offenere Wahrheiten« werden an ihre Stelle treten, die in subtiler Weise beides enthalten. Ich spreche als Naturwissenschaftler. Mein Antrieb, Physiker zu werden und insbesondere zu den Atomen, den Atomkernen, zu den Elementarteilchen hinabzusteigen, entsprang nach Krieg und Zusammenbruch dem Wunsch, »zu erkennen, wie die Welt im Innersten zusammenhängt«, als ein Weg zu verlässlicher, nicht von fehlbaren Menschen diktierter Wahrheit. Ein Naturwissenschaftler analysiert, zerlegt, fragmentiert, um die Wahrheit zu finden – und landet deshalb notwendig beim Allerkleinsten. Dass ich auf dem Wege hinunter »ins Innerste« nicht nur »Philosophen« wie Werner Heisenberg begegnete, sondern auch Kernphysikern, die Atombomben bauten, wie Edward Teller, war nicht meine Absicht. Es war aber Grund und Anlass für mich, ein »passionierter Grenzgänger« zu werden. Mir wurde die eingeprägte Ambivalenz der Forschung deutlich, wie tiefe Einsichten auch unmittelbar zu Kenntnissen führen, die unsere Lebenswelt einschneidend verändern, ja sie zerstören können.

Auch der Gläubige sucht nach Wahrheit. Er sucht sie in der Religion. Er nähert sich ihr in kontemplativer Haltung, in der meditativen Versenkung, erlebt sie in der Öffnung zum Ganzen. Die Wahrheiten des Wissenschaftlers und des Gläubigen sind verschieden, und doch suchen sie Antworten auf letztlich dieselbe Frage. Sie spiegeln in gewisser Weise nur unsere doppelte Beziehung zur Wirklichkeit wider. Das die Welt beobachtende Ich-Bewusstsein einerseits und das mystische Erlebnis der Einheit (*Unus Mundus*) andererseits charakterisieren komplementäre Erfahrungsweisen des Menschen. Die eine führt zu einer kritisch-rationalen Einstellung, in welcher der Mensch die Welt in ihrer Vielfalt – fast im wörtlichen Sinne – begreifen, sie mit dem eigenen begrifflichen Denken erfassen will. Die andere erschließt sich ihm in einer mystischen Grundhaltung, in der er durch Hingabe und Meditation unmittelbar zum eigentlichen Wesen der Wirklichkeit vorzudringen versucht. Komplementär bedeutet hier, dass beide möglich sind und sich gleichzeitig ergänzen und ausschließen, wie »Raumerfüllung« und »Zwischenraum« oder im bekannten Vexierbild die »beiden zugewandten Schattenprofile« zu der zwischen ihnen aufgespannten »Vase«. Es sind zwei Arten des »Wissens«, das »begreifbare Wissen« und die »Gewissheit um den inneren Zusammenhang«, die »Außenansicht« mit der Trennung von Beobachter und dem Beobachteten und die »Innensicht«, die dem Wesen nach immer holistisch ist, wo das Wahrnehmende auch gleichzeitig das wahrgenommene ungetrennte Eine ist. Erfahrung meint beides: Außenansicht und Innensicht. Die Innensicht ist »näher, inniger, weiter, umfassender, offener, ganzheitlich«, wobei diese aus der Außenansicht entlehnten Worte in ihrer strengen Begrifflichkeit ganz unangemessen sind. Metaphorisch verstanden können sie jedoch auf eine Innenerfahrung deuten.

In der Außenansicht nehmen wir die Welt um uns herum, unsere Mitmenschen und uns selbst auf eine äußerliche Weise wahr. Die Außenansicht ist lebensdienlich, der greifenden Hand angepasst, die wiederum sich an der speziellen Struktur der Lebenswelt entwickelt hat, in die wir existenziell eingebettet sind. Handeln ist zweiwertig: Ich greife oder ich greife nicht, ich habe oder ich habe nicht. Das eine schließt das andere aus. So auch unsere Wahrnehmung der Wirklichkeit: Sein oder Nichtsein. Unser fragmentierendes Denken, unsere begriffliche Sprache hat sich in dieser auf Handlung orientierten Welt herausgebildet. Deshalb auch zweiwertig unser Denken: richtig oder falsch, *tertium non datur*. Dieses zweiwertige Ordnungsschema braucht jedoch nicht der Struktur der eigentlichen Wirklichkeit zu entsprechen, sondern ist zunächst für uns lebensdienlich in dem Sinne, dass es ein für unser Überleben wichtiges Handeln wirksam unterstützt. Doch ist äußere Erfahrung letztlich wieder nur als innere Erfahrung, durch spontane Evidenz spürbar. Auch dort nur Gewissheit, wenn es in mir tönt: Es ist so! Ja, ich habe verstanden! Es gibt nichts, was durchgängig bewiesen werden kann, sondern alles mündet am Ende in unmittelbare Erfahrung, die ich durch Identifizierung schlicht außerhalb allen Dualismus als wahr erlebe.

Die unauftrennbare Innensicht erlaubt keine zweiwertige Unterscheidung. Es gibt kein Wissen, doch auch kein Unwissen. Vielleicht Weisheit, die über beiden schwebt, als unscharfer Abdruck des äußeren Wissens im Innern. Und mit einer Unschärfe, die sich nicht im Mangel an Schärfe erschöpft, sondern erst die Möglichkeit eröffnet, Gestalt wahrzunehmen: Vertrautheit, Sinnhaftigkeit, Wertordnung. Unsere Vorstellung von der Wahrheit ist durch die Polarität der Außenansicht deformiert: wahr oder nicht wahr? Wahrheit ist allgemeiner, sie braucht nicht unbedingt diese lebensdienliche Zweiwertigkeit. Wahrheit kann offener sein, sich auch in einem Sowohl-als-auch verdeutlichen, ohne dabei ihre Gewissheit einzubüßen. Es fehlt uns die Sprache, dies ausdrücken zu können, da Sprache primär der Außenansicht zugeordnet ist. Wir ahmen dieses Sowohl-als-auch nach, indem wir, wie mit dem Finger darüberstreichend, seine »Gestalt« punktweise zu ertasten suchen. Das ganzheitliche Sowohl-als-auch erscheint dann in unserer kritisch rationalen Vorstellung als vielfältige, nebeneinander liegende Entweder-oder, deren Synthese die Gestalt imitiert, ohne je ihre Ganzheit zu erlangen.

In der abendländischen Geschichte stehen die beiden unterschiedlichen Grundhaltungen, Außenansicht und Innensicht, in einem fruchtbaren Wechselspiel. Sie spiegeln sich in der Spaltung von Wissen und Glauben. Der Rationalismus und später die Aufklärung haben diese Spaltung vertieft und die zweiwertige Außenansicht zur einzig wahren, das heißt der Struktur der Wirklichkeit angemessenen Ansicht erklärt. Sie ist die Basis unserer triumphierenden Wissenschaft. Sie hat uns gelehrt, unsere Mitwelt zu unserem eigenen Nutzen zu manipulieren und Wissen als Machtinstrument zur Herrschaft über Mensch und Natur systematisch zu entwickeln. Die Ausschließlichkeit unseres Denkens: »Wenn das eine richtig ist, kann nicht das andere auch richtig sein, also muss es falsch sein«, hat viel Zank und Streit verursacht, vernichtende Kriege entfesselt und ungeheures Leid über die Menschen gebracht.

Die moderne Physik hat uns gelehrt, dass die Struktur der Wirklichkeit im Grunde eine ganz andere ist, als es die an unserem Handeln und Wissen entwickelte, dominante zweiwertige Struktur der uns direkt zugänglichen Lebenswelt uns suggeriert. Die von uns als allgemein gültig erachtete zweiwertige Außenansicht hat nur begrenzte Gültigkeit. Sie ist nur vergröbertes Abbild einer tieferen Wirklichkeit, deren Züge sich uns besser durch Innensicht offenbaren.

Über prinzipielle Grenzen naturwissenschaftlicher Erkenntnis

Unsere Wirklichkeitserfahrung ist reicher als die Erfahrung, die uns durch wissenschaftliche Erkenntnisse erschlossen wird. Dies ist offensichtlich für Menschen, die mystische oder religiöse Erfahrungen gemacht haben. Aber dies gilt auch viel allgemeiner, wenn wir an die vielfältigen Erfahrungen denken, die uns Kunst in allen ihren Formen vermitteln kann. Wir werden uns dessen noch intimer und umfassender bewusst, wenn uns das so schwer Greifbare und doch unmittelbar Verständliche anrührt, was wir etwa mit Worten wie Liebe, Treue, Vertrauen, Geborgenheit, Hoffnung, Schönheit symbolisieren.

Die eindrucksvollen Erkenntnisfortschritte in den Naturwissenschaften hatten demgegenüber die besonders in der Aufklärung gehegte Hoffnung verstärkt, dass letztlich und prinzipiell alles in dieser Welt menschlicher Erkenntnis zugänglich sei und der bisher als nicht zugänglich erscheinende Teil sich nur aufgrund seiner größeren Kompliziertheit unseren rationalen Einsichten entzieht. Die aus der rationalen Reflexion geborene Erkenntnistheorie hat jedoch frühzeitig darauf aufmerksam gemacht, dass ein strukturiertes System sehr wohl Untersysteme bewerten kann, aber nicht Systeme, die ihm übergeordnet sind. Wir können nicht unmittelbar begreifen, was das Vermögen unserer Denkprozesse überschreitet. So, wie wir den blinden Fleck in unserem Auge nicht ohne einen Kunstgriff wahrnehmen können, weil wir von Geburt an an ihn gewöhnt sind, so fällt es uns schwer, ohne besondere Hinweise die Beschränkungen unserer gewohnten Einsicht zu erkennen. Diese Beschränkungen sollen nicht nur als ärgerliche Hindernisse gesehen werden: Für das Überleben unwesentliche Informationen nicht wahrzunehmen ist höchst lebensdienlich. Diese Überlegungen sollen zeigen: Es ist grob unzulässig und falsch, unsere Wahrnehmung der Wirklichkeit mit der Wirklichkeit schlechthin gleichzusetzen. Genau dies passiert jedoch, wenn wir wissenschaftliche Erkenntnis als allumfassend betrachten.

Ich möchte diese offensichtliche Aussage mit einem Gleichnis des englischen Astrophysikers Sir Arthur Eddington verdeutlichen. Eddington vergleicht einen Naturwissenschaftler mit einem Ichthyologen, einem Fischkundler, der seine Welt erforschen will. Dies besteht darin, dass er auf das Meer hinausfährt und Fische fängt. Nach vielen Fischzügen und sorgfältiger Überprüfung seiner Beute gelingt ihm die Entdeckung des ersten Grundgesetzes der Ichthyologie: »Alle Fische sind größer als fünf Zentimeter!« Er nennt dies ein Grundgesetz, weil er bei keinem Fang jemals einen Fisch fand, der kleiner als fünf Zentimeter war, und daraus auf eine Allgemeingültigkeit des Befundes schließt. Auf dem Heimweg trifft er seinen besten Freund, den ich den Metaphysiker nennen will, und erzählt ihm von seiner großen wissenschaftlichen Entdeckung. Der entgegnet ihm: »Das ist doch gar kein Grundgesetz! Dein Netz ist einfach so grob, dass dir die kleineren Fische stets durch die Maschen gehen.« Aber der Ichthyologe ist durch dieses Argument überhaupt nicht beeindruckt und antwortet entschieden: »Was ich mit meinem Netz nicht fangen kann, liegt prinzipiell außerhalb fischkundlichen Wissens, es bezieht sich auf kein Objekt der Art, wie es in der Ichthyologien als Objekt definiert ist. Für mich als Ichthyologen gilt: Was ich nicht fangen kann, ist kein Fisch!«

Auf die Wissenschaft angewendet bedeutet dieses Gleichnis: Um wissenschaftliche Erkenntnisse zu etablieren, benützen wir Wissenschaftler immer ein Netz, obwohl die meisten von uns sich über die Existenz und die Art des Netzes nicht im Klaren sind. Dieses Netz symbolisiert nicht nur das methodische, sondern vor allem auch das gedankliche Rüstzeug, mit dem wir wissenschaftlich arbeiten. Unser wissenschaftliches Denken ist wie alles Denken immer fragmentierend und analysierend. Alles, was wir untersuchen und verstehen wollen, zerlegen wir. Und das ist auch in unserer Lebenswelt eine sehr vorteilhafte und erfolgreiche Methode, an komplizierte Dinge heranzugehen. Unsere fragmentierende Denkweise ist selbstverständlich nicht zufällig. Sie hat sich in einer langen stammesgeschichtlichen Evolution langsam herausgebildet und dies nicht im Hinblick auf ihre Eignung, die komplizierte Wissenschaft über die Welt im Großen und Kleinen zu treiben, sondern zunächst einmal vor allem, um uns Menschen auf dieser Erde unter den hier vorgegebenen äußeren Umständen eine Überlebenschance zu geben. Das heißt grob gesagt: Unser Denken ist daran angepasst, den Apfel am Baum wahrzunehmen und zu greifen, mit dem wir uns ernähren, und nicht daran, Atomphysik zu treiben. Wenn wir es trotzdem tun, dürfen wir uns nicht wundern, dass Atome für uns letztlich immer wie kleine Äpfel aussehen, weil dies die einzige Art und Weise ist, wie wir uns die Wirklichkeit anschaulich vorstellen können.

Dass wir bei unserer Beschreibung der Wirklichkeit immer mit einem Netz arbeiten, also notwendig ein Bezugsystem benützen müssen, war den Philosophen schon immer bekannt. Die Relevanz dieser Erkenntnis wurde dann aber dramatisch deutlich, als man in der Physik zu verstehen suchte, welche Bewandtnis es eigentlich mit den kleinsten Einheiten der chemischen Elemente hat, die man Atome nannte, weil man sie als die allerkleinsten, unteilbaren Bausteine der Materie betrachtete. Doch auch diese lassen sich weiter, in Elementarteilchen oder noch kleinere Einheiten, aufteilen. Zum großen Erstaunen entdeckte man, dass, wenn man einem solchen winzigen Teilchen experimentell nachspürt, sich dieses bei einem Experiment tatsächlich wie ein Partikel gebärdet, bei einem anderen Experiment aber dann auf einmal sich wie eine Welle verhält. Je nach Messmethode offenbart sich also dasselbe »Objekt« in zwei verschiedenen Erscheinungsformen, die im Rahmen unserer üblichen Objekt-Vorstellung auf keine Weise miteinander in Einklang gebracht werden können. Es ist uns selbstverständlich geläufig, dass wir, wenn wir vor einem Haus stehen, je nachdem, ob wir es von vorne oder von der Seite ansehen, zwei recht verschiedene *flächige* Bilder vor uns haben. Wir können diese beiden Ansichten leicht widerspruchslos durch eine *räumliche* Vorstellung des Hauses versöhnen, in der die beiden Bilder dann verschiedenen Projektionen entsprechen. Im Gegensatz dazu gibt es aber bei einem Teilchen der Mikrowelt keine Möglichkeit, die Vorstellung eines Partikels und einer Welle in Form etwa eines »Wellikels« oder dergleichen so zu vereinigen, dass wir es uns auch noch anschaulich vergegenwärtigen können.

Dieses Beispiel zeigt uns, dass eine Beobachtung nur unzureichend mit der Metapher eines Fischernetzes beschrieben werden kann, das im Wesentlichen nur eine Auswahl (»größer als fünf Zentimeter«) unter den Fischen trifft und deshalb den Charakter einer Projektion besitzt. Denn der Akt der Beobachtung führt darüber hinaus auch zu einer Qualitätsänderung (Partikel oder Welle) des Beobachteten, zu einer Deformation der dahinter stehenden nichtbegreifbaren Wirklichkeit. Wenn wir etwas bewusst wahrnehmen oder, verschärft: wenn wir Wissenschaft treiben, dann verwenden wir also nicht nur ein Netz, sondern mehr so etwas wie einen Fleischwolf: Wir stopfen oben die Wirklichkeit hinein, drehen herum und heraus kommen unten je nach Lochscheibe verschiedenartige Würstchen. Naiv schließen wir daraus: Die Wirklichkeit besteht aus bestimmten Würstchen. Das stimmt aber nicht, wenn ich es mit dem oben Hineingestopften vergleiche. Das Ergebnis unserer Beobachtung, (die »Würstchen«) ist wesentlich ein Produkt der speziellen Art der Beobachtung, der Wahrnehmung, des Erkenntnisaktes und kein getreues Abbild der dahinter verborgenen oder vermuteten »eigentlichen Wirklichkeit«. Die experimentellen Befunde der modernen Physik – und dort anfänglich gerade auf dem Gebiet der Mechanik, wo alles als recht simpel und übersichtlich galt und sich überzeugend einfache Naturgesetze ermitteln ließen – haben uns also zur überraschenden Einsicht gezwungen: Alles, was wir durch direkte Beobachtungen oder durch Abstraktion unserer Wahrnehmungen als Wirklichkeit betrachten und in der Naturwissenschaft als (stoffliche) Realität beschreiben, darf in dieser Form nicht mit der eigentlichen Wirklichkeit, was immer wir darunter verstehen wollen, identifiziert werden.

Mit dieser Sprechweise verwenden wir allerdings die idealistische Sprechweise des Metaphysikers, gegen die sich der positivistische Ichthyologe verwahrt, indem er etwa antwortet: »Du magst ja Recht haben, vielleicht gibt es in irgendeinem Sinne diese kleineren Fische, aber warum soll mich das interessieren? Es ist doch vernünftig und für unsere menschliche Kommunikation wesentlich, sich auf das zu beschränken, worüber ich mich objektiv und eindeutig mit anderen verständigen kann. Im Übrigen, ganz praktisch gesehen, wenn ich auf den Markt gehe, um meine Fische zu verkaufen, hat mich noch nie jemand nach einem Fisch gefragt, den ich nicht fangen kann.« Diese letztere Argumentation ist uns gerade heute sehr geläufig: Die Ökonomie legt prinzipiell keinen Wert auf Dinge, die man nicht tauschen und nicht vermarkten kann.

Die Reduktion der Wirklichkeit auf das objektiv Feststellbare ist vom pragmatischen Standpunkt aus vorteilhaft. Es wird keine unentscheidbaren Streitereien geben. Aber es bedeutet noch lange nicht, dass das prinzipiell Unbegreifbare für unsere persönlich erfahrbare Wirklichkeit unwesentlich sein muss. Wissen wir doch: Der Mensch lebt nicht vom Brot alleine! Wir alle erleben täglich, dass unsere unmittelbare Erfahrung viel reicher und umfassender ist, als was wissenschaftlich begriffen und bewiesen werden kann. Überlegen Sie selbst, entspricht nicht das meiste, was uns wirklich wichtig und wesentlich im Leben ist, »Fischen, die wir nicht fangen können«? Und warum sollen wir nicht diese »Gewissheit« in gewisser Weise auch als Ausdruck eines (offeneren) »Wissens« auffassen, obwohl wir es nicht begreifen können. Hier bietet sich also die Möglichkeit, dem Religiösen, dem Numinosen, dem intuitiv und auch künstlerisch Erfahrbaren wieder einen eigenständigen Wert zuzuordnen und ihnen, entsprechend ihrer Bedeutung und neben dem naturwissenschaftlich Beweisbaren, eine angemessene Rangordnung in unserem persönlichen Leben und im Rahmen unserer Gesellschaft zu geben.

Viele bestreiten heute diese Ansicht und betrachten die gegenwärtige Situation nur als ein Zwischenstadium einer sich weiter beschleunigenden geistigen Evolution, der keine Geheimnisse auf Dauer verschlossen bleiben werden. Gegen unser Ichthyologengleichnis würden sie einwenden, dass es für die Anwendung auf unsere Wirklichkeit zu primitiv wäre. Der Mensch sei, meinen sie, doch ein viel intelligenterer und einfallsreicherer Ichthyologe, der sehr schnell lernen würde, auch mit Netzen geringerer Maschenweite zu fischen. Damit haben sie zweifellos Recht. Das Netz ist hier als Gleichnis zu einfach. Aber dies ändert nichts an der prinzipiellen Aussage: Was immer wir auch tun, wir brauchen irgendwelche Netze, um zu fischen. Wir können nicht die Wirklichkeit, über die wir in der Außenansicht sprechen, ohne ein Netz beschreiben, und deshalb sind wir immer in dieser Beschränktheit drinnen. Netze, die beweisbares Wissen möglich machen, definieren gleichzeitig auch die prinzipiellen Grenzen dieses Wissens, und zwar

Grenzen im Sinne einer »border« nicht nur einer »frontier«. Die Wissenschaft basiert auf fragmentierendem Denken.

Die so genannte exakte oder quantifizierende Wissenschaft geht sogar noch ein Stück weiter. Sie formuliert, wie unser Ichtyologe, Aussagen wie: Ein Fisch ist größer als fünf Zentimeter. Die Aussage ist letztlich nur »fünf«, eine Zahl in einer Beziehung zwischen einem Fisch und einem Stück Holz, das als Messlatte dient. Die »wissenschaftliche« Aussage hier sagt nichts darüber, *was* ein Fisch und *was* ein Stück Holz ist, die ich beide nicht verstehe. Die Aussage erschöpft sich im »Wie« und verschweigt das »Was«. Durch diese Beschränkung ist Quantifizierung und durch Zahlen bemessene Exaktheit und, als weitere Konsequenz, die mathematische Formulierung der exakten Naturwissenschaften möglich. Obgleich die moderne Wissenschaft eindrucksvoll zeigt, dass sehr vieles vom »Was« seine Erklärung in einem »Wie« findet, ist doch gut nachvollziehbar, dass die so reduzierte Wirklichkeitsbeschreibung nur noch sehr bedingt mit der größeren Wirklichkeit zu tun hat, in die sie eingebettet ist. Diese Einsicht ist wichtig für einen konstruktiven Dialog zwischen Naturwissenschaft und Religion. Sie ist andererseits auch als Hinweis wertvoll, dass auch Religion, in dem verständlichen Bestreben, ihre Botschaften schärfer und einprägsamer zu fassen, und der damit verbundenen Neigung, metaphorisch Zeigendes durch eindeutig Begreifbares zu fixieren, ihr eigentliches Ziel verfehlen muss.

Vom klassisch-atomistischen zum modern-holistischen Weltbild

Eine Unterscheidung zwischen der wissenschaftlich erkennbaren und beschreibbaren Wirklichkeit und der durch allgemeinere Erfahrungen bedingt zugänglichen eigentlichen Wirklichkeit mag einleuchtend klingen. Sie bleibt als solche unbefriedigend durch die Unbestimmtheit, wie die wissenschaftliche Wirklichkeit in die eigentliche eingebettet erscheint. Die Beziehung zwischen wissenschaftlicher und eigentlicher Wirklichkeit kann jedoch nicht willkürlich sein, kein »anything goes«, nicht blinde, strukturlose Pluralität, die absolute Flachheit symbolisiert. Wir sollten jedoch auch nicht erwarten, auf die Frage, was dieser Beziehungsstruktur zugrunde liegt, im Rahmen unseres Denkens eine schlüssige Antwort zu finden. Denn eine höher geordnete Struktur lässt sich niemals aus den ihr nachgeordneten Teilstrukturen vollständig und eindeutig synthetisieren und verstehen: Das Ganze ist mehr als die Summe seiner Teile. Deshalb erfordert ein tieferes Verständnis, dass wir mit dem Ganzen beginnen. Einen Zugang zum Ganzen scheint uns zunächst nur unsere Innensicht durch meditative Versenkung und ein intensiver Dialog mit anderen, die den gleichen Weg eingeschlagen haben, zu eröffnen. Einen anderen, andersartigen Zugang könnte aber vielleicht auch ein neugieriger Blick über die Grenze des Wissbaren, so, wie sie uns von der modernen Physik aufgezeigt wird, bieten. Auf eine solche kleine Reise zur Grenze möchte ich Sie jetzt kurz mitnehmen.

In unserem Ichthyologengleichnis ist es das »Netz«, das Wissen erst ermöglicht und gleichzeitig die prinzipielle Beschränkung erzwingt. In der Parabel ist das Netz noch ein Fremdling, dessen Herkunft unbestimmt und willkürlich bleibt. Das ist es selbstverständlich nicht. Es wurde vom Fischer in seinem Überlebenswillen als erfolgreichste Methode unter vielen anderen Fischfangversuchen letztlich ausgewählt. Das Netz ist also auch ein Teil des großen Ganzen und seiner speziellen Struktur, zu der die Fischwelt und der Fischer gemeinsam gehören. Es ist deshalb aufschlussreich, einen kurzen Blick auf die im Vergleich zur klassischen Physik radikal veränderte Beziehung zu werfen, in der die Teile zu ihrem Ganzen in der modernen Physik stehen sollen.

Die Welt in der Beschreibung der alten, »klassischen« Physik existiert in Raum und Zeit. Raum und Zeit spielen jedoch eine ganz unterschiedliche Rolle. Die Welt zeigt eine eigentümliche Zeitschichtung, als wäre sie ein Stoß von Spielkarten. Im augenblicklichen »Jetzt«, das wir Gegenwart nennen, liegt eine Spielkarte aufgedeckt vor uns, ein dreidimensionaler Raum, ein mit unseren Sinnen spontan austastbares Erfahrungsfeld – und nur dieser gegenwärtige Raum ist uns direkt zugänglich, unmittelbar erlebbar. Dieses augenblickliche Erfahrungsfeld jedoch wird sofort wieder zugedeckt durch einen ähnlichen Raum der nächsten Gegenwart, so dass ich den vergangenen Raum nicht mehr sehe. Als schwacher Fußabdruck ist der vergangene im neuen Raum mir noch teilweise gewärtig. Es ist, als hätte ich vom großen Kartenstoß der Raum-Zeit-Welt die nächste Karte abgehoben, aufgedeckt und über die alte gelegt. Und im nächsten Augenblick ist auch diese von einer nachfolgenden Karte wieder überdeckt. Die Raum-Zeit-Welt, die Wirklichkeit zeigt sich uns also eigentümlicherweise nicht als Ganzes, sondern immer nur scheibchenweise, Karte um Karte, Schritt um Schritt in einer Folge, die wir Zeit nennen. Wir verstehen eigentlich nicht, warum der »liebe Gott« uns nicht, ähnlich wie in räumlicher Ausdehnung, auch einen Einblick in die zeitliche Dimension seiner Schöpfung erlaubt, uns also nicht komplett die Karten des Stoßes auf den Tisch legt, sondern uns in jedem Augenblick jeweils nur eine Karte – und die auch nur einmal – zeigt. Es interessiert uns selbstverständlich brennend, was im noch nicht aufgedeckten Kartenstoß verborgen ist. Diese Karten enthalten ja alles, was uns in Zukunft – an Freud und Leid – erwartet.

Menschen sind schlau und einige von ihnen sogar Naturwissenschaftler. Sie schauen sich die jeweils aufgedeckten Karten genau an und dann die nächste und übernächste usw. und entdecken zu ihrer Freude gewisse Regelmäßigkeiten. Da ist z. B. ein Herzass, die nächste Karte ist eine Herzzwei, die nächsten sind eine Herzdrei und eine Herzvier. Und damit glauben sie ihre erste große Entdeckung gemacht zu haben: »Ganz einfach, die Welt besteht aus Herzen«, weil jede aufgedeckte Karte eine Herz-Karte ist. Bald darauf entdecken sie eine weitere Gesetzmäßigkeit, dass nämlich in jedem Augenblick die Zahl der Herzen um eines zunimmt. Ein besonders gewitzter Forscher wagt deshalb die Prognose: »Ich prophezeie, die nächste Karte ist Herzsieben«, und in der Tat es ist die Herzsieben. Und dann erscheint, wie erwartet, Herzacht. Und das seherische Genie bekommt den verdienten Nobelpreis. Die Welt erscheint verstanden, die Struktur der Wirklichkeit entziffert, die Schöpfung, der Kartenstoß, durchschaut: Die Welt besteht aus Herzen in ansteigender Progression. Dicke Lehrbücher werden geschrieben und alles geht gut, bis Herzzehn überschritten wird: Da kommt eine Überraschung: ein Herzbube. Kurzes Erschrecken: »Aha, das Naturgesetz stimmt nicht ganz«, längeres Nachdenken, bis ein Einstein erscheint und das Naturgesetz entsprechend verbessert: »Es ist ein bisschen komplizierter ...« Und auf diese Weise sind noch eine Reihe von Nachbesserungen nötig, bis man sich an eine mehr oder weniger gute Beschreibung herangerobbt hat. Ich habe stark vereinfacht und unterschlagen, dass die Folge der Verbesserungen tatsächlich nicht nur zu einer quantitativen, sondern auch qualitativen Verbesserung der Prognosen führen. Der Erfolg der Naturwissenschaften war und ist ja triumphal: Die Naturgesetze glaubt man weitgehend entschlüsselt zu haben. Und das bedeutet nicht nur Erkenntnisgewinn: »Wir wissen, was in diesem Kartenstoß drinnen ist!« Dies macht uns auch zu Propheten. Wir können vorhersagen, was in Zukunft passieren wird. Und damit glauben wir unser Leben vorteilhafter für uns gestalten zu können, indem wir diesen Hinweisen entsprechend Gefahren zu vermeiden und unser Umfeld zu manipulieren versuchen.

Die Schwierigkeit dabei ist allerdings, dass jeder von uns sich plötzlich fragen muss: »Bin ich nicht selbst in dem Stoß drinnen oder bin ich außerhalb?« Wenn ich nämlich selbst mit drinnen bin, dann kann ich überhaupt nichts manipulieren, weil es dann schon feststeht, was ich morgen und übermorgen mache. Diese Vorstellung ist mit unserem stolzen Menschenbild nicht verträglich, und das ist ja auch verständlich, weil wir uns als frei entscheidungsfähige Wesen verstehen wollen. Deshalb die Konstruktion: Der Mensch, als Krone der Schöpfung, ist, weil mit Geist ausgestattet, teilweise auch außerhalb der gesetzlich determinierten Schöpfung, der Natur, angesiedelt und vermöge seiner geistigen Fähigkeiten zum Herrn über die Natur auserkoren. Als Ebenbild Gottes kann er, ähnlich wie Gott in dieser Vorstellung, auch mit diesem Kartenspiel spielen. Ich karikiere selbstverständlich, doch beschreibt dies doch eine heute gängige Weise, unsere Mitwelt zu sehen und mit ihr umzugehen: Wir manipulieren sie wie einen Teil der Schöpfung, dem wir uns selbst nicht zurechnen. Die nichtmenschliche Mitwelt, die Natur, soll wie ein ablaufendes Uhrwerk funktionieren. Den Schöpfer brauchen wir eigentlich nur noch am Anfang, um das Uhrwerk mit seinen Bewegungsgesetzen zu erstellen und es anzuwerfen sowie um den Menschen zu erschaffen und ihm die Herrschaft über die Erde zu übertragen. Dann ist ER arbeitslos, denn alles läuft dann einfach seine fixierte oder vom Menschen dirigierte, geordnete Bahn.

Die Natur ist stofflich, materiell. Wir können sie zerlegen, ohne dass sie ihre materielle Eigenschaften verliert. Wir sprechen von kleinsten Teilchen, die sich nicht weiter zerbrechen lassen, Atome, die gewissermaßen unendlich hart sind. Sie sollen die Eigenschaft haben, dass sie im Laufe der Zeit immer mit sich selbst identisch bleiben. Durch die zeitliche Kontinuität der Materie wird so eine Kontinuität der Welt gewährleistet. Die beobachtbaren Veränderungen in der Welt geschehen durch Umordnen dieser kleinsten Teilchen. Wir haben also die Sichtweise: Der Stoff, die Materie ist primär, sie bleibt gleich; die Form, die Gestalt ist dagegen sekundär, sie entsteht durch die Beziehungsstruktur von Stoff, durch die Wechselwirkung der Materie und ändert sich ständig im Lauf der Zeit. Die moderne Auffassung ist ganz anders. Sie kommt zur Erkenntnis, dass die Welt im Allerkleinsten nicht einfach ein verkleinertes Abbild unserer Lebenswelt ist, dass sie nicht die Struktur einer russischen Matrjoschka-Puppe hat, die beim Zerlegen im Wesentlichen immer wieder auf Gleiches oder Ähnliches stößt. Ein Atom ist sozusagen kein kleiner Apfel, kein Objekt wie ein winziges Sandkorn, auch kein kleines Planetensystem. Nein, nichts dergleichen: Wenn wir die Materie immer weiter auseinander nehmen, bleibt am Ende nichts mehr übrig, was uns an Materie erinnert. Am Schluss ist kein Stoff mehr, nur noch Form, Gestalt, Symmetrie, Beziehung. Materie ist nicht aus Materie zusammengesetzt!

Was bedeutet das? Wir haben eine Umkehrung: Das Primäre ist Beziehung, der Stoff das Sekundäre. Materie ist ein Phänomen, das erst bei einer gewissen vergröberten Betrachtung erscheint. Stoff ist geronnene Form. Vielleicht könnten wir auch sagen: Am Grunde bleibt nur etwas, was mehr dem Geistigen ähnelt – ganzheitlich, offen, lebendig: Potenzialität. Materie ist die Schlacke dieses Geistigen – zerlegbar, abgeschlossen, determiniert: Realität. In der Potenzialität gibt es keine eineindeutigen Ursache-Wirkungs-Beziehungen. Die Zukunft ist im Wesentlichen offen. Es lassen sich für das, was »verschlackt«, was real passiert, nur noch Wahrscheinlichkeiten angeben. Es gibt keine Teilchen, die unzerstörbar sind, die mit sich selbst identisch bleiben, sondern wir haben ein »feuriges Brodeln«, ein ständiges Entstehen und Vergehen. In jedem Augenblick wird die Welt neu geschaffen, aber im Angesicht, im »Erwartungsfeld« der abtretenden Welt. Die alte Potenzialität in ihrer Ganzheit gebiert die neue und prägt neue Realisierungen, ohne sie jedoch eindeutig festzulegen. In diesem andauernden Schöpfungsprozess wird ständig ganz Neues, noch nie Dagewesenes geschaffen. Alles ist daran beteiligt. Das Zusammenspiel folgt bestimmten Regeln – physikalisch wird es beschrieben durch eine Überlagerung komplexwertiger Wellen, die sich verstärken und abschwächen können. Es ist ein Plussummenspiel, wo Kooperation zur Verstärkung führt und was interessanterweise auch eine teleologische Ausrichtung (hamiltonsches Prinzip der kleinsten Wirkung) imitieren kann. Der zeitliche Prozess ist nicht einfach Entwicklung und Entfaltung, ein »Auswickeln« von schon Bestehendem, von immerwährender Materie, die sich nur eine neue Form gibt. Es ist echte Kreation: Verwandlung von Potenzialität in Realität.

Das mag eine schlechte Nachricht für diejenigen bedeuten, die Natur manipulieren und letztlich fest »in den Griff« bekommen wollen. Denn wir können gar nicht genau wissen, was unter vorgegebenen Umständen in Zukunft passieren wird. Und dies – wohlgemerkt – nicht aus noch mangelnder Kenntnis, sondern als Folge der Sowohl-als-auch-Struktur der Potenzialität, die mehr die lose Verknüpfungsstruktur freier Gedanken hat. Das ist aber eine gute Nachricht für alle diejenigen, die den Menschen als Teil derselben, einen, großen Wirklichkeit betrachten und erleben, ohne bei dieser Einbindung in das Eine den Menschen und die übrige lebende Kreatur zu leblosen Maschinenteilen reduzieren zu müssen. Die Mitwelt kann von keinem mehr absolut verlässlich manipuliert werden, aber jeder, jede und jedes kann in gewissem Grade an einer Gestaltung der Zukunft kreativ mitwirken.

Auf unser früheres Gleichnis von der Welt als Kartenstoß bezogen, besagt dies nun: Es gibt gar nicht diesen vermuteten Stoß von nicht aufgedeckten, fertig bemalten Karten, welche angeblich die Zukunft vorgeben. Der »liebe Gott« verbirgt uns also nichts in irgendwelcher dunklen Absicht. Jede Karte wird vielmehr erst in dem Augenblick gemalt, in dem sie aufgedeckt wird. Und alles, was in der Welt existiert, ja mehr noch, was ihr an Potenzialität innewohnt, ist gewissermaßen beim Malprozess der neuen Karte engagiert – auch wir! Es gibt keine strengen Malregeln, wohl aber Regeln des Zusammenwirkens. Deshalb bleibt das Ergebnis unbestimmt, ist aber trotzdem nicht willkürlich. Es entstehen »Gemälde«, in denen alten Gewohnheiten gefolgt und gut Gelungenes wiederholt wird. Hier wird auf Kompositionen der alten Karten geschielt und einiges einfach kopiert, was wir dann Materie nennen: wohl bekannt, verlässlich präsent. Materie ist sklerotisierter Geist oder anarchischer Geist, der in seiner Orientierungslosigkeit im Mittel den alten determinierten Gesetzen folgt und damit aus dem eigentlichen Schöpfungsprozess ausgeschieden ist. Doch diese Materie ist nicht nutzlos. Sie liefert solide Bausteine und verlässliche Werkzeuge zum Bau von »Kathedralen«, Lebewesen unter der Anweisung und Regie des noch nicht versklavten Geistes. Sie stattet die Bühne aus, auf welcher der nächste Akt des Schöpfungsdramas gespielt wird. Das Wesentliche an diesem Spiel sind jedoch nicht die Arena, die Kulissen und das feste Inventar, sondern das, was noch offen ist, was gestaltet wird und noch gestaltet werden kann. Auf dieses lebendig Offene, auf die noch nicht vergebenen Rollen im schöpferischen Plussummenspiel sollten wir uns eigentlich konzentrieren. Hier besteht noch Möglichkeit der Mitwirkung.

Diese neuen Erkenntnisse vermitteln uns eine total verwandelte Weltsicht

Die alte (klassisch physikalische) Weltsicht fing noch mit einer Vielzahl von getrennten Objekten an: Atome oder irgendwelche unabhängigen und unverbundenen »Teilchen«, die aufgrund von Wechselwirkungen Stufe um Stufe Gesamtsysteme aufbauen, so dass sie, ihrem Namen gemäß, als Teile und Unterteile dieser Systeme betrachtet werden können. Die ganze Evolution der Welt vom »Urknall« vor etwa zwanzig Milliarden Jahren, als sich solche »Teilchen« bildeten, kann grob gesprochen als ein Prozess der fortschreitenden Ordnung der Vielheiten zu immer komplizierteren Systemen und Systemverbänden bis hin zu den hoch differenzierten Organisationsstrukturen des Lebendigen und des Menschen verstanden werden. Es bleibt offen, wie aus den vielfältigen Zusammenballungen von ursprünglich isolierter Materie je solche komplexen Gebilde mit den Ausdrucksformen, die wir Leben und Bewusstseins nennen, sollten entstehen können, genauso wenig wie ein noch so großer und raffinierter Computer je einem Lebewesen gleichen kann. In dieser Sichtweise scheint die Forderung nach einem Zielpunkt, einem Zug von der Zukunft her, zum Verständnis des Schöpfungsprozesses unentbehrlich.

Im Gegensatz dazu ist die neue Weltsicht im Grunde holistisch, nicht atomistisch: Es existiert eigentlich nur das Eine, das Ungetrennte, das Untrennbare. Doch ist diese Ausdrucksweise falsch, weil sich die Begriffe »Existenz«, »Sein« und das »Seiende« noch zu eng an unserer Erfahrung der Realität, der stofflichen Wirklichkeit, in ihrem ontischen Charakter orientieren. Das untrennbare Eine meint aber Prozesshaftes, Potenzialität, nicht nur die Möglichkeit, sondern auch das Vermögen zur Schaffung von Realität, von greifbar Seiendem. Die zeitliche Evolution besteht in einem fortschreitenden Prozess der Differenzierung dieses Untrennbaren durch »Errichtung von Grenzzäunen« (physikalisch: auslöschende Überlagerung von Potenzialwellen), ähnlich wie bei der Zellteilung einer einzigen Zelle in mehrere durch Neubildung von Zellwänden. Dies imitiert die Entstehung von unabhängigen Subsystemen, die als Teile des Gesamtsystems fungieren und aus denen dieses Gesamtsystem als »zusammengesetzt« erscheint. Dies ist aber nie der Fall, weil der Zusammenhang viel tiefer geht, so, wie etwa die sichtbar getrennten weißen Schaumkronen auf stürmischer See nicht die Betrachtung rechtfertigen, das Meer sei aus Wellen und Schaumkronen zusammengesetzt. Das Sinnstiftende im Zusammenwirken der Als-ob-Teile entsteht immer aus dem Ganzen, das sie einschließt. Dieses Ganze, Eine, ist immer da, ob das Meer »leer«, glatt und ruhig sich ausbreitet oder »voll«, hoch differenziert sich im Sturme wellt. Das Zusammenspiel der Wellen führt zu einer Orientierung, die so aussieht, als gäbe es ein vorgegebenes Ziel.

Auch wir sollten uns nicht vorstellen, dass wir wirklich getrennte Teile dieser Wirklichkeit sind, lose zusammengehalten durch einige Licht-, Laut- und andere von der Physik identifizierbare Signale, die wir uns zur Verständigung wechselseitig zuwerfen. Wir sind alle Teile dieses selben Einen, derselben Potenzialität, auf der wir gemeinsam gründen. Wir spüren dies auch. Wie könnten sonst ein paar hingeworfene Worte und Sätze mit ihrem dürftigen, abzählbaren Informationsgehalt sich in unserem jeweiligen Bewusstsein so reich entfalten? In einer Welt, die sich hauptsächlich auf tatkräftiges Handeln orientiert, ist es in der Tat eine brauchbare Approximation, uns Menschen schlicht als getrennte Individuen zu definieren, die über äußere Kräfte – getragen von energetischen Kraftfeldern – miteinander wechselwirken. Dass diese Näherung unzureichend und höchst mangelhaft ist, erkennen wir heute immer deutlicher an den zerstörerischen Folgen unseres daraus resultierenden unvernünftigen Umgangs miteinander und mit unserer Mitwelt, bei dem vernachlässigt wird, dass diese Mitwelt ja nichts Äußerliches ist, sondern unsere eigene natürliche Lebensgrundlage darstellt.

Wir haben also ein grandioses Weltbild, das seinen Reichtum der inhärenten Offenheit verdankt, also dem Umstand, dass es eigentlich im alten Sinne gar kein Weltbild mehr ist. Es meint eine Grundbeziehung: Alles wurzelt in einer unauftrennbaren Potenzialität, die Züge eines holistischen Geistes trägt. Sie ist keine Realität, sondern verhält sich zu ihr wie etwa die Ahnung, die Hoffnung, der Wille zur daraus möglicherweise entstehenden konkreten Handlung. Das Untrennbare spiegelt sich in einer fundamentalen Gemeinsamkeit. Die Evolution im Realen, der Gerinnungsprozess, geht in Richtung auf Auftrennung und Emanzipation. Auch das Erscheinen des Bewusstseins in jedem von uns ist ein Spaltungseffekt: Ich löse mich in einer gewissen und beschränkten Weise aus dieser unauftrennbaren Wirklichkeit heraus und erfahre mich und das andere, die Welt, auf einmal als zwei verschiedene Dinge, wo das eine – das Ich, das mystische Ich – nun auch sich als Ego und der Welt gegenübersteht und sie noch einmal von außen wie im Spiegel betrachtet. Die Außenansicht kommt zur Innensicht hinzu, ein Nebeneinander, wodurch Dualität vorgetäuscht wird.

Über die Beziehung von Wissen und Glauben

Was können wir wirklich wissen? Was ist prinzipiell nicht wissbar und muss deshalb unserem Glauben überlassen bleiben? Wie offen und willkürlich ist ein solcher Glaube? Diese Fragen haben nicht nur akademische Bedeutung. Angesichts der zunehmenden materialistischen Ausrichtung und spirituellen Verarmung unserer modernen Gesellschaft bekommen sie existenzielle Bedeutung. Denn um absichtsvoll handeln zu können, benötigen wir als Menschen eine über das wissenschaftlich Messbare und analytisch Beweisbare hinausgehende Bewertung. Konkret spiegelt sich dies in den heute vielfach diskutierten Fragen wider nach der »Bedeutung ethischer Werte« in der Realisierung des Machbaren und, im historischen Kontext, der »Zukunft von Religion und Glauben in einer säkularisierten Welt«.

Als Physiker betrachte ich mich als aktiver Vertreter dieser säkularisierten Welt. Als Mensch fühle ich mich dem Umfassenderen verbunden. Dies wird mir die Gelegenheit geben, noch einige Worte der Vorsicht gegenüber meiner vorgetragenen Darstellung einzuflechten, bei der ich mich wegen der notwendigen Straffung allzu großzügig über wesentliche kritische Feinheiten hinweggesetzt habe. Die Hauptkritik richtet sich vor allem auf die Frage, inwieweit die tiefen Einsichten eines Atomphysikers, die er in seiner Mikrowelt gewonnen hat, sich überhaupt für die Anwendung auf uns als Menschen und unsere Lebenswelt eignen. Wir wissen allzu gut: Wer einen guten Hammer besitzt, sieht die Welt voller Nägel. So wenden, auf meine Vorstellungen bezogen, viele ein: »Da spintisiert so ein Atomphysiker über Gott, Mensch und Natur, weil er auf der untersten Stufe seiner materiellen Wirklichkeit eine unerwartet starke Vernetztheit und Zusammengehörigkeit, eine holistische Einheit der Welt entdeckt hat. Diese Strukturen der Mikrowelt spielen doch in der viel größeren Mesowelt, in der wir leben, gar keine Rolle. Denn wir wissen doch aus unserem Alltag, dass die Approximation einer objektivierbaren Materie, ihre Auftrennbarkeit, Unterschiedlichkeit, Unabhängigkeit ausgezeichnet funktioniert. Auf ihr basiert doch unsere langjährig erprobte und höchst erfolgreiche Technik.« Grob betrachtet ist dies zweifellos richtig. In der Tat hat es die Mikro-Gesetzlichkeit schwer, erkennbar bis in die Mesowelt vorzudringen. Das liegt an der großen Zahl – es sind Billionen mal Billionen – dieser exotischen Mikro-Wesenheiten, die in Objekten unserer Mesowelt enthalten sind. Das lebendige, offene Spiel der Unterstrukturen mittelt sich deshalb einfach in der Regel vollständig heraus. Wir können das etwa mit einem Ameisenhaufen vergleichen, der beim genauen Hinsehen eine ungeheure Beweglichkeit zeigt. Von weitem betrachtet sieht er aber wie ein statischer Kegel aus. Dass sich dieses Gewimmel nicht auch im Großen ausprägt, liegt selbstverständlich daran, dass es für jede Ameise, die in einer Richtung läuft, immer auch eine andere gibt, die das Umgekehrte macht, so dass im Durchschnitt keine Bewegung im Ganzen übrig bleibt.

Unsere Mesowelt ist also eine statistisch ausgemittelte Mikrowelt. Dass diese Ausmittelung so vollständig gelingt, liegt wesentlich am so genannten »Zweiten Hauptsatz der Thermodynamik«. Im Grunde drückt er nur das für uns Offensichtliche aus, dass in Zukunft das Wahrscheinliche wahrscheinlicher passiert. Dies hat jedoch die wesentliche Folge, dass in einem sich selbst überlassenen System jede Besonderheit, jedes Ausgezeichnetsein im Laufe der Zeit zerstört wird und sich in Unordnung auflöst. Sie können das täglich an Ihrem Schreibtisch beobachten. Aus einem Ihnen unverständlichen Grunde wird er immer unordentlicher und nie ordentlicher – das ist der »Zweite Hauptsatz der Thermodynamik«. Deshalb verstehen wir nicht, wie es in der Natur mit ihrem starken Hang zu Unordnung überhaupt dazu kommt, dass bei der Evolution so hoch differenzierter Systeme wie wir Menschen oder die vielfältigen Organismen des Biosystems die Unordnung sich nicht durchsetzen konnte. Was ist denn da passiert? Hat die Natur für ihren lebendigen Teil nicht doch eine Ausnahmeregelung beim »Zweiten Hauptsatz« bei einer höheren Instanz erwirkt?

Nach heutiger Einsicht scheint es keine solche Ausnahmeregelung zu geben. Die unbelebte und die belebte Natur basieren auf derselben Art von Prä-Materie, die im Grunde, wie uns die moderne Physik lehrt, eigentlich keine Materie ist, sondern einer viel offeneren und gewissermaßen »lebendigen« Dynamik folgt. Aber diese lebendige Prä-Materie kann sich auf verschiedene Art organisieren. Einmal geschieht die Organisation ganz ungeordnet und unkorreliert. Dann wird das resultierende Gesamtsystem stumpf, langweilig und apathisch. Es trägt die Züge der unbelebten Materie. Wir schätzen diese geronnene Form, diese Schlacke, wegen ihrer Verlässlichkeit. Wie: Dieser Tisch vor mir – ich wende mich ab von ihm – drehe mich wieder zu ihm – und er ist immer noch da, in gleicher Form, an gleicher Stelle – es ist ihm nichts anderes eingefallen in der Zwischenzeit. Wir schätzen die Materie wegen ihrer steten Bereitschaft, sich von uns widerspruchslos manipulieren zu lassen. Sie dient uns als Werkzeug und Baustoff. Und das schätzen wir: etwas Verlässliches, das uns bedingungslos gehorcht, das keinen eigenen Willen entwickelt.

Aber wenn sich diese Prä-Materie auf raffiniertere Weise zu einem geordneten, differenzierten Gesamtsystem formiert, dann können Strukturen entstehen, in denen das im Grunde embryonal Lebendige auch in der Mesowelt zum Ausdruck kommt und zum lebendigen Organismus wird. Die eingeprägte Potenzialität wird makroskopisch sichtbar. Dazu braucht es aber eine enorme Verstärkung. Das Gesamtsystem muss weit weg von seinem Gleichgewichtszustand sein, um ein Ausmitteln seiner inneren Lebendigkeit zu vermeiden. Auf diese Weise kann sich die inhärente Lebendigkeit auch äußerlich emanzipieren. Stellen Sie sich ein physikalisches Pendel vor: ein herabhängender, beweglicher Stab mit einem Gewicht unten. Es pendelt beim Anstoßen vorhersehbar und berechenbar um seine untere stabile Gleichgewichtslage. Drehe ich jedoch Stab und Gewicht weit weg vom unteren stabilen Gleichgewicht in die oberste Lage, so gibt es dort eine weitere Gleichgewichtslage, die aber instabil ist. Wir wissen nicht, ob das Pendel auf die eine oder andere Seite herunterfallen wird. In diesem Instabilitätspunkt kann das System die inhärente Lebendigkeit sichtbar werden lassen, weil es von winzig kleinen Störungen abhängt, ob es zu dem einen oder anderen Bewegungsablauf veranlasst wird. Das ist nur ein primitives Beispiel. Die Naturwissenschaft kennt viele Systeme mit solchen eingeprägten dynamischen Instabilitäten. Sie führen zu einem, wie man sagt, »chaotischen« Bewegungsverhalten. Kleine Veränderungen in den Ursachen bewirken hier extreme Unterschiede in den Folgen: Der Schlag eines Schmetterlingsflügels kann einen Taifun auslösen!

Leben – belebte makroskopische Organismen – erfordern Strukturen in der Nähe von inhärenten Instabilitäten. Aber Instabilitäten kippen. Um sie lange in der prekären Balance zu halten, müssen sie dauernd nachjustiert werden. Dies erfordert eine »intelligente« Zuführung von Energie. Diese Systeme brauchen ständig eine »ordnende, austarierende Hand«. Diese Situation steht also nicht im Widerspruch zum »Zweiten Hauptsatz«, der dominanten Tendenz zur Unordnung. Denn es ist ja auch unsere ordnende Hand, die am Wochenende unseren Schreibtisch immer wieder in Ordnung bringen kann. Dazu ist (arbeitsfähige) Energie nötig – sie wird von der Hand gereicht. Aber die Hand darf dabei nicht nur »werkeln«, sie muss auch darauf achten, was sie tut, sie muss intelligent sein, denn sonst beschleunigt sie nur den Prozess der Unordnung.

Lebendige Systeme brauchen deshalb Nahrung, gespeicherte Sonnenenergie, doch auch auswählende Intelligenz, eine »geistige« Führung, die prinzipiell im immateriellen Form-Grund verankert ist und sich in der Milliarden Jahre langen Evolution des Biosystems durch ein Plussummenspiel in komplexen Verästelungen immer höher differenziert hat. Die von der Sonne zugestrahlte hoch geordnete Energie ist letztlich der Motor für die Entwicklung des Lebens auf der Erde. Sie wird aber nur zu einer ordnenden Hand, wenn ihre Energie sich von der kreativen Potenzialität im Hintergrund leiten lässt, die vermöge von Instabilitäten in die Mesowelt durchstoßen können. Unsere heutige ökologische Krise hängt wesentlich damit zusammen, dass wir diesen tieferen Zusammenhang nicht würdigen. Wir lassen uns immer noch von der veralteten Vorstellung leiten, wir als geistbegabte Menschen stünden außerhalb einer rein materiellen Natur, die für uns nur Werkzeug, Steinbruch und Müllkippe ist. Wir verkennen, dass wir »Teil« eines gemeinsamen, größeren komplexen Systems und auf hochsensible Weise in dieses eingebunden sind. Dieses größere komplexe System basiert auf einer unauftrennbaren Potenzialität, die für uns »unbegreiflich« bleibt. Potenzialität bietet aber die Möglichkeit, in »Teilen« zu Realität zu gerinnen und zu dem zu führen, was wir in unserer Außenansicht und mit unseren Sinnen als äußere Schöpfung wahrnehmen. Hat nicht diese holistische Potenzialität, diese unauftrennbare Urlebendigkeit, zu der ich nur durch Innensicht unmittelbaren Zugang habe, eine tiefe Verwandtschaft zu dem Göttlichen, von dem die Religionen sprechen? Der Schöpfer ist mit dem Urgrund der Schöpfung identisch. Aber, was wir gewöhnlich als Schöpfung durch Außenansicht erfahren, ist nur die materielle Schlacke dieser geistigen Urdynamik.

Emanzipation des Lebendigen im Lichte der modernen Physik

Einführende Bemerkungen

Wie verhält sich die belebte zur unbelebten Materie? Lässt sich das Lebendige als Emergenz des Unlebendigen auffassen? Kann Biologie letztlich völlig auf die Chemie oder gar auf die Physik zurückgeführt werden? Solche Fragen zu stellen erscheint zunächst nicht unberechtigt. Denn bei der unserer Naturwissenschaft eingeprägten analytischen Betrachtungsweise, die das Größere aus dem Kleineren zu erklären versucht, wird gewöhnlich angenommen, dass sich die Phänomene des Mesokosmos, unserer gewohnten Lebenssphäre, in unmittelbarer Abhängigkeit und als Folge der Gesetzmäßigkeiten des Mikrokosmos deuten lassen. Darüber hinaus würden wohl viele Biologen angesichts der großen Bedeutung der Molekularbiologie diese Frage prinzipiell auch positiv beantworten. Obgleich Moleküle und Atome »Objekte« sind, über die ein Physiker gut Bescheid weiß und deshalb verlässliche Aussagen machen kann, folgt daraus allerdings nicht, dass deren spezielle Vorstellungen einem Biologen sehr viel weiter helfen. Denn beim Aufstieg vom Mikrokosmos zum Mesokosmos werden die ursprünglichen Eigenschaften der »Bausteine« weitgehend verdeckt und treten durch ihr kompliziertes Zusammenspiel nur mehr in qualitativ stark veränderter Form in Erscheinung. Ein Physiker würde deshalb, so wird vermutet, einem Biologen wohl kaum etwas für eine Erklärung Interessantes anbieten können, was er nicht besser und einfacher von einem Chemiker lernen könnte. Dies mag durchaus so sein, aber sicher ist dies nicht. Die Physik hat nämlich im ersten Drittel dieses Jahrhunderts einen tief greifenden Wandel erfahren, der meines Erachtens in seiner vollen Bedeutung von den Biologen bisher kaum wahrgenommen worden ist. Wenn wir uns deshalb die Frage stellen, ob die Biologie letztlich auf die Physik zurückführbar sei, so müssen wir zunächst die Gegenfrage stellen: Welche Physik ist hier gemeint? Die alte klassische, mechanistische Physik oder die neue, holistische Quantenphysik? Meine Vermutung ist nämlich, dass unsere Ausgangsfrage nur dann positiv beantwortet werden kann, wenn wir uns dabei ganz wesentlich auf die neue Physik und die von ihr aufgedeckten, im Vergleich zu unseren gewohnten Vorstellungen andersartigen Zusammenhangsverhältnisse der Natur beziehen.

Es ist dieses radikal veränderte neue Weltbild der modernen Physik, das aus meiner Sicht auch in der heute dominant naturwissenschaftlich ausgerichteten Biologie eine entsprechend veränderte Sichtweise – mit den damit verbundenen neuartigen und höchst eigenartigen Fragestellungen und Aussagen – nach sich ziehen könnte. Ich möchte dabei betonen, dass es sich bei der neuen Physik nicht einfach nur um einen Paradigmawechsel im Sinne des von Thomas Kuhn in seinem Buche ›The Structures of Scientific Revolutions‹ (Kuhn 1962) geprägten Begriffes handelt. Denn die alten Erkenntnisse und Beschreibungen erlangen im Rahmen der neuen Vorstellungen bei einer geeignet vergröberten Sichtweise ihre frühere Bedeutung zurück, wenn auch in einer eigentümlich eingeschränkten Form. Die Beschränkung besteht darin, dass, um eine umfassende Beschreibung der Phänomene zu gewährleisten, eine Beschreibung in einem Paradigma nicht ausreicht, sondern notwendig durch komplementäre Beziehungsstrukturen ergänzt werden muss, die nur in einem anderen, mit dem ersteren im Widerspruch stehenden Paradigma ausgedrückt werden können.

Die Nichtvereinbarkeit der komplementären Paradigmen macht deutlich, dass eine Darstellung in dem einen oder anderen Paradigma streng genommen gar nicht der eigentlichen Situation angemessen ist, also aus dem kuhnschen Betrachtungsmuster hinausführt. Denn es ist hier nicht so wie bei Kuhn, dass ein altes Paradigma durch ein neues verdrängt wird, weil dadurch empirische Unverträglichkeiten vermieden werden können oder wesentliche Sachverhalte genauer erfasst oder vielleicht nur einfacher durchschaubar werden. Dies klingt zunächst reichlich paradox. Um die sich darin abzeichnende Problematik besser zu verdeutlichen, möchte ich nochmals genauer auf das einprägsame Ichthylogengleichnis des englischen Astrophysikers Sir Arthur Eddington eingehen. (Siehe auch Seite 41).

Dieses Gleichnis erlaubt zunächst ein besseres Verständnis dessen, wie die »Wirklichkeit der Naturwissenschaft«, die als ein Wissen über eine objektivierbare, dingliche Realität aufgefasst wird, in Beziehung steht zu einer viel reicheren und umfassenderen »Wirklichkeit«, die wir aufgrund anderer Erfahrungen hinter dieser Realität vermuten.

Das vom Ichthyologen vermutete Grundgesetz: »Alle Fische sind größer als fünf Zentimeter!«, findet seine Erklärung nicht in einer Besonderheit der Fischwelt, sondern in der Maschenweite seines Netzes. Auf die Naturwissenschaft übertragen, entsprechen dem Netz des Ichthyologen das gedankliche, methodische und experimentelle Rüstzeug sowie die Sinneswerkzeuge des Naturwissenschaftlers, die dieser benutzt, um seinen Fang zu machen, d. h. naturwissenschaftliches Wissen zu sammeln. Das Gleichnis des Ichthyologen ist offensichtlich zu einfach, um die Stellung des Naturwissenschaftlers und seine Beziehung zur Wirklichkeit angemessen zu beschreiben. Aber das Gleichnis ist doch differenziert genug, um wenigstens die wesentlichen Merkmale einer solchen Beziehung zu charakterisieren. Das Netz soll die *Verengung* und *Qualitäts*änderung symbolisieren, welche die eigentliche Wirklichkeit erfährt, erstens durch die Art und Weise *»guter« Beobachtungen*, wie sie in unseren Experimentalhandbüchern definiert sind, zweitens jedoch – und dies ist noch wesentlicher – durch unsere Vorstellungen und unsere spezielle Art zu *denken*, was wesentlich auf Unterscheiden, Analysieren, Fragmentieren basiert. Was die Verengung anbelangt, spielt das Netz etwa die Rolle des kuhnschen Paradigmas. Es bezeichnet gewissermaßen ein Netz von »Vorurteilen«, von expliziten und impliziten Prämissen, denen wir alle unsere Wahrnehmungen bei unserer Beschreibung unterordnen. Sie dienen uns als Referenzsystem, das wir notwendig für eine Beschreibung benötigen und definieren insbesondere auch die Bedingungen, unter denen wir ein Experiment durchführen.

Bei dieser Sichtweise bewirkt das Netz immer eine Art Projektion einer höherdimensional ausgeprägten Wirklichkeit. In der Regel geht das kuhnsche Paradigma jedoch darüber hinaus, weil es, um einfachere und geschlossenere Darstellungen zu ermöglichen, geeignete Näherungen bevorzugt, wodurch Qualitätsänderungen auftreten. Die etwa durch das geozentrische und heliozentrische Weltsystem charakterisierten unterschiedlichen Paradigmen sind in diesem Sinne nicht nur verschiedene Projektionen derselben eigentlichen Wirklichkeit, sondern hier bestehen, wegen der unterschiedlichen Beschleunigungskräfte, auch qualitative Unterschiede. Andererseits entspricht dem Paradigmenwechsel von der mesoskopischen, phänomenologischen zur statistischen, am Mikroskopischen orientierten Beschreibung der Thermodynamik mehr dem Wechsel von Projektionen mit unterschiedlicher Aussagekraft, aber verträglichen Inhalten.

Aus diesem Grund ist der Naturwissenschaftler im eddingtonschen Gleichnis nur unzureichend charakterisiert. Er sollte eher mit einem weit intelligenteren Ichthyologen verglichen werden, der mit immer besseren und raffinierteren Netzen – insbesondere mit solchen kleinerer Maschenweite – fischt, um Schritt um Schritt zu einer genaueren und vollständigeren Erfassung der Wirklichkeit zu kommen. Dies spiegelt sich ja auch deutlich in der Geschichte der Naturwissenschaft wider. Auch war es letztlich ja gerade die Möglichkeit verschiedener Fangmethoden, die in der modernen Physik unmissverständlich auf den Projektionscharakter der »physikalischen Wirklichkeit« hingewiesen hat. Aber dies war nur der unwichtigere Teil der Lektion, die uns dabei von der modernen Physik, der Quantenphysik, erteilt wurde. So offenbart sich z. B. ein Elementarteilchen, etwa ein Elektron, bei *einer* Beobachtungsmethode als Teilchen, bei einer *anderen* als Welle, also in zwei gänzlich verschiedenen Formen und – was nun das eigentlich Überraschende und Neue war – in zwei im Sinne der herkömmlichen Objektvorstellung sogar unverträglichen Formen. Es gibt hier also kein objekthaft vorstellbares Etwas, das »eigentliche Elektron«, gewissermaßen ein »Wellikel«, von dem das »Partikel« und die »Welle« nur zwei verschiedene – durch die spezielle Beobachtungsmethode erzwungene – Projektionen darstellen. Es tritt beim Fangen gewissermaßen auch eine Qualitätsänderung auf.

Das eddingtonsche Netzgleichnis greift hier also wesentlich zu kurz. Denn diese Qualitätsänderung ist von anderer Art als in den von Kuhn beschriebenen Fällen, die davon herrühren, dass bei ihnen der Gültigkeitsbereich der jeweiligen Paradigmen unzulässig überschätzt wird und dadurch zu Widersprüchen führt. Die Quantenphysik erweist sich demgegenüber als in sich konsistent, nicht widersprüchlich. Sie kann der Schwierigkeit der Qualitätsänderung nur entkommen, indem sie die Existenz von »Objekten«, etwa dem Fisch im eddingtonschen Gleichnis, opfert. Das Netz, das die Beobachtung charakterisiert, müsste dann eher (siehe auch Seite 41) mit einem »Fleischwolf« verglichen werden, in den oben die »eigentliche«, nicht mehr objekthaft deutbare Wirklichkeit eingefüttert wird und aus dem als Ergebnis unten objekthaft deutbare »Würstchen« herauskommen, deren spezielle Form nichts mit der »eigentlichen Wirklichkeit« oben zu tun haben, sondern je nach der verwendeten Endscheibe des Fleischwolfs (Art der aktiven Beobachtung und nicht nur einer passiven Betrachtung) anders – und möglicherweise widersprüchlich – ausfallen werden. In diesem Sinne lässt sich der Übergang von der klassischen zur modernen Physik – entsprechend dem Wechsel der Metapher vom Netz zum Fleischwolf – nicht mehr einfach als Paradigmawechsel im Sinne von Kuhn charakterisieren.

Diese Beispiele sollen deutlich machen, dass der Naturwissenschaftler wohl verschiedene Netze oder Fanginstrumente (oder Fleischwölfe) zur Wirklichkeitserfassung besitzt, dass jedoch – und dies ist für die grundsätzliche Angemessenheit des Netzgleichnisses für die Naturwissenschaft wichtig – jede Beobachtung, trotz aller Raffinessen bei ihren Methoden, prinzipiell immer irgendeine Einschränkung und Auswahl erzwingt. Das Elektronenbeispiel zeigt darüber hinaus, dass durch Kombination verschiedener Beobachtungen sich auch die »eigentliche« Wirklichkeit nicht durch Zusammenbau der Projektionen synthetisieren lässt, sondern dies nur durch die abstrakte *Kombination* zweier *komplementärer Paradigmen* möglich wird, die unserem fragmentierenden Denken und unserer objekthaften Anschauung unverträglich erscheinen. Hier deutet sich schon an, dass die Wirklichkeit nicht mehr »materialistisch« als ein objektivierbares »System« betrachtet werden kann, sondern dass ihr »relationalistisch« eine allgemeinere, nur aus Beziehungen generierte Struktur zugeordnet werden muss.

Öffnung des klassischen Rahmens durch die moderne Physik

Die aus den physikalischen Gesetzmäßigkeiten des Mikrokosmos gewonnenen Erkenntnisse und die daraus notwendig gewordenen Schlussfolgerungen über die fundamentalen Strukturen der Wirklichkeit sind für uns schwer verständlich, weil sie sich nicht mit den Vorstellungen decken, die wir aus unseren Erfahrungen in unserem tätigen Umgang mit unserer Lebenswelt, dem Mesokosmos, gewonnen haben. Diese Vorstellungen gehen von einer unabhängig von uns existierenden äußeren Welt aus, einer aus materiellen »Objekten« in einem dreidimensionalen Raum aufgebauten Realität. Diese Realität verwandelt sich in der Zeit nach festen Gesetzen, wie sie in eindrucksvoller Form von der klassischen Physik beschrieben werden und erlauben insbesondere, aus der Kenntnis eines Zeitschnitts, zum Beispiel dem gegenwärtigen Zustand der Welt, prinzipiell vergangene Konfigurationen zu ermitteln und zukünftige zu Ereignisse zu prognostizieren.

Konkret geschieht dies so, dass der gegenwärtige Zustand als ein Ensemble einer großen Anzahl von nicht mehr weiter zerlegbaren, strukturlosen und unzerstörbaren Bausteinen, etwa »Atomen« oder »Elementarteilchen«, aufgefasst wird, die in der Zeit mit sich identisch bleiben und aufgrund ihrer naturgesetzlich geregelten Wechselwirkungen mit der Zeit ihre Anordnungen im Raum auf exakt determinierte Weise verändern. Bei dieser prinzipiellen Argumentation bleibt selbstverständlich unberücksichtigt, dass solche Rekonstruktionen in jedem praktischen Fall wegen unserer ungenauen Kenntnis der umfassenden und komplizierten gegenwärtigen Realität und, noch einschränkender, wegen eingeprägter Instabilitäten (chaotische Systeme) nur ungenügend gelingen. Die Zeit als eine lineare Abfolge nicht koexistenter Realitäten wird ohne weitere Deutung von Anfang an vorgegeben. Das zeitlich Unveränderliche, das »Beharrende« (was die Abfolge ignoriert) spielt in unserer

Wahrnehmung und Beschreibung eine besondere Rolle und wird von uns unmittelbar als »Materie« begriffen. Die zeitlich unveränderlichen Bausteine der Materie verbürgen gewissermaßen bei dieser klassischen Vorstellung die zeitliche Kontinuität unserer Welt, sie sorgen für die »Notwendigkeit« zukünftiger Existenz. Die moderne Physik sieht dies ganz anders. Nach den Vorstellungen der Quantenphysik gibt es das Teilchen im alten klassischen Sinne nicht mehr, d. h., es gibt streng genommen keine zeitlich mit sich selbst identischen Objekte. Es gibt damit im Grunde auch nicht mehr die für uns so selbstverständliche, zeitlich durchgängig existierende, objekthafte Welt. Keine noch so genaue Beobachtung aller Fakten in der Gegenwart reicht prinzipiell aus, um das zukünftige Geschehen eindeutig vorherzusagen, sondern diese eröffnet nur ein bestimmtes Erwartungsfeld von Möglichkeiten, für deren Realisierung sich bestimmte Wahrscheinlichkeiten angeben lassen. Das zukünftige Geschehen ist in seiner zeitlichen Abfolge nicht mehr determiniert, nicht mehr eindeutig festgelegt, sondern es bleibt in gewisser Weise *offen*.

Das Naturgeschehen ist dadurch kein mechanistisches Uhrwerk mehr, sondern hat den Charakter einer *fortwährenden kreativen Entfaltung*. Die Welt ereignet sich gewissermaßen in jedem Augenblicke neu nach Maßgabe einer »Möglichkeitsgestalt« und *nicht* nach der reinen Willkür eines »anything goes«. Die Wirklichkeit, aus der sie jeweils entsteht, wirkt hierbei als eine *Einheit* im Sinne einer nicht zerlegbaren »Potenzialität«, die sich auf vielfältig mögliche Weisen realisieren kann, sich aber *nicht* mehr streng als Summe von Teilzuständen deuten lässt. Die Welt »jetzt« ist nicht mit der Welt im vergangenen Augenblick *materiell* identisch. Nur gewisse Gestalteigenschaften (Symmetrien) bleiben zeitlich unverändert, was phänomenologisch in Form von Erhaltungssätzen – wie den Erhaltungssätzen für Energie, Impuls, elektrische Ladung usw. – zum Ausdruck kommt. Doch *präjudiziert* die Welt »im vergangenen Augenblick« die Möglichkeiten zukünftiger Welten auf solche Weise, dass bei einer gewissen vergröberten Betrachtung es so *erscheint*, als bestünde sie aus Teilen und *als ob* bestimmte materielle Erscheinungsformen, z. B. Elementarteilchen, Atome, ihre Identität in der Zeit bewahren. Materie erscheint erst sekundär, gewissermaßen als geronnene Potenzialität, als geronnene Gestalt.

Zur Beschreibung physikalischer Phänomene kann die moderne

Physik nicht mehr von der klassischen Vorstellung von Teilchen als Grundbausteinen ausgehen, sondern ihre »Bauelemente« sind »Elementarprozessoren«, komplexwertige, von Zeit und Ort abhängige Feld-»Operatoren«. Sie erzeugen im Raum gewisse Überlagerungen von sich zeitlich ausbreitenden, korrelierten, hochdimensionalen Wellenfeldern, Möglichkeitsfeldern, deren Intensität die Wahrscheinlichkeit für eine objekthafte Realisierung misst. Diese Intensität ist empfindlich abhängig von der relativen Phase der sich überlagernden Teilwellen. Vernachlässigt man die durch die Phasenbeziehungen erzeugten Korrelationen, so erhält man die aus der klassischen Physik gewohnte Beschreibung eines Systems, z. B. von über den Raum geeignet verteilten unabhängigen objekthaften Teilchen. Durch eine solche (zunächst ungerechtfertigte) absichtliche Vergröberung erhält man also in gewisser Weise die klassische Beschreibung zurück. Die Vergröberung besteht dabei nicht nur darin, dass die Korrelationen, welche die Wirklichkeit zu einem nicht zerlegbaren Ganzen machen, ignoriert werden – dies mit dem Vorteil, dass man nun getrost von »Teilen« sprechen kann –, sondern dass die dadurch möglichen »Teile« auch nur in einem vergröberten Sinne die Eigenschaften von klassischen Teilchen haben. Sie sind entsprechend den heisenbergschen Unschärferelationen »unscharf«. In der Beschreibung bevorzugt man deshalb nicht eine Darstellung in Form von Massenpunkten, sondern von »ausgeschmierten Teilchen«, wie sie etwa in den bekannten Kalottenmodellen der Chemiker als Abbild der Elektronenverteilung in den Atomhüllen zum Ausdruck kommen. Vom Standpunkt der neuen Physik aus entsteht eine *Beziehungsstruktur* nicht nur durch vielfältige und komplizierte Wechselwirkungen der vorgestellten »Bausteine« (Atome oder Moleküle), so etwa durch die elektromagnetischen Kräfte der Atomhülle, sondern existiert darüber hinaus aufgrund der wesentlich innigeren und für die Quantenphysik typischen holistischen Beziehung. Sie verbietet uns streng genommen, überhaupt sinnvoll von Bausteinen, also von »Teilen« eines Systems in der ursprünglichen Bedeutung, zu sprechen.

Materie ist nicht aus Materie zusammengesetzt! Es gilt nicht mehr die Vorstellung, dass der Stoff, die Materie das *Primäre* und die Beziehung zwischen dieser, ihre Relationen, Form und Gestalt, das *Sekundäre* ist. Die moderne Physik dreht diese Rangordnung um: Form vor Stoff, Relationalität vor Materialität. Es fällt uns schwer, uns reine Gestalt, Beziehungen ohne materiellen Träger vorzustellen. Das elektromagnetische Feld, das ohne materiellen Träger (den vermuteten Äther gibt es nicht) den Raum erfüllt, ist eine solche immaterielle »Gestalt«, gewissermaßen ein formiertes Nichts, eine ganzheitliche, hoch differenzierte Formstruktur, in deren spezieller Differenzierung wir z. B. die für uns bestimmten Telefongespräche, die Radio- und Fernsehprogramme, die Existenz und Beschaffenheit von Sonne, Mond und Sternen und vieles, vieles mehr abtasten können. Oder ein anderes, vielleicht noch anschaulicheres Beispiel: eine Schallplatte etwa mit der Matthäuspassion von Bach. Wir hören eine Geige, ein Cello, einen Sopran, einen vielstimmigen Chor, ein differenziertes Orchester. Wir nehmen die Schallplatte in die Hand und fragen uns: »Wo ist dieser Sopran?« Wir sehen auf der Platte nur eine spiralförmig aufgewickelte, verwackelte Rille. Auch wenn wir ein Vergrößerungsglas oder ein Mikroskop zu Hilfe nehmen, werden wir den Sopran nicht finden. Der Sopran ist nämlich in der *Gestalt* der Rille verborgen, in einer Beziehungsstruktur verschlüsselt. Die materielle Schallplatte ist dabei nur ein nebensächlicher, austauschbarer Träger, es könnte auch eine CD oder ein magnetisches Tonband sein.

Im Hinblick auf die allgemeine Quanten*physik* ist der Schallplattenvergleich vielleicht irreführend, da bei der Schallplatte die genaue Positionierung der Rille insgesamt alle Information für die Schwingungsform enthält, die sich dann unserem Ohr als Tongestalt erschließt. Eine genaue Position nehmen wir als eine sich lokal verstärkende Überlagerung von sehr vielen Tönen, als Kurzkrach wahr, wie ihn ein Kratzer verursacht, während ein reiner Ton aus einer über die ganze Rillenlänge verteilten Form resultiert. Hier besteht also eine Analogie zu der Partikel- und Wellenbeschreibung etwa eines Elektrons oder Photons in der Quanten*mechanik*. In der allgemeinen Quantenphysik (mehr als ein »Teilchen«) »lebt« die Gestalt in höherdimensionalen Räumen, die nichts mehr mit dem dreidimensionalen Raum unserer begreifbaren Welt gemein haben, aber sehr wohl dort »Abdrücke« (Realisierungen) hinterlassen.

Es sollte an diesem Punkte vielleicht betont werden, dass eine Überlagerung von Quantenzuständen in gewisser Vergröberung (Vernachlässigung der Phasenbeziehungen) nicht nur zum alten klassischen Teilchenbild zurückführt, sondern bei einer anderen Vergröberung, welche auf die Phasenbeziehungen (Kohärenz) achtet, auch die klassischen Wellenphänomene (wie etwa das elektromagnetische Strahlungsfeld) beschreiben kann. Die den Quantenzuständen eingeprägte Teilchen-Welle-Ambivalenz erscheint also nochmals im makroskopischen Grenzfall in Form einer entsprechenden Dualität von klassischen Teilchen und klassischen Wellenfeldern, also zwei komplementären klassischen Paradigmen. Dieser Aspekt könnte in der Biologie für die Frage der genetischen und epigenetischen Determination in der Entwicklung von Organismen von Bedeutung sein (z. B. Strohmann 1997). Die Beziehung genetisch ↔ epigenetisch könnte dann in gewisser Analogie zur Beziehung »lokale materielle Struktur (lokale Auslenkung der Rille)« ↔ »durch Abspielen hörbare phänomenologisch ausgeprägte Tongestalt (Verbiegungen oder ganzheitliche Wellenform der Rille)« bei unserem Schallplattenbeispiel gesehen werden.

Quantensysteme, Systeme von vielen Quantenzuständen (viele »Teilchen«) sind streng genommen nicht mehr »Systeme«, sondern eine ganzheitliche differenzierte Prozessstruktur. *Differenzierung erlaubt Unterscheidung, »Artikulation von Momenten«* (Rombach 1994), *aber nicht Aufteilung*. Betrachtet man Quantensysteme näherungsweise als Systeme, so sind diese nicht nur hochkomplizierte, sondern hoch*komplexe* Systeme. Hierbei soll die Bezeichnung »Komplexität« zum Ausdruck bringen, dass solche Systeme sich überhaupt nicht mehr ohne »Zerreißen« irgendwelcher Verbindungen auf einfachere Systeme zurückführen lassen. Bei ihnen gelingt also streng genommen nicht mehr der für unsere Wissenschaft übliche und letztlich methodisch notwendige Reduktionismus. Die moderne Chaostheorie lehrt uns darüber hinaus, dass bei eingeprägten Instabilitäten eine Nichtberücksichtigung selbst winziger Korrelationen das Ergebnis unzulässig stark verfälschen kann und damit eine solche Reduktion auch nicht einmal näherungsweise möglich wird.

War die Analyse eines Systems immer schon einfacher als die nachfolgende Synthese der an seinen Teilen gewonnenen Einsichten, so wird die vollständige Synthese des Gesamtsystems unter den Bedingungen der neuen Physik zu einem noch weit schwierigeren und letztlich sogar unmöglichen Unterfangen. Aus alter Sicht war nur nötig, die Teile und ihre Eigenschaften möglichst genau zu analysieren, zu denen auch die von ihnen ausgehenden Kraftwirkungen gehörten. Bei der Synthese musste dann nicht nur die Materie der

Teile addiert, sondern zusätzlich die von diesen ausgehenden Kraftwirkungen geeignet überlagert werden. Bei einer großen Zahl der Teile konnte sich dies leicht zu einem extrem komplizierten Problem auswachsen, das aber prinzipiell lösbar blieb und in der Regel auch praktisch durch statistische Methoden bewältigt werden konnte.

Die der Quantenphysik zugeordnete Statistik ist jedoch eine Stufe raffinierter als die übliche Statistik, die wir im Falle unzureichender Kenntnis der Sachverhalte anwenden. Denn die Quantenstatistik basiert auf der »Sowohl-als auch«-Potenzialität und nicht einer unscharfen »Entweder-oder«-Realität. Im Gegensatz zu der uns gewohnten Wahrscheinlichkeit, die alle Werte von Null (Unmöglichkeit) bis eins (Gewissheit) annehmen kann, ist die Potenzialität der Quantenphysik *nicht positivwertig*. Sie kann (komplexwertig) »wellenartig« von +1 bis –1 variieren und bei Überlagerung von mehreren Wellen – und das ist das Charakteristische von Wellen – je nach ihrer *Phasenbeziehung* (relative Lage der Wellenberge und -täler) sich dabei nicht nur verstärken, sondern auch bis zur totalen Auslöschung abschwächen. So steht das Getrennte (etwa durch die Vorstellung vieler isolierter Atome) nach neuer Sichtweise nicht am Anfang der Wirklichkeit, sondern die *näherungsweise Trennung ist mögliches Ergebnis einer Strukturbildung*, nämlich: *Erzeugung von partieller Unverbundenheit durch Auslöschung im Zwischenbereich* (Dürr). Dies erinnert in gewisser Weise an die Entwicklung eines biologischen Organismus aus einer einzigen Zelle durch sukzessive »Zellteilungen«, die nicht durch Auftrennung, sondern durch die durch wiederholte Ausbildung von halb abgrenzenden Zellwänden erfolgt. Dies ist jedoch nur als Gleichnis gemeint, weil die Gestaltbildung der Wirklichkeit nicht in dem von uns wahrgenommenen dreidimensionalen Raum geschieht.

Die Beziehungen zwischen Teilen eines Ganzen ergeben sich also nicht erst sekundär als Wechselwirkung von ursprünglich Isoliertem, sondern sind Ausdruck einer *primären Identität von allem*, einer *»Idemität«* (Rombach). Eine Beziehungsstruktur entsteht also nicht nur sekundär durch *Kommunikation*, einen wechselseitigen Austausch von (energietragenden und deshalb physikalisch nachweisbaren) Signalen, verstärkt durch Resonanz, sondern gewissermaßen auch primär durch *Kommunion*, durch Identifizierung.

Vermutlich hat sich unser (bewusstes) Denken im Zusammenhang mit unserer Greifhand entwickelt. Gewissermaßen durch einen *virtuellen* Probelauf des beabsichtigten physischen Handelns und Begreifens soll es uns helfen, den Erfolg des *tatsächlichen* Entweder-oder-Handelns und Begreifens (im wörtlichen Sinne) zu erhöhen. Dadurch wird wohl verständlich, warum unserem Denken die »Sowohl-als-auch«-Struktur der Wirklichkeit, die sich in ihrer Wellennatur ausdrückt, so fremdartig und unbegreiflich erscheint. Da wir in der uns über unsere Sinne direkt zugänglichen Lebenswelt, in der wir uns zurechtfinden und (im naiven Sinne) »darwinistisch« bewähren müssen, nur mit sehr großen Anzahlen dieser eigentümlichen, etwas irreführend als »Bausteine« der Materie titulierten Elementarprozesse umgehen müssen, haben wir es immer nur mit statistischen Gesamtheiten zu tun, in denen jegliche lokale Besonderheit und Verschiedenartigkeit weitgehend herausgemittelt ist. Die Vermutung erscheint deshalb völlig berechtigt, dass bei großen Anzahlen von Molekülen und Atomen in der Größenordnung von Billionen mal Billionen, welche die Objekte unserer Lebenswelt bilden, wir uns über die mikroskopische Exotik der neuen Physik wahrhaftig nicht den Kopf zerbrechen sollten. Dies hieße: Die im Grunde »Sowohl-als-auch«-Wirklichkeit stellt sich eigentlich in der für uns direkt erlebbaren makroskopischen, hoch aufgemischten Welt in extrem guter Annäherung eben wie die uns wohl vertraute, zerlegbare, objekthafte, materielle »Entweder-oder«-Realität dar, auf die hin sich unsere reflektierende Rationalität (unser Verstand) so hervorragend entwickelt und eingestellt hat.

Wir wissen nun schon, dass diese Vermutung so nicht allgemein gültig sein kann. Jede physikalische Messung, die uns die Eigentümlichkeiten der Quantenphysik offenbart, zeigt uns doch eine Möglichkeit, wie die Mikrowelt sich auch makroskopisch bemerkbar machen kann. Dies bedarf immer irgendwelcher Verstärkungsmechanismen, die mit Instabilitäten und daraus resultierenden, lawinenartig ansteigenden Kettenreaktionen zusammenhängen. Durch positive Rückkopplungen lösen mikroskopische Einzelprozesse weitere ähnliche Prozesse aus und führen damit zu einer praktisch unbegrenzten irreversiblen Vermehrung, die dann makroskopisch als »Faktum« registriert werden kann.

Die anziehenden Kräfte zwischen elektrisch entgegengesetzt geladenen »Bausteinen« der Materie ermöglichen lokale Anhäufungen großer Mengen solcher Bausteine. Aufgrund der Wärmebewegung der Bausteine geht man davon aus, dass sich die Phasenbeziehungen der zugehörigen Materiewellen statistisch wegmitteln, die Phasenstrukturen »verrauschen«. Die quantenmechanisch-holistische Beziehungsstruktur würde dadurch effektiv verloren gehen und die übliche klassische Beschreibung gültig. Bei sehr tiefen Temperaturen in der Nähe des absoluten Temperaturnullpunkts kann es jedoch unter bestimmten Umständen passieren, dass die dann einfrierende, immer schwächer werdende Wärmebewegung die quantenmechanische Kohärenz der Materiewellen nicht mehr verwackeln kann. Hier bilden sich dann *Quantenzustände von makroskopischer Dimension* heraus. Sie besitzen eigentümliche Eigenschaften, wie die der Supraleitung und der Suprafluidität, die oberhalb charakteristischer Sprungtemperaturen von wenigen Grad Kelvin wieder verschwinden. Supraleitende Magneten gibt es heute in Hochenergielabors in metergroßen Ausführungen. Doch auch bei Zimmertemperatur können sich bei geeigneten Wechselwirkungen oder Korrelationen zwischen »Bausteinen« ähnliche makroskopische Quantenstrukturen ausbilden. So erzwingt die von der Quantenphysik geforderte Identität aller Elektronen (die viel einschränkender ist als die Nichtunterscheidbarkeit der Elektronen) aufgrund des daraus resultierenden Pauli-Prinzips (allgemeiner: der Antisymmetrisierung der Vielelektronenwellenfunktion) eine Parallelstellung der Spins von Elektronen in den überlappenden Hüllen von benachbarten Eisenatomen. Daraus resultiert (unterhalb der charakteristischen Curie-Temperatur von Eisen von etwa 770 °C) eine spontane Gleichstellung der Spins und der damit verbundenen magnetischen Momente aller Elektronen in eine Richtung und erzeugt durch diesen wechselseitigen Versklavungsprozess ein Phänomen, das uns als Ferromagnetismus bekannt ist.

Wichtig bei all den angegebenen Beispielen erscheint die Feststellung: Die *Größe* (im Sinne einer Nichtkleinheit) eines Objekts *reicht als Kriterium allein nicht aus, um eine totale Unterdrückung der für die Quantenphysik charakteristischen, holistischen Zustandsformen zu erreichen* und damit eine effektive Dominanz rein klassischer Erscheinungsformen zu gewährleisten.

Ich möchte aber noch einen Schritt weitergehen. Die bisher aufgeführten makroskopischen Quantenstrukturen sind immer noch recht speziell, da sie sich alle nur in der Nähe des thermodynamischen Gleichgewichtszustandes des Systems herausbilden. Ganz neuartige Ordnungsphänomene treten auf, wenn man sich weit von diesem Gleichgewichtszustand entfernt. Dies verlangt, dass man dem System dauernd arbeitsfähige (geordnete) Energie von außen zuführt. Das bekannteste Beispiel dafür ist der LASER (Light Amplification by Stimulated Emission of Radiation) oder Quantengenerator. Hier entlädt sich ein Medium, das durch Lichteinstrahlung geeignet auf eine instabile Zustandskonfiguration (Besetzungsinversion) hochgepumpt wird, in Form einer kollektiven, *quantenmechanisch kohärenten* (also streng phasenkorrelierten und monochromatischen) Vielphotonen-Lichtwelle. Durch den stetigen Energiedurchfluss wird also auch hier erreicht, dass sich die mikroskopische quantenmechanische Grundstruktur *makroskopisch* ausprägen kann. In gewisser Weise ist dieser Vorgang ein *quantenmechanisches Analogon* zu dem von Prigogine und anderen beschriebenen Verhalten klassischer »dissipativer Systeme« fern vom thermodynamischen Gleichgewicht, die zur Bildung von bestimmten Ordnungsmustern neigen.

Materie und ihre Lebendigkeit

Die mögliche Ausbildung makroskopischer Quantenstrukturen (Kohärenz) bei energiegepumpten Systemen legt nun nahe, nicht bei Systemen der so genannten unbelebten Natur stehen zu bleiben. So drängt sich hier doch die interessante Hypothese auf, das *Phänomen des Lebendigen* unmittelbar mit der neu entdeckten, *fundamentalen ganzheitlichen Struktur der Wirklichkeit* in Zusammenhang zu bringen. Biologische Systeme könnten in der Tat ähnlich wie ein Laser funktionieren. Denn biologische Systeme sind, wie der Laser, offene Systeme, die zur Aufrechterhaltung ihrer Funktion eine stetige Zufuhr von arbeitsfähiger Energie benötigen und diese aus ihrem Metabolismus durch »Nahrungsaufnahme« beziehen. Durch eine genügend starke Energiepumpe könnten sich in geeignet konstruierten und in bestimmten Substraten eingebetteten Makromolekülen oder Molekülsystemen thermische Ungleichgewichtszustände erzeugen lassen, durch die (etwa über Mechanismen, die der Bose-Einstein-Kondensation ähneln oder dieser analog sind) gewisse niederfrequente kollektive Schwingungsmoden mit großer Stärke kohärent angeregt werden. Insbesondere haben Fröhlich und in der Folge andere Forscher interessante quantenfeldtheortische Beispiele von dieser Art angegeben, die für eine Interpretation lebendiger Systeme geeignet erscheinen. Hierbei spielen die elektrischen Dipoleigenschaften der Biomoleküle die Rolle des quantenmechanischen Ordnungsparameters. Del Giudice et al. haben die dazu entwickelten quantenfeldtheortischen Überlegungen in interessanten Veröffentlichungen zusammengefasst. Sollte ein solcher Ansatz erfolgreich sein, so hieße dies in gewisser Weise, dass die für die Erklärung des Lebendigen vielfach herangezogene *klassische Musterbildung in chaotischen, dissipativen Systemen* (Prigogine, Nicolis) darüber hinaus auch unter gewissen Bedingungen zu einer Ausprägung *makroskopischer Quantenstrukturen* führen könnte, bei der der ganzheitliche Zusammenhang über Phasenkorrelationen (Kohärenz) wie in der Mikrowelt eine wesentliche Rolle spielen sollte.

All dies reicht jedoch noch nicht aus, um schlüssig einen direkten Zusammenhang zwischen den Gesetzmäßigkeiten der neuen Physik (der Quantenphysik mit ihrer wesentlichen Erweiterung auf Vielteilchensysteme und Quantenfeldtheorie) und den Erscheinungsformen des Lebendigen zu konstruieren. Parallelen fallen jedoch unmittelbar ins Auge und sollten deshalb zum Anlass genommen werden, in der Biologie und darüber hinausgehend in der Medizin, sich gemäß den neuen Einsichten intensiver mit den im klassischen Sinne unkonventionellen Vorstellungen zu befassen. Ich wundere mich, dass dies nicht schon lange in der Molekularbiologie geschehen ist. Denn bei der Beschreibung der Atome und Moleküle von Makromolekülen wird immer noch als selbstverständlich angenommen, dass man dabei im Wesentlichen mit den Approximationen der Chemiker auskommen kann.

Ich möchte etwa an die bekannten Kalottenmodelle komplizierter Makromoleküle der Chemiker erinnern und hier z. B. an das oft abgebildete Modell der DNS-Doppelhelix. Im DNS-Makromolekül soll der Entwicklungsplan eines Lebewesens in Form einer speziellen Abfolge bestimmter Basismoleküle (Nukleotide), ähnlich den getrennten Schriftzeichen in einem Text, verschlüsselt sein. Die sich überlappenden Kalotten der aneinander hängenden Atome, welche diese Moleküle aufbauen, sollen hier eine grobe Vorstellung von den (quantenmechanischen) Elektronenverteilungen in den Atomen vermitteln. Genauer gesagt – so sieht dies der Physiker – ist die Kalotte eine anschauliche Darstellung des Bereichs, in dem mit hoher Wahrscheinlichkeit ein Elektron angetroffen werden kann. In dieser Hinsicht geht also schon ein Teil der quantenmechanischen Verfeinerung ein. Wichtig ist jedoch: Es wird bei dieser Darstellung nur die *Intensität* und *nicht die Phase* der Elektronenwellen berücksichtigt, die im Überlappungsbereich der Kalotten eine wesentliche Rolle spielen. In dieser verstümmelten Form können die Elektronen nichts mehr voneinander »wissen«, der holistische Zusammenhang wird vernachlässigt.

Der bisherige Erfolg des Standpunkts, dass nur Intensitäten, also Wahrscheinlichkeiten, für eine Beschreibung genügen, ist m. E. noch kein ausreichender Beweis, dass in der dabei unberücksichtigt bleibenden Phasenstruktur der durch Überlagerung der Teilwellen von Millionen von Elektronen gebildeten Gesamtwelle (einem total antisymmetrisierten Produkt der Teilwellenfunktionen) der DNS-Doppelhelix nicht doch *wie bei einem Hologramm* für die Gestaltbildung wesentliche zusätzliche Informationen verschlüsselt sind. So glauben wir ja auch im Alltag durch eine normale fotografische Aufnahme uns ein außerordentlich naturgetreues Abbild unserer Umgebung verschaffen zu können, obgleich uns die Wellenoptik lehrt, dass uns beim Fotografieren ein Großteil der durch das Licht vom Objekt her übertragenen Information verloren geht, die wir uns nur durch raffinierte Methoden, wie sie die (im Vergleich zum oben erwähnten Falle viel einfachere) optische Holographie anbietet, zugänglich machen können.

Mögliche Bedeutung für die heutige Biologie

Die moderne Biologie ist so von den Erfolgen der analytischen Betrachtung des Lebendigen beeindruckt, dass sie sich immer weiter von einer ganzheitlichen Betrachtungsweise entfernt. Und sie tut dies in der Überzeugung, dass sie damit den Forderungen der exakten Naturwissenschaften am besten entgegenkommt. Dies ist aber eigentlich nicht der Fall. Ich möchte dabei betonen: Es geht hierbei nicht um die Frage eines »Entweder-oder«, sondern vielmehr um die einer *geeigneten Ergänzung* der heute dominanten analytischen Betrachtung. Es gibt klarerweise eine Komplementarität zwischen der analytischen, fragmentierenden, örtlich fokussierenden Sichtweise einerseits und der mehr ganzheitlichen, gestaltswahrnehmenden, beziehungsorientierten Sichtweise andererseits. Je nach Fragestellung ist die eine oder andere Sichtweise mehr oder weniger angemessen. Die analytische, fragmentierende Sichtweise hat den Vorteil, dass sie zu objektivierbaren Ergebnissen führt und deshalb in unserer Sprache direkt vermittelbar ist. Sie hat jedoch den Nachteil, dass in gewissem Grade offen bleiben muss, ob durch die bei der Analyse notwendige Isolation des Beobachtungsgegenstandes möglicherweise seine Identität und Funktionsweise wesentlich verändert worden ist. In der Mikrophysik ist dies offensichtlich der Fall: Jede Isolation von Teilsystemen zerstört die bestehenden Phasenbeziehungen der Materiewellen zum Restsystem und damit die Gesamtkohärenz der Teilchenwellenfunktionen.

Die mehr ganzheitliche Betrachtungsweise muss sich andererseits mit der prinzipiellen Schwierigkeit auseinander setzen, dass Aussagen kaum oder, genauer gesagt, gar nicht mehr in einem Sinne nachkontrolliert werden können, wie dies für eine moderne Wissenschaft im Idealfall als notwendig erachtet wird. Diese Schwierigkeit kann streng genommen nicht beseitigt werden, weil sie in der ganzheitlichen Struktur selbst begründet liegt. So lassen sich insbesondere kaum experimentelle Situationen herstellen, welche als genügend »gleichartig« gelten können, um für eine Nachprüfung im üblichen Sinne geeignet zu sein. Es ist also in diesem Falle nötig, mit anderen »Wahrheitskriterien«, oder vielleicht sollte man besser sagen: »Stimmigkeitskriterien«, zu arbeiten.

Weil also die üblichen statistischen Methoden der Verifikation und Falsifikation nicht mehr anwendbar sind, wird es wohl noch einige Zeit dauern, bis wir auf diesem Terrain mehr Trittsicherheit gewinnen. Denn diese ist notwendig, um zu verhindern, auf der anderen Seite in ein »anything goes« abzurutschen. Auch im besten Falle wird bei dieser Herangehensweise nie »Wissen« in der heute von der Wissenschaft verwendeten strengen Bedeutung zu erlangen sein. Die Quantenphysik gibt mit ihren definitiven Wahrscheinlichkeitsaussagen ein interessantes Beispiel, wie ein zunächst nur qualitatives Wissen in einem gewissen Grade doch wieder quantitativ fassbar wird und damit die totale Willkür vermeidet.

Biologen und besonders Molekularbiologen, die von der Sache her eigentlich den Überlegungen eines Physikers am nächsten stehen sollten, sind heute in der Regel davon überzeugt, dass alle diese hintergründigen Betrachtungen eines Quantenphysikers für die Biologie völlig irrelevant sind. Die neuerlichen großartigen Erfolge der Molekularbiologie, so glauben sie, haben hinreichend deutlich gemacht, dass die (wie ich das genannt habe) »vergröberten« Vorstellungen des Mikrokosmos des Chemikers für ein Verständnis der biologisch relevanten Bausteine und ihrer Prozesse vollkommen ausreichen. Das kann so sein, muss es aber nicht, da die dabei als Begründung vorgebrachten Argumente aus meiner Sicht nicht stichhaltig sind.

Meine dezidierte Haltung ist dabei wesentlich von meinen Erfahrungen als Physiker in der Atom- und Molekülphysik geprägt. Hier gilt unbestritten und unangefochten die Quantenphysik. Also muss sie auch notwendig für alle Wissenschaftsbereiche gelten, die darauf aufbauen. Und dazu gehört nun einmal die Chemie und die Biologie, vor allen die Molekularbiologie, die ja auch in ihrer Definition an die chemisch-physikalischen Fragestellungen direkt anknüpft. Das wird auch anerkannt. Die entscheidende Frage dabei ist allerdings, ob die Quantenphysik auch *effektiv* dabei eine Rolle spielt. Sie könnte in der für die Biologie maßgeblichen Größenordnung durchaus in ihrer Wirkung so total »verrauscht« sein, dass sie mit gutem Recht durch die klassische Physik und die daraus abgeleitete klassische Chemie ersetzt werden kann.

Das prominente Beispiel für ein solches Verhalten ist offensichtlich die unbelebte Materie in vergleichbaren Größenordnungen. Aber auch dieses Bild ist nicht ganz so eindeutig (siehe Supraleitung usw.), wie die meisten meinen. Dazu und vor allem: Die unbelebte Materie als ein vergleichbares Beispiel anzuführen hat den großen Nachteil, dass man leichtfertig eine hochinteressante Möglichkeit verschenkt, endlich einen überzeugenden Unterschied zwischen den Erscheinungsformen der unbelebten und belebten Materie ausmachen zu können, ohne von Anfang an von zwei verschiedenen Arten von Materie, unbelebt und belebt, ausgehen zu müssen.

Es ist mir psychologisch verständlich, dass man mitten in einem erfolgreichen Rennen nicht gerne die Pferde wechseln möchte. So ist doch die erdrückende Mehrheit der Biologen der Auffassung, dass die empirischen Erfolge voll die Richtigkeit der bisherigen

Vorstellungen zu bestätigen scheinen. Angesichts der ungeheuren Komplexität dieses Gebiets und der Fülle der noch unverbundenen Phänomene ist allerdings nicht ganz verständlich – und dies ist nicht abfällig gemeint –, wie in einem solchen Dickicht eine richtige Fährte überhaupt definiert werden soll. Solange sich allerdings keine Alternativen anbieten, wird man versuchen, im vertrauten Unterholz, in der Hoffnung auf eine baldige Lichtung, sich weiter eine Trasse zu schlagen. Dies fällt heute umso leichter, weil die »materialistische« Deutung des Lebendigen dem weltweiten Herrschaftsstreben hervorragend entgegenkommt. Hier wittern viele eine enorme Ausweitung ihrer Märkte. Der heutige internationale Boom in der Gentechnologie mit seinen ungeheuren Finanzierungsmöglichkeiten ist doch ohne diese handfesten wirtschaftlichen Interessen nicht verständlich. Denn die Behauptung, damit dem Menschen, dem *homo sapiens sapiens* in seiner Vollgestalt, wirksam zu dienen und ihm langfristig in seinen eigentlichen Nöten zu helfen, kann doch kaum wirklich ernst genommen werden.

Andererseits wird auch bei einigen Biologen eine wachsende Skepsis erkennbar, ob eine detaillierte Beschreibung dieser immensen Vielzahl von räumlich und zeitlich kompliziert ineinander verwobenen physikalisch-chemischen Prozessketten auch tatsächlich für eine vollständige Erklärung der Lebensprozesse ausreicht. Eine unvoreingenommene Betrachtung der lebenden Natur in ihrer unentwirrbaren Komplexität scheint uns doch gerade die unmittelbare Vorstellung aufzudrängen, dass es hier unbedingt noch eine im Hintergrund wirkende gestaltende Kraft geben muss, welche für die wesentlichen Initiierungen und die nötigen Differenzierungen sorgt sowie alle diese Prozesse in ihrem Zusammenspiel geeignet koordiniert. Wir verdrängen heute diese »offensichtliche« Sichtweise unter dem Eindruck der höchst bemerkenswerten Erfolge analytisch-naturwissenschaftlicher Modelle. Wir verkennen dabei, dass, wie schon früher betont, die weit verbreitete Vermutung nicht schlüssig ist, eine Abweichung von den jetzigen Vorstellungen (etwa in Richtung der holistischen Quantenphysik) müsse *notwendig* bei den bisher durchgeführten Untersuchungen *zu völlig anderen* und deshalb *empirisch bereits widerlegten Ergebnissen* führen. Wir sollten uns vielmehr in dieser Hinsicht an den schon oben erwähnten Fall erinnern: Die Feststellung der *prinzipiellen Relevanz* der vielfältigen Phasenbeziehungen der von einem beobachteten Objekt ausgehenden verschiedenen Lichtwellen, welche die moderne Holographie heute auch praktisch für eine vollständigere Erfassung dieses Objekts erfolgreich benutzt, hat nicht dazu geführt, dass die ganz normale Fotografie, die nur Lichtintensitäten registriert, etwas von ihrer Bedeutung eingebüßt hat. So könnte sich wohl, in Analogie dazu, eine mögliche Relevanz der mikroskopischen Gesetzmäßigkeiten vor allem in *zusätzlichen ganzheitlichen Beziehungen* bemerkbar machen und uns damit *zusätzliche wesentliche Einblicke* eröffnen. Solche Einblicke könnten u. U. eine Erklärung für die offensichtlichen Unzulänglichkeiten und das (gelegentliche) Versagen mechanistischer und chemischer Modelle liefern. Sie sollten uns motivieren, neue Ansätze zu erproben. Es lohnt sich, so glaube ich, hier künftig offener und aufmerksamer zu sein und interessante mögliche Weiterungen nicht von vornherein dogmatisch auszuschließen. Es gibt hierzu schon interessante Vermutungen und Ansätze, die vermehrt aufgegriffen und energisch weiterverfolgt werden sollten (siehe z. B. Strohman).

Schlussbetrachtungen

Unsere Ausgangsfrage »Lässt sich Biologie letztlich auf Physik zurückführen?« kann aufgrund unserer heutigen Einsichten nicht mit einem klaren »Ja« oder »Nein« beantwortet werden. Wenn wir die Frage etwas anders stellen würden, wie etwa: »Erfordert das Verständnis des Lebendigen mehr als die Gesetzlichkeit der Physik?« – wobei ich beim Lebendigen sogar den Menschen mit seinem Geist und seinem Bewusstsein mit einbeziehen würde, weil ich große Hemmungen hätte, innerhalb des Lebendigen nochmals neue Schranken zu errichten –, so würde meine Antwort wohl sehr in die Nähe eines »Nein« rücken. Dies setzt jedoch voraus, dass wir uns darauf verständigen, uns dabei auf die moderne holistische Struktur der Physik zu beziehen und nicht auf die stark vereinfachte mechanistische, linear-kausalanalytische klassische Beschreibung. Unter diesen Umständen muss jedoch der Begriff »Verständnis« relativiert werden, da »Verständnis« wegen der prinzipiellen Unmöglichkeit einer vollständigen Reduktion in der Quantenphysik nicht mehr mit einer »Erklärung« im üblichen

Sinne gleichgesetzt werden kann. Der prinzipielle Holismus der Wirklichkeit als komplexe Potenzialität eines Gesamtsystems lässt nämlich nur noch näherungsweise eine Reduktion auf (komplizierte) Verknüpfungen von einfacheren Teilsystemen zu. Solche Näherungen können jedoch in einem eingeschränkten Feld von Fragestellungen oder in Bezug auf spezielle, einfachere Systeme in hohem Maße gültig und für praktische Anwendungen brauchbar sein. So haben insbesondere unsere Aussagen über das Verhalten der so genannten unbelebten Materie, welche diese einfachere Struktur hat, eine hohe Prognosesicherheit und das befähigt uns zur Konstruktion von zuverlässig und wunschgemäß funktionierenden Maschinen, wie dies der tägliche Umgang mit unserer hochkomplizierten Technik lehrt. Die hier propagierte erweiterte Betrachtungsweise verurteilt uns also nicht zu Blindheit bezüglich zukünftigen Geschehens und zu totaler Ohnmacht bei seiner möglichen Gestaltung, aber sie zeigt uns deutlich Grenzen auf, die uns prinzipiell daran hindern, die Zukunft »in den Griff« bekommen zu können. Insbesondere sollten wir ein Lebewesen – eine Pflanze oder ein Tier oder einen Menschen – nie mit einer Maschine verwechseln, da eine Maschine, trotz hoher Kompliziertheit, ihre ganzheitliche, »lebendige« Struktur durch Ausmittelung im Wesentlichen eingebüßt hat. Ein Lebewesen ist vielmehr wie ein Gedicht, das auf jeder Organisationsstufe – Buchstabe, Wort, Satz, Strophe – weitere Dimensionen erschließt und neue Eigenschaften zum Ausdruck bringt. Und mehr noch! Denn dies wäre immer noch etwas, was in der Systemtheorie heute vielfach mit »Emergenz« beschrieben wird (siehe z. B. Mainzer, Dürr). Doch ein Gedicht wird ja erst zu einem Gedicht in seiner vollen Bedeutung, wenn es von einer höheren Ebene aus betrachtet wird, auf der auch der verständige, empfindsame und deutungsfähige Mensch eingebunden wird. Durch das verständige Lesen des Gedichts entsteht eine innige Verbindung zwischen Leser und Gedicht, die diesem erst ihren Sinn verleiht. Ganz allgemein erfolgt eine volle Sinngebung letztlich nur durch den Umstand, dass die Wirklichkeit ein primär inhärent lebendiges, nicht auftrennbares Ganzes bildet, eben das Eine, das Nichtzweihafte, das »non-aliud Cusanus«, von dem wir als Betrachter nicht ein »Teil«, sondern nur ein »Moment« einer bestimmten Artikulation sind, und für den sich der »Sinn« aus der »Idemität«, im Bezug auf das Eine erschließt. Das erfahrbar Lebendige entsteht deshalb nicht einfach durch ein komplexes Zusammenwirken von primär Unlebendigen, sondern durch eine Emanzipation des Ur-Lebendigen aus der abtötenden Nivellierung.

Technologie und Weltanschauung

Ein Wechsel in ein neues Jahrhundert oder gar zu einem neuen Jahrtausend ist ein hervorragender Anlass, innezuhalten und einen längeren Blick zurück in die Vergangenheit zu werfen. Eine solche Rückschau verbinden wir gerne mit der freudigen oder bangen, jedenfalls neugierigen Frage: Was wird uns die Zukunft bringen? Denn der Wandel in der Zeit erscheint nicht willkürlich. Wir hoffen deshalb, dass uns Vergangenes lehren kann, was uns in Zukunft erwartet. Ob und in welcher Weise eine solche Hoffnung berechtigt ist, hängt von der Struktur unserer Wirklichkeit ab, doch auch von den Vorstellungen, die wir uns von dieser Wirklichkeit machen. Denn unsere jeweilige Wahrnehmung der Wirklichkeit beschränkt sich immer nur auf einen winzigen Ausschnitt eines verzerrten Abbildes einer dahinter vermuteten, vielleicht unbegreiflichen Wirklichkeit.

Wie können, wie sollen und wollen wir eine vernünftige Bilanz des 20. Jahrhunderts ziehen? Aus der unermesslichen Mannigfaltigkeit von Ereignissen unseres Jahrhunderts, die offensichtlich unser heutiges Leben wesentlich beeinflusst haben, möchte ich zwei Entwicklungen herausgreifen, die mir besonders wichtig erscheinen. Sie haben mit dem Wandel unserer Weltanschauung und dem Aufwuchs der Technik zu tun. Ich glaube, dass diese beiden Aspekte nicht nur aus dem Blickwinkel eines Naturwissenschaftlers, sondern auch aus welthistorischer Sicht dem 20. Jahrhundert sein besonderes Gewicht verleihen. Darüber hinaus könnte der tief greifende Wandel in unserem Weltverständnis und, gekoppelt damit, im Charakter der Technik künftig sehr wohl existenzielle Bedeutung für die Menschheit bekommen. Denn die Perspektiven für das kommende 21. Jahrhundert für uns Menschen und die menschliche

Gesellschaft im Kleinen und Großen werden entscheidend davon abhängen, inwieweit es uns gelingen wird, die Konsequenzen dieses Wandels zu verstehen und kulturell konstruktiv zu verarbeiten. Darüber möchte ich vor allem sprechen.

Es war der Physiker Max Planck, der 1900, also zu Beginn des eben zu Ende gegangenen Jahrhunderts, mit seinen Entdeckungen einen Stein ins Rollen gebracht hat, der durch die Arbeiten von Albert Einstein und Niels Bohr nicht nur zu einer radikalen Neuformulierung der Mikrophysik, zu einer neuen Mechanik, der Quantenmechanik, führte, sondern in den zwanziger Jahren durch Überlegungen vor allem ganz junger Physiker wie Werner Heisenberg, Paul Dirac, Wolfgang Pauli letztlich einen radikalen Umbruch in unserem Weltverständnis ausgelöst hat. Diese Revolution ereignete sich just zu einer Zeit, in der das bisherige, von der Aufklärung geprägte Weltbild durch die experimentelle Bestätigung der klassischen Physik sich als »wahr und richtig« zu erweisen schien. Und dies nicht nur aufgrund der stimmigen theoretischen und philosophischen Erkenntnisse, sondern auch durch die triumphalen Erfolge einer sich immer gewaltiger, schneller und vielgestaltiger entwickelnden Technik, die durch Anwendung dieser Einsichten möglich wurden. Die klassische Physik lieferte für diese Umsetzung eine hervorragende Handhabe. Denn nach ihr folgt das Weltgeschehen strengen Naturgesetzen. Wer diese Gesetze kennt, kann im Prinzip auf die Ursachen in der Vergangenheit zurückschließen und, was weit wichtiger ist, verlässliche Vorhersagen für die Zukunft machen. Das Zukünftige existiert bei dieser Sichtweise eigentlich immer schon als feststehende Tatsache, von der man nur noch keine Kenntnis hat. Je genauer man jedoch die augenblickliche Situation durchschaut, umso näher kann man sich zu diesem Wissen vortasten. Umgekehrt verleiht dieses Wissen, zusammen mit der Fähigkeit des Menschen zu gegenwärtigem, absichtsvollem Handeln, auch die Macht, das Zukünftige zum eigenen Nutzen manipulieren zu können. Dies ist die Grundlage der Technik. Bei der klassischen Weltvorstellung gibt es deshalb auf die Frage »Was wird uns die Zukunft bringen?« prinzipiell eine ganz bestimmte Antwort. Praktisch jedoch wird die Qualität einer solchen Vorherbestimmung von der Genauigkeit abhängen, mit der man die augenblickliche Situation kennen und, bei technischer Anwendung, auch beherrschen kann.

Demgegenüber kam die moderne Physik zu überraschend neuen

Erkenntnissen. Zunächst: Es gibt im Grunde gar keine strenge Naturgesetzlichkeit, sondern nur Tendenzen, Möglichkeiten mit gewissen Wahrscheinlichkeiten. Das Zukünftige ist wesentlich offen, nicht eindeutig festgelegt. Weiter: Materie ist nicht aus Materie aufgebaut, sondern Folge einer fundamentalen immateriellen Beziehung, die dem »Geistigen« ähnelt. Diese Beziehung verknüpft im Grunde unauflösbar alles mit allem und verleiht dadurch der Welt, der Wirklichkeit, eine ganzheitliche, nicht auftrennbare Grundstruktur. Die Prioritäten sind vertauscht: »Beziehung gebiert Materie« und nicht: »Materie ermöglicht Beziehung«. Das klingt zunächst absurd. Doch die vormals unverstandene Stabilität und Verschiedenartigkeit der Atome, auf denen die ganze Chemie beruht, sind eine Folge dieser neuartigen Beziehungen. Sie verhindern andererseits, Atome im strengen Sinne als Teilchen, als Bestandteile, zu begreifen. Elektromagnetische Felder sind immaterielle Beziehungen, gewissermaßen Gestalten des Nichts. Die Rückführung rein materieller Verkopplungen, wie sie für die alte, mechanistische Technik charakteristisch ist, auf immaterielle Beziehungen, hat auch die Technik im Grunde schleichend verändert. Sie hat sich zur, allgemeiner gefassten, »Technologie« verwandelt und ganz neue Anwendungen eröffnet. Dazu zählt insbesondere die Mikroelektronik, die von höchster gesellschaftlicher Bedeutung geworden ist, weil sie Ausgangspunkt und Grundlage der Informationstechnologie wurde. Auch viele der erschreckenden Entwicklungen des zu Ende gegangenen Jahrhunderts, wie die Atombomben und auch andere globale Machtinstrumente: Massenmedien, Weltfinanzmanipulationen, flächendeckende Lauschangriffe, sind mittelbare Folgen der auf den neuen naturwissenschaftlichen Einsichten beruhenden Technologien. Die erweiterte Begriffsbildung »Technologie«, was unzureichend ja nur »Technik-Lehre« meint, verschleiert dabei vollkommen, dass in ihr eigentlich eine radikal andere Weltvorstellung zum Ausdruck kommt. Wir haben also heute die kuriose und widersprüchliche Situation, dass wir, auf der Grundlage einer auf Erkenntnissen des 20. Jahrhunderts basierenden Technologie, forsch und unbekümmert darangehen, mit der veralteten Denkweise des 19. Jahrhunderts das 21. Jahrhundert gestalten zu wollen, und dies im Rahmen von Wirtschafts- und Machtstrukturen, die sich ebenfalls noch ganz am alten Weltbild orientieren.

Dass dieser innere Widerspruch zunächst nicht in aller Deutlichkeit sichtbar wird, liegt daran, dass die alte klassische Betrachtung in weiten Bereichen unserer Lebenswelt ausreichend gültig bleibt. Denn die der modernen Physik innewohnenden Tendenzen bewirken, dass bei einer vergröberten Betrachtung in der Regel die gewohnten Gesetzmäßigkeiten der klassischen Physik sich wieder einstellen. Dies verbürgt die Gültigkeit und den großen Erfolg der alten Technik. Letztlich ist es auch der Grund, warum wir in unserem Alltagsleben und, allgemeiner, bei unserem Überlebenskampf auf unserer Erde so prächtig mit dem alten Denken zurechtgekommen sind. Oder eigentlich umgekehrt: Gerade der Zwang zu einer besseren Einpassung in die Lebenssphäre war letztlich der entscheidende Umstand, warum sich Denken überhaupt und genau auf eine Art entwickelt hat, das wir als rationales oder richtiges Denken bezeichnen und wegen seiner praktischen Bewährung zu Recht als wertvoll einschätzen. Gefährlich wird dies erst, wenn wir glauben, dass diese vergröberte Betrachtungs- und Beurteilungsweise auch allgemein und umfassend gültig sei. Damit geraten wir wieder in die historisch so oft dokumentierte Falle eines Fundamentalismus, bei dem prinzipielle Grenzen der jeweiligen, scharf formulierten Erkenntnisse ignoriert werden.

So scheint mir, um nur ein wichtiges Beispiel herauszugreifen, dass wir mit der Gentechnologie, die von vielen als eine Schlüsseltechnologie des 21. Jahrhunderts angesehen wird, genau in diese Falle tappen werden. Die harmlose Bezeichnung »Technologie« verführt uns zu der Vorstellung, dass auch im biologischen Bereich im Wesentlichen weiterhin, mechanistisch vergröbert, mit den alten klassischen Begriffen gedacht werden darf. Genau dies könnte jedoch beim Übergang von der toten Materie zu lebendigen Organismen sich als unangemessen herausstellen. Denn die moderne Physik bietet doch gerade die interessante Chance, die als fundamental erscheinende Schranke zwischen toter und lebender Materie, mit Einschluss der geistigen Dimension, prinzipiell überwinden zu können, da beide, das Lebendige wie das Tote, im Grunde auf immateriellen Beziehungen basieren, die »lebendiger« sind als die durch klassische Kraftfelder beschriebenen der alten Physik. Bei den lebendigen Organismen ist eben, wie auch die unmittelbare Erfahrung zeigt, das Ganze in einem noch wesentlicheren Sinne mehr als die Summe seiner (vermeintlichen) Teile.

Auf der Grundlage der modernen Weltsicht bedeutet die Frage

»Was bringt uns die Zukunft?« nicht so sehr, dass wir darüber rätseln sollen, was wohl in Zukunft passieren wird. Die Fragen, die sich bei einer wesentlich offenen Zukunft vielmehr stellen, sind eher: »Welche Zukunft wollen wir haben? Wie wollen wir Zukunft gestalten?« Das klingt reichlich vermessen und ist es auch, weil offensichtlich die eingeprägten Tendenzen unsere Handlungsspielräume empfindlich einengen. Aber als allgemeine Aufforderung an uns und unsere Lebenshaltung sind diese Fragen doch gültig und wichtig, weil auch Spielräume, wie es die Evolution des Lebendigen zeigt, durch Lernprozesse ständig verändert werden können. Wesentlich für das 21. Jahrhundert scheint mir deshalb zu sein, zunächst einmal die wohl etablierten, tiefgründigen und erhellenden Erkenntnisse des 20. Jahrhunderts in ihrer vollen Bedeutung aufzunehmen und zu verstehen. Dies wird uns erlauben, das Nebeneinander und Wechselspiel der verschiedenen Menschen und ihrer Kulturen sowie all die verschiedenen Lebensformen auf der Erde als das kreative Ergebnis eines Gewinn-Gewinn-Spieles von Verschiedenartigem zu betrachten, das höchste Flexibilität des Ganzen bei gleichzeitiger Einzigartigkeit der Mitspielenden erlaubt. Das Paradigma des Toten, das determinierten Gesetzen gehorcht, erscheint immer bei einer vergröberten Betrachtung als Möglichkeit, aber gerade diese Vereinfachung verzichtet auf die Auszeichnung des Lebendigen, dessen Wurzeln in eine tiefere Wirklichkeitsschicht hinabreichen. Das Paradigma des Lebendigen ist aus diesem Grunde reicher und spiegelt besser das Wesen der eigentlichen Wirklichkeit wider, das im Grunde geistige Züge trägt. Es ist auch das Lebendige, was die Freiheiten der offenen Zukunft gestaltend nutzen kann und was letztlich die Evolution in Richtung auf differenziertere Strukturen bewirkt, die zum Menschen geführt hat und wohl zu noch Höherem befähigt.

Die Zukunftsfähigkeit des Homo sapiens

Wie offen ist die Zeit?

Die Verantwortung für unsere Zukunft

Einleitung

Zeit und Verantwortung – diese beiden Begriffe scheinen auf den ersten Blick nicht viel miteinander zu tun zu haben. Bei genauerer Überlegung wird uns jedoch gewahr, dass unsere Beziehung zur Zeit sehr eng mit dem zusammenhängt, was wir als Verantwortung empfinden und letztlich auch praktizieren. Die Wirklichkeit offenbart sich uns in einer merkwürdigen Schichtung, die durch Vergangenheit und Zukunft, mit der Gegenwart als Grenzfläche, gekennzeichnet ist. Hierbei ist nur die jeweilige Gegenwart unserer unmittelbaren Erfahrung zugänglich, die Vergangenheit lebt nur indirekt als »vergangene« Gegenwarten in unserer Erinnerung oder in Form von Dokumenten weiter, während die Zukunft als etwas erscheint, das uns zunächst verborgen ist, sich uns aber im Laufe der Zeit erschließt in einer Form, die wir – wie wir als selbstbewusste Menschen glauben – absichtsvoll gestalten können. Mit der Vorstellung der Fähigkeit eines im eigentlichen Sinne absichtsvollen Handelns – also einer Handlungsweise, die nicht schon durch äußere Bedingungen streng festgelegt ist – wird auch wesentlich, was wir mit Verantwortung kennzeichnen. Denn Verantwortung und Verantwortlichkeit hängen empfindlich mit dem Grad der Vorausbestimmbarkeit und Determiniertheit zukünftigen Geschehens zusammen, also mit dem Grad der »Offenheit der Zeit«.

Ich will mich zunächst in einem ersten Teil mit der allgemeineren Frage auseinander setzen: *Was ist Zeit?* Ähnlich wie etwa Carl Friedrich v. Weizsäcker gehe ich davon aus, dass die Zeit eine fundamentale Wurzel besitzt, in dem Sinne etwa, dass, bevor wir überhaupt anfangen können, von einer Welt oder einer allgemeinen Wirklichkeit oder gar einem Raum zu sprechen, es schon so etwas wie ein »zeitliches Hintereinander«, eine Zeitabfolge, also gewissermaßen eine embryonale Zeit geben muss. Ich möchte dann aber zum eigentlichen Thema meiner Ausführungen kommen: *Wie offen ist die Zeit?* Hierunter soll die Frage verstanden werden, wie genau und umfassend die jeweilige gegenwärtige »Realität« den zukünftigen Ereignisablauf vorherbestimmt. Bei der Beantwortung dieser Frage werde ich mich wesentlich auf die neuen Einsichten der modernen Physik stützen.

Den zweiten Teil möchte ich dann der Verantwortungsfrage widmen. Dies ist ein schwieriges und umfassendes Thema, dem ich in diesem engen Rahmen nur ungenügend gerecht werden kann. Hier werden wir uns insbesondere fragen, inwieweit überhaupt, auf dem Hintergrund unseres dargelegten Zeitverständnisses, eine *Verantwortung für die Zukunft* möglich ist. Offensichtlich verlangt die Forderung nach Verantwortung eine Zeitstruktur des Geschehens, die weder alles offen lässt – denn bei totaler Offenheit gäbe es ja gar keine Vorausschau des Zukünftigen – noch alles festlegt – denn bei totaler Determinierung gäbe es ja nicht die Möglichkeit absichtlicher Eingriffe. Unter der Bedingung einer geeignet »qualifizierten Offenheit« des Geschehens in der Zeit ist Verantwortung nicht nur möglich, sondern – so möchte ich aufgrund allgemeiner Überlegungen abschließend fordern – auch nötig.

Reflexionen über die Zeit

»Wenn man mich *nicht* fragt, was Zeit ist, so weiß ich es, wenn man mich aber fragt, kann ich es nicht sagen«, so schreibt Augustinus in seinen »Confessiones«. So geht es auch mir – und so geht es uns wohl allen. Alles, was wir erleben, ist in der Zeit! Oder eigentlich sollte ich sagen: Alles, was *ich* erlebe, ist in der Zeit! Denn ich kann zunächst nur von mir selbst reden; von Ihnen, von uns, von der Welt weiß ich nur durch mich. Und auch diese Aussage geht noch zu weit, und ich müsste damit beginnen zu sagen: Alles, was ich erlebe, ist nur etwas im gegenwärtigen Augenblick, das »Jetzt«! In diesem gegenwärtigen Augenblick spiegelt sich für mich die ganze Welt, und nur in ihm und durch ihn *bin* ich. Dieses »Jetzt«, so empfinde ich es, erlebe ich aber nicht nur einmal, sondern ein zweites und drittes Mal und immer wieder – ich erlebe es als eine Kette von sich aneinander reihenden Erlebnissen, die voneinander verschieden sind und sich dann doch auf eine eigentümliche Weise ähneln. Diese Hintereinanderreihung von spontanen Erlebnissen erfahre ich als *Zeit*. Die Zeitempfindung entsteht also aus der Spannung, geordnet aufgereihter oder, wie wir sagen, »aufeinander folgender« Wirklichkeitserfahrungen. Die Zeit selbst ist nur wie eine Folge von »Gongschlägen«, bei denen etwas geschieht.

Es ist vor allem die teilweise Ähnlichkeit dieser verschiedenartigen, aufeinander folgenden Erlebnisse, die uns eine Zusammengehörigkeit dieser Erlebnisse suggeriert: Sie erscheinen uns als Abbilder einer von uns unabhängigen Wirklichkeit, die im stetigen Fluss ist, die sich im Laufe von etwas, was wir eben »Zeit« nennen, verwandelt. Sie gleichen einem Stoß von Spielkarten, von denen bei jedem Gongschlag eine neue Karte für uns aufgedeckt wird, oder – um ein anderes Bild zu gebrauchen – einem Filmstreifen, von dem jeweils immer ein neues Bild im Fenster erscheint. Durch schnelle Aneinanderreihung von Bildern können wir die Illusion einer Bewegung erzeugen. Wichtig für die Wahrnehmung der Zeit als *Bewegung* ist, dass die aufeinander folgenden Erlebnisbilder sich nicht radikal unterscheiden, dass sie also ähnliche oder gleiche Strukturen haben. Denn nur dann gelingt es mir, das »Jetzt« und das nachfolgende »Jetzt« erfolgreich aufeinander zu beziehen, also trotz ihrer Verschiedenheit das Gemeinsame zu entdecken. Wäre dies nicht der Fall, dann erschiene mir alles wie ein chaotisches Flimmern.

Insbesondere erlaubt mir diese Verwandtschaft der Erlebnisinhalte, mich, als den ursprünglich Erlebenden, im nächsten Augenblick auch wieder als *denselben*, eben als mich selbst, zu erleben, so dass sich in meinem Bewusstsein die Gewissheit eines über alle Zeiten hinweg mit sich identischen »Ich« herausbildet und dieses Ich mit Überzeugung sagen kann: »Ich bin!« oder dann auch in Analogie nach außen projiziert: »Es ist!« Allgemein erleben wir solche aneinander gereihten »Ists« als »Sein«. Das jeweilige »Ist« als das jeweils »Seiende« wird zu einem Teilstück des »Seins«, wobei wir in dieser Sprechweise dem Unveränderlichen schon eine höhere Priorität einräumen als dem Veränderlichen. Doch was ist der Grund für die Ähnlichkeit aufeinander folgender Wirklichkeitswahrnehmungen, die mir das Erlebnis eines »Seins in der Zeit« vermittelt? Wir deuten sie als Ausdruck eines Kausalitätsprinzips, einer bestimmten Ursache-Wirkung-Beziehung. Aufeinander folgende Ereignisse sind nicht unabhängig voneinander, sondern »frühere« Ereignisse »verursachen« in gewisser Weise »spätere« Ereignisse im Sinne einer gerichteten Zeit, die eine Reihenfolge vorher–nachher kennt, oder, wie wir auch sagen, sie »bewirken« diese. Eine solche Verkettung von früheren mit späteren Ereignissen gilt nun nicht nur in der allgemeinen Form, dass alles, was geschieht, eine Ursache hat, sondern sie wird detailliert durch bestimmte Naturgesetze geregelt.

Das Zeitphänomen hängt also unmittelbar mit Kausalität und Naturgesetzlichkeit zusammen. Doch sehen wir leicht ein, dass beide nicht gleichwertig sind. Die Erfahrung der »Zeit« mit ihrem gerichteten Nacheinander ist viel grundsätzlicher als die Erfahrung von Kausalität und Naturgesetzlichkeit. Denn die Erfahrung von Zeit steht am Anfang von allem, was wir überhaupt Erfahrung nennen. Ohne Zeit gibt es keine bewusste Erfahrung, kein Sein, kein Denken, keine Sprache, keine Begrifflichkeit. Wir müssen das immer vor Augen haben, wenn wir den Versuch unternehmen, die Zeit aus einer Wissenschaft, etwa der Physik, erklären zu wollen. Jede Aussage, unabhängig von ihrem Inhalt, setzt schon immer eine Zeit voraus. Alle Aussagen sind letztlich in der Zeit, obgleich man ihnen dies, wenn man z. B. an die formale Logik denkt, nicht mehr anmerkt. Andererseits würde Zeitlichkeit ohne Kausalität und Naturgesetzlichkeit nicht zu dem führen, was wir dann letztlich als *Erfahrung* im landläufigen Sinne begreifen, nämlich die Fähigkeit, aus dem »Jetzt« und dem vergangenen »Jetzt« eine begründete Erwartung für das zukünftige »Jetzt« abzuleiten. Die Zeit als elementare Wahrnehmung ist noch eine »nackte« Zeit, wie Gongschläge, ein Aufeinanderfolgen, eine Entwicklungskette, bei der das »Jetzt«, der gegenwärtige Augenblick, singulär ausgezeichnet ist, und Vergangenheit und Zukunft sich als ein »Davor« und »Danach« nur schemenhaft als Konstruktion in unserem Bewusstsein, nämlich als Narben einerseits und Erwartungen andererseits in diesem »Jetzt« andeuten, so, wie bei einem schrittweise aufgedeckten Kartenstoß nur jeweils eine Karte sichtbar ist, die anderen, die vergangenen, jedoch schon wieder verdeckt und die zukünftigen noch verdeckt sind.

Die nackte Zeit kennt noch keine Dauer. Wenn ich sage: »Ich habe viel Zeit oder wenig Zeit oder keine Zeit!«, dann meine ich nicht nur dieses Aufeinanderfolgen von einem jeweiligen »Jetzt«, sondern ich denke an Zeitspannen, an die Anzahl von Wahrnehmungsbildern, die in mir aufsteigen oder, in unserem Beispiel, die Zahl der Spielkarten, die ich hintereinander umgelegt habe. Ich denke an die Zahl der Schritte, die ich brauche, um gewisse Dinge zu verrichten und zu verändern. Als Schrittlänge verwende ich dabei gewisse Regelmäßigkeiten in unserem Erfahrungsbereich, etwa den Umlauf der Erde um die Sonne oder die Drehung der Erde um ihre Achse, die Bewegung eines materiellen Körpers um seine Gleichgewichtslage oder die Befeuchtungstätigkeit unserer Augenlider. Und ich beziffere deshalb »wie lange etwas dauert« mit der Anzahl der Jahre, der Tage, der Pendelschläge einer Uhr oder von »Augenblicken« (dieses Mal als winzige Zeitdauer und nicht wie vorher als ausdehnungslose Zeitpunkte verstanden). Die Erfahrung eines geordneten Nacheinander in der von uns wahrgenommenen Wirklichkeit ist eine Vorbedingung jeglicher bewusster Erfahrung und kann deshalb als solche im Rahmen rationaler Betrachtungen nicht weiter reduziert werden. Sie kann bestenfalls in Erlebnishaltungen, welche hinter die Aufspaltung von Subjekt und Objekt, von dem Wahrnehmenden und dem Wahrgenommenen zurückgehen, transzendiert werden. Darauf möchte ich aber nicht näher eingehen.

Wenn wir von Zeit nicht in ihrem von uns unmittelbar wahrgenommenen Sinne, als einem von uns unabhängigen Nacheinander, sondern von Zeit als Dauer, als Zeitlänge sprechen, so kommen wir in die Nähe eines Zeitbegriffs, wie er in der Physik verwendet und präzisiert wird. Ich will zunächst über die Zeit der klassischen Physik sprechen. Der Zeitbegriff der klassischen Physik bestimmt wesentlich das Denken unserer wissenschaftlich-technisch-wirtschaftlichen Welt. Aufgrund der Ergebnisse der modernen Physik – und hier vor allem durch die Entdeckung der Quantenmechanik im ersten Drittel des 20. Jahrhunderts – musste dieser Zeitbegriff jedoch grundlegend revidiert werden, ohne dass er bisher zu einem entsprechenden Umdenken im größeren gesellschaftlichen Umfeld geführt hat, wie es eigentlich angezeigt wäre. Die Zukunft erhält nach diesen modernen Ergebnissen wieder eine Qualität zurück, die ihr schon früher anhaftete und die für uns intuitiv unmittelbar verständlich erscheint, nämlich die der Offenheit: Das zukünftige Geschehen, im Gegensatz zum Vergangenen, ist prinzipiell – und nicht nur praktisch – nicht festgelegt, es ist im Wesentlichen frei. Die Offenheit zukünftigen Geschehens findet ihren unmittelbaren Ausdruck in der Evolution des Lebendigen auf unserer Erde und in der von uns empfundenen Handlungsfreiheit des Menschen, dem bisher letzten und höchsten Glied dieser Entwicklung. Die von der modernen Physik aufgedeckte statistische Offenheit der Zukunft – das sollte ich vorsichtshalber bemerken – reicht allerdings für eine Erklärung dieser Phänomene im Bereich des Lebendigen noch nicht aus, aber sie bereitet auf entscheidende Weise den Boden dafür vor.

Die Zeit der klassischen Physik

Auch die »Zeit der klassischen Physik« setzt bei dem zunächst unbewussten Erlebnis »Zeit« an. Bewusstsein, Wahrnehmen und Erkennen verlangen ein Auftrennen und Abtrennen: Als Wahrnehmender und Erkennender trete ich aus der ursprünglichen Einheit mit der Welt heraus und ich erfahre damit diese Welt als etwas Andersartiges, mir nicht mehr Zugehöriges, wobei ich mich selbst nach dieser Trennung doppelt, einmal als betrachtendes Subjekt und dann als ein dieser äußerlichen Welt zugehöriges Objekt, wiederfinde. In diesem bewussten Zustand verstehen wir unsere Erlebnisse als Folge einer Wirklichkeit in der Zeit, in die wir eingebettet sind und die sich im Laufe dieser Zeit verändert.

Die klassische Physik hat diese Vorstellung genauer gefasst. Sie postuliert die Existenz einer vom jeweiligen Betrachter unabhängigen *objektivierbaren Welt*, die wegen dieser angenommenen völligen Abtrennbarkeit von allen sie betrachtenden Subjekten auch eindeutig und verbindlich für sie sein soll. »Wahrheit« wird in letzter Konsequenz im Wesentlichen mit »Objektivität« gleichgesetzt. Die Auf- und Abtrennbarkeit soll nun nicht nur zwischen dem Betrachter und der Welt, sondern in ähnlichem Sinne für die Welt selbst gelten. Dieser Schluss ist nahe liegend, denn die äußere Welt zerfällt ja schon in meinen Augen in mich selbst und die übrige Welt, die dann auch von anderen Menschen, die mir ähnlich sind, bevölkert wird. So offenbart sich uns die Welt als ein System von – belebten und unbelebten – Gegenständen, als ein System von Dingen, eben als das, was wir dann *Realität* nennen, als ein zerlegbares und aus vielen Teilen zusammengesetztes objektivierbares Ganzes. Diese Gegenstände, diese Teilstücke der Wirklichkeit werden aber nicht nur im gegenwärtigen Augenblick »jetzt« wahrgenommen, sondern sie erscheinen in gleicher und ähnlicher Weise auch »später«. Das

Gleichbleibende, das Beharrende, das zeitlich Beständige der Dinge begreifen wir als Substanz oder *Materie*. Es ist die Materie, die uns die Vorstellung einer Identität der Dinge unabhängig von der Zeit suggeriert. Im Gegensatz dazu zeigt die Form der Dinge nicht die gleiche Beständigkeit. Die Veränderung der Formen interpretieren wir als eine Änderung der räumlichen Anordnung von Teilen, aus denen die Dinge zusammengebaut sind. Diese Betrachtung führt zwanglos zur klassisch-mechanistisch-atomistischen Beschreibung der Wirklichkeit. Bei dieser Beschreibung besteht die Welt aus einer großen Zahl von strukturlosen und unzerstörbaren Bausteinen, von irgendwelchen nicht weiter zerlegbaren Atomen. »Atome« sollen hierbei nicht die Atome im engeren Sinne, also die Bausteine der chemischen Elemente bedeuten, sondern irgendwelche kleinsten Einheiten der Materie wie etwa die Elementarteilchen, die Elektronen, die Quarks oder noch kleinere Einheiten. Diese »Atome« bezeichnen also »Objekte« in einem sehr abstrakten Sinne, deren wesentliche Eigenschaft es ist, dass sie über alle Zeiten hin mit sich selbst identisch bleiben. Sie verbürgen mit dieser Eigenschaft die Beständigkeit der Materie und damit auch die zeitliche Kontinuität unserer Welt.

Das Welt*geschehen* besteht in einer komplizierten Durchmischung und Umordnung dieser vielen Atome. In einem mechanistischen Weltbild, wie es die klassische Physik vermittelt, verläuft nun diese Durchmischung und Umordnung der Atome nicht zufällig, sondern diese wird durch ganz bestimmte Gesetze festgelegt. Denn die Bewegung der einzelnen Atome ist ja nicht unabhängig voneinander, sondern hängt nach den Grundgesetzen der newtonschen Mechanik von den auf sie einwirkenden Kräften ab, die von den anderen Atomen ausgehen und deren Stärke von der Art der Atome und ihren räumlichen Abständen abhängen. Dieser Umstand hat die wichtige Folge: Bei genauer Kenntnis der Naturgesetze reicht eine genaue Kenntnis des Zustandes der Welt zu einem bestimmten Zeitpunkt, z. B. im jetzigen Augenblick, prinzipiell aus, das Vergangene voll zu rekonstruieren und das Künftige eindeutig vorherzusagen. Die Betonung liegt hier auf »prinzipiell«, denn praktisch wird es selbstverständlich gänzlich unmöglich sein, sich je eine vollständige Kenntnis der ganzen Welt zu einem bestimmten Zeitpunkt zu verschaffen. Dies heißt: In unserem Alltagsleben würde uns diese strenge Prognostizierbarkeit nur begrenzt nützen. Immerhin könnten wir versuchen – und das tun wir ja auch –, durch immer genauere Kenntnis und Berücksichtigung aller Einflussfaktoren unsere Unkenntnis zu verringern und die Ungewissheit mehr und mehr abzubauen. Das ist der Grund, warum wir so viel Geld für »Experten« ausgeben.

Trotz seiner abgeschwächten Auswirkung in der Praxis beunruhigt uns aber eine prinzipielle strenge Determiniertheit des Weltgeschehens zutiefst, insbesondere wenn wir uns selbst als Teil dieses Weltgeschehens mit einbeziehen und, was zumindest nahe liegt, die Gültigkeit der Naturgesetzlichkeit auch für uns selbst fordern. Das Weltgeschehen würde nämlich dann, einmal angestoßen, unbeeinflussbar wie ein Uhrwerk ablaufen. Zukunft, Gegenwart, Vergangenheit würden von der Existenz her auf die gleiche Stufe gestellt. Zukünftige, gegenwärtige und vergangene Ereignisse erhielten wie bei unserem Kartenstoß gleichermaßen den Charakter von *feststehenden Tatsachen*, obgleich wir sie ganz verschiedenartig erleben. Eigentümlicherweise dürfen wir ja nur bei den gegenwärtigen Tatsachen direkte Zeugen sein. Von vergangenen Tatsachen haben wir nur indirekt Kenntnis, weil sie einmal Gegenwart waren und wir damals vielleicht Augenzeugen waren. Die Erinnerung daran oder irgendwelche Dokumente, die auf sie hinweisen, machen uns diese vergangenen Tatsachen gegenwärtig. Aber es gibt – wie bei den verdeckten Karten – keine ähnliche »Erinnerung an Zukünftiges« oder Dokumente darüber. Die zukünftigen Tatsachen werden für uns erst sichtbar, wenn sie aufgedeckt, zur Gegenwart geworden sind. Für einen allgegenwärtigen Geist, den laplaceschen Dämon der Physiker z. B., wäre bei strenger Determiniertheit die Zukunft jedoch so klar und einsichtig wie die Gegenwart und die Vergangenheit. Für einen allwissenden Gott gilt dies sogar ohne Kenntnis der Naturgesetzlichkeit: sein allsehendes Auge würde *»sub specie aeternitatis«*, gewissermaßen mit einem einzigen Röntgenblick den ganzen Kartenstoß erfassen. Die Zeit erschiene wie eine vierte Dimension des dreidimensionalen Raumes. Das dynamische Weltgeschehen erstarrte zu einem einzigen statischen Arrangement in einer vierdimensionalen Raum-Zeit.

Es bliebe bei dieser Sachlage unerklärlich, warum dieses einheitliche raum-zeitliche Arrangement für uns künstlich in zeitliche Scheiben zerschnitten würde, von denen uns in jedem Augenblick immer nur eine neue Scheibe zugeteilt würde, der zukünftige Rest uns aber vorenthalten würde, obgleich er die Entscheidung über unser Glück und Unglück enthielte. Es würde für uns gewissermaßen ein Film abgespielt, in dem wir selbst mitspielen, ohne dass wir irgendwelche Möglichkeiten hätten, den Filmstreifen noch abzuändern. Es bliebe unerklärlich, was das für uns existenziell so wichtige »Jetzt« als gegenwärtigen Zeitpunkt auf einer kontinuierlichen Zeitskala auszeichnen sollte. In einer solchen Welt gäbe es keinen Zufall, keine Handlungsfreiheit, keine Verantwortung, kein Gut und Böse, keine Moral. Die großartige Evolution des Lebendigen, das Aufsteigen von Pflanzen und Tieren aus primitiven Lebensformen zu immer differenzierteren Strukturen bis zum Menschen, wäre ein von Anfang an abgekartetes Spiel. Die ganze Schöpfung wäre das Ergebnis eines einmaligen Aktes.

Die einsteinsche Relativitätstheorie schien zunächst den Eindruck zu verstärken, dass zwischen Raum und Zeit tatsächlich kein wesentlicher Unterschied besteht. Dies ist jedoch nicht der Fall! Auch im verallgemeinerten Rahmen der Relativitätstheorie besteht nach wie vor die alte Auszeichnung der Zeit gegenüber dem Raum und drückt sich dort in dem Unterschied vom »Zeitartigen« und »Raumartigen« aus. Die Relativitätstheorie hat uns also nicht gleichermaßen den Weg verbaut, prinzipiell aus dem für uns schwer akzeptierbaren Korsett der Determiniertheit der Naturgesetzlichkeit auszubrechen. Es war die Quantenphysik, die in dieser Hinsicht das Tor aufgestoßen und ganz neue Perspektiven eröffnet hat.

Die Offenheit der Zukunft

Ich will hier nicht näher auf die Quantenphysik eingehen. Ich möchte mich nur auf einige wenige Hinweise beschränken, die für unsere Zeitdiskussion von Bedeutung sind. Relativitätstheorie und Quantentheorie haben beide unsere Vorstellungen von der Welt wesentlich verändert, aber die Veränderungen, welche die Quantentheorie erzwungen hat, greifen viel tiefer. Sie sind im echten Sinne revolutionär und haben selbst einen Einstein abgeschreckt.

Nach den Vorstellungen der Quantenphysik gibt es streng genommen das Objekt im alten Sinne nicht mehr. Es gibt also nicht dieses isolierbare, mit sich selbst zeitlich identische, lokalisierte Stück Materie und auch nicht dieses kleinste, zeitlich durchgängig präsente »Atom«, auf dem die klassische mechanistisch-atomistische Vorstellung aufbaut. Nach der uns so geläufigen klassischen Vorstellung ist ein »Atom«, für das ich einmal zur Veranschaulichung das Elementarteilchen »Elektron« wählen möchte, ja ein winzig kleines Objekt, das sich – ähnlich den Objekten unseres Alltags – lokalisieren lässt und sich durch den Raum bewegen kann. Die Bewegung eines Elektrons von einer Stelle A des Raumes nach einer anderen Stelle B muss nun aber vom Standpunkt der Quantenmechanik ganz anders interpretiert werden: Auch in der Quantenmechanik gibt es ein Phänomen, das – wenn man mit geeigneten Messinstrumenten nachschaut – im Wesentlichen wie ein Elektron an der Stelle A aussieht, allerdings nicht ganz mit der von uns erwarteten Schärfe, sondern etwas verwaschen, wie es durch die heisenbergsche Unschärferelation beschrieben wird. Nach einer gewissen Zeit kann man dieses unscharfe Elektron auch, entsprechend den Voraussagen der klassischen Mechanik, an der neuen Stelle B vorfinden, aber – und dies ist nun das Überraschende – nicht mehr mit hundertprozentiger Sicherheit. Mit einer gewissen Wahrscheinlichkeit sehen wir dieses unscharfe Elektron auch an ganz anderen Stellen. Wo wir es im Einzelfall tatsächlich antreffen werden, lässt sich prinzipiell nicht vorhersagen. Das Auftreten des Elektrons an einer anderen als der aufgrund der Mechanik erwarteten Stelle hängt nun nicht nur damit zusammen, dass wir den Ausgangspunkt des Elektrons nicht genau kennen, also nur ungenau wissen, in welcher Richtung es losgeflogen ist, sondern es stellt sich heraus, dass die Naturgesetze selbst diesen Wahrscheinlichkeitscharakter haben. Das unscharfe Elektron, das ich an der Stelle A beobachtet habe, bewegt sich gar nicht als solches auf einer ganz bestimmten Bahn zu einem Orte B, wo es wieder beobachtet wird, sondern »Elektron an der Stelle A« bewirkt nur mit einer bestimmten Wahrscheinlichkeit das neue Phänomen »Elektron an der Stelle B«, *ohne* dass damit seine Existenz auf dem A und B verbindenden Zwischenstück nachgewiesen wird. Da es kein solches Zwischenstück gibt, fehlt uns auch die Möglichkeit, das Elektron an der Stelle A mit dem späteren Elektron an der Stelle B zu identifizieren. Wir können deshalb auch nicht die Sprechweise benutzen, ein ganz bestimmtes individuelles Elektron sei von der Stelle A nach der Stelle B geflogen. Das individuelle, in der Zeit existierende Elektron ist also eine Fiktion. Die kontinuierliche Verknüpfung der Punkte A und B und ihre

Bezeichnung als »Bahn eines bestimmten Teilchens« gelingt nur aufgrund einer vergröberten Betrachtungsweise, nämlich durch statistische Mittelung bei sehr vielen Teilchen.

Aus quantenmechanischer Sicht gibt es also keine zeitlich durchgängig existierende, objektivierbare Welt. Es gibt weder die in der klassischen Mechanik postulierten scharfen Zustände der Materie noch ihre eindeutigen gesetzlichen Verknüpfungen, die zusammen erst eine prinzipiell scharfe Bestimmung aller zukünftigen Ereignisse ermöglichen. Die Naturgesetze haben vielmehr statistischen Charakter. Eine noch so genaue Beobachtung aller Fakten in der Gegenwart reicht deshalb prinzipiell nicht aus, um das zukünftige Geschehen eindeutig vorherzusagen, sondern eröffnet nur ein bestimmtes Feld von Möglichkeiten, für deren Realisierung sich bestimmte Wahrscheinlichkeiten angeben lassen. Das zukünftige Geschehen ist also nicht mehr determiniert, nicht mehr eindeutig festgelegt, sondern es bleibt in gewisser Weise *offen*. Die noch nicht aufgedeckten Karten in unserem Kartenstoß sind also gewissermaßen noch gar nicht genau ausgemalt. Das Naturgeschehen ist dadurch kein mechanisches Uhrwerk mehr, sondern hat den Charakter einer *fortwährenden Entfaltung*. Die Schöpfung ist nicht abgeschlossen. Die Welt ereignet sich gewissermaßen in jedem Augenblick neu. Die Welt erscheint hierbei in jedem Augenblick als eine *Einheit*, als ein einziger Zustand, der sich nicht mehr in Strenge als Summe von Teilzuständen deuten lässt. Sie hat ganzheitlichen Charakter. Eine zeitliche Aneinanderreihung der jeweiligen Gegenwartsbilder führt zu einem Weltbild, bei dem die Entwicklung unserer Welt einem fortschreitenden Gerinnungsprozess, einem fortschreitenden Objektivierungs- und Realisierungsprozess gleicht. Es bildet sich gewissermaßen aus dem enormen Reservoir des Möglichen ein immer weiter verzweigtes objekthaftes Skelett heraus, das der Wirklichkeit im Verlauf ihrer zeitlichen Entwicklung eine festere, substanziellere, aber auch differenziertere Form verleiht, die wir dann als »Realität« wahrnehmen. Dieser stetige Gerinnungsprozess verleiht der Zeit – im Sinne einer Abfolge und nicht als Maß – eine absolute Bedeutung. Er zeichnet die jeweilige Gegenwart als Zeitpunkt aus. Der zeitliche Ablauf spiegelt einen fortlaufenden *Ordnungsprozess* wider, der beispielhaft in der Expansion und Ausdifferenzierung unseres Universums und am offensichtlichsten in der Evolution des Lebens auf unserer Erde zum Ausdruck kommt. Die Entwicklung ist somit eigentlich nicht in der Zeit, sondern Zeit und Entwicklung sind ihrem eingeprägten Charakter nach dasselbe. Die jeweilige Gegenwart bezeichnet die stetige Ausformung vom Möglichen zum Tatsächlichen, vom Potenziellen zum Faktischen. Erwartungen gerinnen in der Gegenwart zu konkreten Formen.

Wir halten also fest: Die zeitliche Kontinuität der Welt beruht nicht auf ihrem »objektiven« Charakter, dass also gewisse Objekte, Dinge, Materieklümpchen existieren, sondern darauf, dass der Welt in jedem Augenblick eine gewisse »Erwartung« innewohnt, welche ihre zeitliche Entwicklung formt. Diese »Erwartung« lässt sich in einer gewissen Vergröberung und Vereinfachung als zeitliche Unveränderlichkeit einer Substanz, die wir im Wesentlichen als Materie wahrnehmen, interpretieren. Doch beschreibt dieses vereinfachte Bild der Wirklichkeit, was wir eben als »Realität« begreifen, nur das Skelett einer viel reicheren Wirklichkeit, in der die Zukunft prinzipiell offen ist. Dieser Beschränkung müssen wir insbesondere gewärtig sein, wenn wir nicht nur die unbelebte Materie vor Augen haben, an der wir uns heute in unserer materialistischen Weltanschauung hauptsächlich orientieren, sondern die belebte organische Natur mit einbeziehen, in der wir existenziell verwurzelt sind.

Die Evolution als Ordnungsprozess

Die Entwicklung des Universums und ihre Ausprägungen, zu denen insbesondere die Evolution des Lebens auf unserer Erde gehört, habe ich als Ordnungsprozess beschrieben. Um Missverständnisse zu vermeiden, sollte ich kurz einiges darüber sagen, was ich in diesem Zusammenhang unter »Ordnung« und ihrem hierarchischen Gefüge verstehen will, weil diese Ordnung sich von der Ordnung im üblichen Sinne unterscheidet. Im gewöhnlichen Sprachgebrauch bezeichnen wir meistens mit »Ordnung« – wir denken etwa an einen perfekten Einkristall –, wenn etwas eine hohe Regelmäßigkeit besitzt. Eine hohe Regelmäßigkeit erzeugt auch eine bessere Übersichtlichkeit, da wir gewissermaßen »mit einem Blick« die Situation oder Struktur erfassen können. Dies empfinden wir als angenehm, und deshalb mögen wir diese »Ordnung«, weil es unsere Intelligenz nicht überfordert.

Im Unterschied dazu möchte ich den von mir verwendeten Ordnungsbegriff an einem einfachen Beispiel demonstrieren: einem Gedicht. Ich wähle das Goethe-Gedicht: ›Grenzen der Menschheit‹ (s. S. 148). Ein Gedicht stellt ein im abstrakteren Sinne extrem *hoch geordnetes* System dar, weil hier eine hochkomplexe Information verschlüsselt ist. Denn das Gedicht vermittelt offensichtlich auf höchst subtile und symbolische Weise etwas von uns und unserer Beziehung zur Mitwelt und versetzt uns darüber hinaus in eine besondere Stimmung, was immer das bedeuten mag. Diese Ordnung ist jedoch nicht einfach festzustellen. Wenn wir nämlich nicht lesen können – was ich etwa durch eine Umbenennung der Buchstaben imitieren kann –, so würde uns die Anordnung der Buchstaben in diesem Gedicht völlig ungeordnet vorkommen. Wir können nichts mehr begreifen. Wir könnten deshalb vielleicht auf den Gedanken kommen, hier einmal etwas »Ordnung« im üblichen Sinne zu schaffen, indem wir etwa die Buchstaben alphabetisch ordnen: Wir schreiben also alle A in die erste Zeile, die B in die zweite usw. und zählen sie ab. Ordentlicher erschiene es uns, wenn wir sogar auf eine Unterscheidung der Buchstaben verzichten könnten. Klarerweise würden wir aber gerade durch dieses Ordnen und Monotonisieren die ursprünglich eingeprägte Ordnung völlig zerstören.

Die Entwicklung unseres Universums und des Lebens auf unserer Erde hat etwas mit der stetigen Herausbildung solch höherer Ordnungsstrukturen und Diffenzierungen zu tun. Wir erkennen dabei: Die Ausbildung solcher höherer Ordnungsstrukturen erfordert immer eine gewisse Vielfalt von niedrigeren Ordnungsstrukturen. Die Schwierigkeit bei diesem Ordnungsbegriff besteht allerdings darin, dass er sich nicht objektivieren lässt. So kann ein Analphabet, wie eben angedeutet, keinen Unterschied zwischen einer wild zusammengewürfelten Buchstabenreihe und einem Gedicht erkennen. Er gerät deshalb leicht in die Versuchung, solche Strukturen seinen nur unzureichend entwickelten Denkstrukturen, eben seinem Analphabetismus, anzupassen, um sie – wie beim Ordnen oder bei der »Gleichschaltung« der Buchstaben im Gedicht – für ihn einsehbar und übersichtlich zu machen. Und nicht nur das, dies hat auch Vorteile für ihn: eine stärker ausgerichtete Struktur, eine einfältige Struktur ist viel einfacher manipulierbar, sie ist der ideale Boden für Kraftverstärkung und Machtentfaltung.

Das Überraschende bei der Betrachtung der irdischen Natur ist, dass sie in ihrer Evolution des Lebendigen – entgegen unserer primitiven Ausdeutung der darwinschen These vom »Überleben des besser Angepassten« im Sinne eines »Überlebens des Stärkeren« in einem »Nullsummenspiel« – im Allgemeinen nicht eine vermehrte Machtentfaltung durch Gleichschaltung oder Unterdrückung anzustreben sucht, sondern vielmehr darauf setzt, durch ein immer raffinierteres Zusammenspiel ihre Ordnungen im Sinne höherer Differenzierungen weiterzuentwickeln und ihre Formen »lebendiger« zu machen. Durch diesen Kunstgriff gelingt es ihr, die Zahl ihrer Optionen und damit ihre für die Anpassung und eine langfristige Überlebensfähigkeit wesentliche Flexibilität zu vergrößern. Oder eigentlich sollten wir besser umgekehrt sagen: Die Dominanz hoch differenzierter Systeme in unserer Ökosphäre ist das *Ergebnis* einer besseren Überlebensfähigkeit in der mehrere Milliarden Jahre langen Erdgeschichte im Rahmen eines gigantischen »Plussummenspiels«.

Schöpfung und Technik

Natürliche Schöpfung und menschengemachte Technik scheinen heute immer mehr in Gegensatz zueinander zu geraten, obgleich dies ihrem Wesen nach nicht so sein müsste. Denn die Technik ist eine »Schöpfung« des Menschen und sie ist damit, weil der Mensch ein wesentliches Glied einer umfassenden Natur ist, auch ein Teil der allgemeinen Schöpfung. Da der Mensch ein Teil der Natur ist, ist auch alles, was er tut, letztlich Natur. Die Frage ist allerdings, ob der Mensch mit seinem Wirken Bedingungen auf der Erde schafft, die seine Fortexistenz als Gattung gefährdet oder sogar letztlich unmöglich macht. Hier stellt sich also die Überlebensfrage der Menschheit, die viele von uns heute bedrängt und bedrückt. Eines jedenfalls ist klar: Trotz der tiefen Wunden, die wir unserer Erde und ihrer Biosphäre in unserer Maßlosigkeit und unserem unbegrenzten Handlungsdrang schlagen, wird die Natur sich langfristig immer gegen uns behaupten können, wenn auch unter Umständen um den Preis, einen Teil ihrer Evolution in den letzten Jahrhundertmillionen wiederholen zu müssen. Die Natur, die Biosphäre der Erde, kann ohne uns leben, aber wir nicht ohne sie. Die Frage ist also, inwieweit der Mensch mit seinem Handeln im Einklang oder im Widerstreit mit den Prinzipien steht, die in der Entwicklung unseres Universums – und insbesondere in der Evolution des Lebendigen – zum Ausdruck kommen. Wir beobachten hier Änderungsphasen und Konsolidierungsphasen. In den Konsolidierungsphasen wird versucht, errungene Vorteile gegenüber der Umgebung auszuweiten und auszubauen, in den Änderungsphasen, durch Öffnung neuer Möglichkeiten den etablierten Rahmen zu sprengen und, wenn möglich, durch Schaffung höherer Ordnungsstrukturen die alten Vorteile mit neuen Optionen anzureichern.

Wir gehen hierbei davon aus, dass der Mensch überhaupt die Freiheit zum Handeln hat. Obgleich uns auch die moderne Physik zu dieser Schlussfolgerung noch keine zwingende Handhabe gibt, so zweifle ich nicht daran, dass wir als Menschen diese Freiheit besitzen. Die Natur verdammt uns zu keiner bestimmten Zukunft. Die Welt ereignet sich in jedem Augenblicke neu, sie befindet sich in ständiger Entfaltung, besser: in einem kontinuierlichen Schöpfungsprozess und – so ist wohl anzunehmen – sie eröffnet auch damit uns Menschen die Chance, an diesem Schöpfungsprozess mitzuwirken. Die prinzipielle Offenheit der Zukunft verhindert die Ausweglosigkeit streng gesetzesmäßiger Abläufe, sie bedeutet deshalb Hoffnung. Und nicht nur das: Aufgrund unserer Gedanken, unserer Erwartungen und Träume, unseres Willens besitzen wir prinzipiell die Fähigkeit, durch unsere Handlungen diese Zukunft in ihrer konkreten Ausformung mitzugestalten. Technische Apparate, mit denen wir uns in unserer Lebenswelt umgeben, basieren wegen ihrer Größe auf den klassischen Gesetzen der Physik, weil bei Anhäufungen vieler gleichartiger Atome in Zuständen nahe dem thermodynamischen Gleichgewicht ihre quantenmechanische mikroskopische offene Möglichkeitsstruktur herausgemittelt wird und damit gewissermaßen ihre lebendigen Komponenten unterdrückt werden. Deshalb zeigen sie im Allgemeinen ein berechenbares Verhalten. Diese »uninspirierten«, ihrer Lebendigkeit beraubten technischen Apparate sind für uns fälschlicherweise zum Symbol der Naturgesetzlichkeit geworden. Wir mögen sie und pflegen sie, weil sie uns ganz hörig sind, weil wir ihre zukünftige Entwicklung prinzipiell streng vorhersagen können und wir sie deshalb fest im Griff zu haben glauben.

Wir stellen aber nun fest, dass dies nicht für alle makroskopischen Systeme gilt. So gibt es sogar mechanische Systeme, deren Bewegungsablauf prinzipiell nicht mehr prognostizierbar ist oder die, wie wir sagen, *chaotisches* Verhalten zeigen. Das einfachste System dieser Art ist ein Doppelpendel, während ein Tripelpendel noch interessantere Bewegungsabläufe hat. Durch inhärente Instabilitätslagen werden hier mikroskopische Unregelmäßigkeiten in makroskopisch unterscheidbare Bewegungsformen umgesetzt. Biologische Systeme sind ebenfalls solche makroskopischen Chaossysteme. Sie sind uns viel geläufiger. Da sie sich weit außerhalb des thermodynamischen Gleichgewichts befinden, unterscheiden sie sich in ihrem dynamischen Verhalten wesentlich von den üblichen technischen Apparaten. Sie werden auf hochkomplexe Weise durch ständige Zufuhr von Ordnungsenergie, von Syntropie, von außen, in einem hoch strukturierten dynamischen Ordnungszustand gehalten und entkommen auf diese Weise der »abtötenden« Nivellierung. Die Syntropie stammt letztlich aus der auf unsere Erde ständig einfallenden Sonnenstrahlung. Es ist die Dynamik dieses extrem vielfältigen, durch eine Vielzahl von ineinander greifenden Regelkreisen in der Schwebe gehaltenen Ordnungszustandes, die dem Lebewesen seine Lebendigkeit, seine Spontanität, seine Reaktionsfähigkeit und letztlich wohl auch, wie beim Menschen, seine bewusste Handlungsfähigkeit verleiht.

Das Bedrückende an der heutigen Technik ist, dass sie immer weniger den eigentlichen Bedürfnissen des Menschen dient und ihn vermehrt zwingt, sich umgekehrt ihren Erfordernissen anzupassen. Diese Entwicklung ist hauptsächlich die Folge einer Eigendynamik, die, wie mir scheint, vor allem durch die Randbedingungen der Wirtschaft erzeugt wird. Wirtschaftlichkeit erfordert höchstmöglichen Output bei geringstem Input, also maximale Verstärkung der erwünschten Faktoren, höchste Effizienz bei der Verwirklichung der angestrebten Ziele. Jede Maximierung in einer bestimmten vorgegebenen Richtung erfordert jedoch Opfer bezüglich anderer Komponenten. Anstatt wie die Natur fantasievoll durch »Versuch und Irrtum« immer weitere Optionen spielerisch zu erschließen, ziehen wir vor, auf gegebenen eng begrenzten Trassen verbissen mit immer höherer Geschwindigkeit dahinzurasen. Es sind zentrale Strukturen, welche am besten erlauben, die angestrebte Effizienz zu maximieren. Die differenzierte Vielfalt wird auf diese Weise zur machtvollen Einfalt reduziert. Die machtförmige Entwicklung wird dadurch ermöglicht, dass man Gegenkräfte vollständig zu beseitigen sucht. Mit der Beseitigung der Gegenkräfte erreicht man ein lawinenartiges Ansteigen der Verstärkung, die man freudig begrüßt, aber dabei vergisst, dass man gleichzeitig auch die Möglichkeit der Steuerung verliert. Steuerung verlangt doch, dass wir Systeme geschickt durch Kraft und Gegenkraft in der Schwebe halten und ihnen dadurch das freie Spiel zwischen einer Vielzahl von Möglichkeiten gestatten.

Die erdrückende Folgerichtigkeit der wissenschaftlich-technischen und wirtschaftlichen Eigendynamik sollte uns aber nicht dazu verleiten, in passiven Fatalismus zu verfallen und anzunehmen, dass das, was vor unseren Augen geschieht, nun auch notwendig so geschehen muss. Wir können in der Tat heute noch nicht erkennen, woher die Kräfte kommen sollen, die ein Umlenken der »Titanic« in eisfreies Gewässer bewerkstelligen sollen. Aber es wird uns heute zunehmend bewusst, dass die Menschheit auf ihrem bisherigen Pfad nicht fortschreiten darf, will sie ihre Existenz nicht ernstlich gefährden. Vielleicht ist diese in uns wachsende Einsicht gerade die von der Natur vorgesehene Gegenkraft, die sie zum Schutze ihres delikaten dynamischen Gleichgewichts wirksam werden lässt. Wenn die Zerstörung unseres Planeten letztlich durch das Bewusstsein des Menschen und sein darauf gründendes Handeln möglich ist, dann auch seine Rettung. Wir sollten nicht so kleinmütig sein und immer nur unsere Ohnmacht beklagen. Ein sensibilisiertes System wie die menschliche Gesellschaft und die ganze Biosphäre kann sehr wohl durch winzig kleine Anstöße zu großen Richtungsänderungen veranlasst werden. Hier stellt sich die Frage nach unserer Verantwortung für unsere Zukunft und insbesondere auch die Frage einer besonderen Verantwortung von Wissenschaftlern und Technikern, die ja vor allem durch ihre erfolgreiche Arbeit die bedrohlichen technisch-wirtschaftlichen Destabilisierungsprozesse vorantreiben.

In welcher Form und in welchem Umfang ist Verantwortung möglich?

Wie können wir überhaupt Verantwortung übernehmen? Denn Verantwortung zu tragen und zu übernehmen scheint doch vorauszusetzen, dass wir zukünftige Ereignisse als Folge unseres Tuns überhaupt vorhersehen können. Eine genaue Prognose ist aber – wie ich mehrfach betont habe – aus naturwissenschaftlicher Sicht praktisch und auch prinzipiell unmöglich. Wie sollten wir dann für etwas, das wir tun oder nicht tun zur Verantwortung gezogen werden können? Diese Argumentation erscheint insbesondere für Wissenschaftler in der Grundlagenforschung unwiderlegbar, da es doch gerade Aufgabe und Ziel dieser Wissenschaftler ist, Neuland zu erkunden. Sie können deshalb gar nicht wissen, was sie dort erwartet. Wüssten sie es schon, dann wäre ja nichts zu erforschen. Aus diesem Grunde meinen die meisten Naturwissenschaftler, dass sie eigentlich keine Verantwortung in obigem Sinne übernehmen können. Ich bin hier jedoch anderer Meinung.

Es kommt nämlich bei der Frage der Verantwortung nicht auf die Genauigkeit an, mit der etwas prognostiziert werden kann, sondern es kommt vor allem darauf an, dass wir ein Gefühl dafür entwickeln, welche möglichen Konsequenzen sich aus einer gegebenen Situation entwickeln können. Ein Wissenschaftler ist also dazu aufgefordert, dass er seine Augen aufmacht und gewissermaßen die Topologie, die Form des Geländes, in das er so forsch hineinmarschiert, genauer wahrnimmt. Das ist nicht nur eine Frage des Talents, sondern diese Fähigkeit muss auch geeignet entwickelt und vor allem eingeübt werden, woran es in unserem jetzigen Ausbildungssystem jedoch enorm mangelt.

Die heutigen Anforderungen erfordern dringend die Ausbildung einer T-Intelligenz, einer Intelligenz, die durch den Großbuchstaben »T« symbolisiert werden kann. Der Vertikalbalken soll hierbei die heute hauptsächlich betonte Kompetenz eines Spezialisten kennzeichnen. Der Horizontalbalken soll ausdrücken, dass dieses Spezialwissen geeignet in einen größeren Sinnzusammenhang eingebettet werden muss. Nur diese zusätzliche Quersicht erlaubt uns eine ausreichende Orientierung bei unserer spezialisierten Einsicht. Wenn ich im Nebel laufe, aber weiß, dass ich auf der Sohle eines breiten Wiesentales bin, kann ich getrost weitergehen. Denn wenn ich ein bisschen vom Weg abkomme, kann mir nichts Schlimmes passieren. Wenn ich aber auf einem schmalen Gebirgsgrat im Nebel wandere oder einen Lawinenhang überquere, dann wird dies sehr gefährlich. Ich kann durch einen Fehltritt abstürzen oder, im zweiten Fall, aus prinzipieller Unkenntnis der genauen Beschaffenheit des Schnees in die Tiefe gerissen werden. Ich kann mich in diesen Situationen zum Weitergehen entscheiden, wenn ich alleine bin. Wenn ich das Pech habe, stürze ich eben ab und bezahle meine Unvorsichtigkeit mit meinem eigenen Leben. Ich trage die Verantwortung und akzeptiere den möglichen Schaden. Aber wenn ich eine Gruppe von Leuten am Seil habe oder, metaphorisch, die ganze Menschheit zu meiner Seilschaft gehört, dann darf ich in diesem Fall einfach nicht weitergehen. Ich *kann* hier die Verantwortung gar nicht übernehmen, weil die Topologie des Geländes dies einfach nicht erlaubt. Auf die Wissenschaft übertragen heißt das, wenn ich als Wissenschaftler mich auf ein höchst gefährliches Gelände begebe, bei dem mögliche Folgen, unabhängig von der Wahrscheinlichkeit ihres Eintretens, nicht mehr akzeptabel erscheinen – und dies kann ich als Wissenschaftler eigentlich nur gut einschätzen, wenn ich über T-Intelligenz verfüge –, so darf ich diese Wissenschaft einfach nicht weitertreiben. Ich brauche dazu nicht genau zu wissen, ob ich das eine oder andere kann oder nicht kann, ich muss einfach damit rechnen, dass auch mir ein voraussehbarer, obgleich seltener oder nicht voraussehbarer Fehltritt passiert und dass dann der Schaden, den ich dabei auslöse, zu groß ist, um von mir allein verantwortlich getragen werden zu können. Die Hoffnung auf »einige sehr segensreiche Möglichkeiten« darf uns nicht dazu verleiten, die Menschheit in einen Lawinenhang zu führen. Eine solche Handlung ist ethisch nicht vertretbar.

Einer ähnlichen Problematik begegnen wir im wirtschaftlichen Bereich. Auch hier konzentrieren wir uns auf einen ganz speziellen, positiven Aspekt des ganzen Wirtschaftsprozesses und sagen: »Dies ist doch profitabel« und ignorieren schlicht und einfach den übrigen Teil. Warum? Weil es dem Betriebswirt nur wichtig ist – und ich mache ihm deswegen keine Vorwürfe –, dass seine Betriebsrechnung nicht zu einem negativen Abschluss kommt, unabhängig davon, ob er deswegen Kosten auf die Volkswirtschaft abwälzt. Die Volkswirtschaft wiederum versucht diese Kosten dem Steuerzahler oder vermehrt der Dritten Welt aufzuladen oder aber – was das einfachste ist – damit das Ökosystem der ganzen Erde zu belasten, über deren »Wirtschaft« bisher noch niemand Buch führt, so dass die dort immens ansteigenden Schulden unsichtbar bleiben. Diese Problematik beleuchtet ein Kernproblem unserer heutigen Wirtschaftsweise. Wir müssen hier dringend Abhilfe schaffen. Wir müssen uns überlegen, wie wir von unserer bisherigen, auf Wachstum fixierten und vom Naturvermögen im steigenden Maße zehrenden Wirtschaftsform auf eine Wirtschaftsweise umsteigen können, die für unsere Erde langfristig tragfähig, also ökologisch nachhaltig ist.

Was ist zu tun?

Die globalen Probleme, mit denen die Menschheit sich heute konfrontiert sieht, sind erdrückend. Sie lassen sich nur durch eine große gemeinsame Anstrengung lösen. Nach dem Ende der kraftzehrenden Ost-West-Konfrontation haben wir dafür eigentlich die besten Voraussetzungen. Wir sollten die Chance nutzen. Um dabei aber erfolgreich zu sein, reicht es nicht aus, dass sich nur Behörden und ihre Beamten und Forschungsinstitute mit ihren Wissenschaftlern damit befassen, sondern die Mehrzahl der Menschen muss für diese Fragen gewonnen werden.

In der Wirtschaft haben wir gelernt, dass nur durch die Wissenschaft und ihre Grundlagenforschung eine für die Gesellschaft langfristig lukrative Technik möglich ist. Die Forschung, das wissen wir, kann sich finanziell nicht allein tragen, da sie ja Neuland betreten soll und deshalb nach der Methode »Versuch und Irrtum« vorgehen muss. Obwohl letztlich nur ganz wenig von dem, was versucht wird, gelingt, so hat dies kaum den Optimismus auf Erfolg und die Bereitschaft zu großzügiger finanzieller Unterstützung gedämpft. Denn die Erfahrung hat gezeigt, das der aus diesem Wenigen resultierende Nutzen in der Regel ausreichte, die ganze Anstrengung zu rechtfertigen. Aber wir sind in dieser Einstellung nicht konsequent: Bei der Bearbeitung von so prinzipiellen Fragen nämlich, wo es um das Konzept einer für die Ökosphäre langfristig tragfähigen Wirtschaftsform, wo es um Überlebensfragen der Menschheit geht, also dort, wo wir existenziell letztlich alle auf einen Erfolg angewiesen sind, da werden wir auf einmal schrecklich pessimistisch und geizig: Wir überlassen das volle Risiko und die ganzen Mühen des Suchens,

Auswählens, Erprobens und Korrigierens einfach einem Haufen so genannter Idealisten oder Utopisten, als wäre dies deren privates, weltfremdes Hobby. Es erscheint mir dringend geboten, dass der Staat und die Wirtschaft hier ihre vitalen Interessen erkennen und endlich geeignete Unterstützung gewähren. Ich wünschte mir, dass die Regierung und die Wirtschaft künftig ihre engagierten Kritiker nicht so sehr als ihre Widersacher, sondern vielmehr als ihre potenziellen verlässlichen Helfer in schwieriger, gemeinsamer Sache ansehen.

Wie lange haben wir noch Zeit? Wir beobachten einen Wettlauf zweier Prozesse: einerseits die aus unserem Bewusstsein gespeiste wissenschaftlich-technische Entwicklung, die mit ihrer Eigendynamik unsere Welt immer schneller verändert, angetrieben durch zentralistische Machtstrukturen – heute hauptsächlich von wirtschaftlicher Art –, eine Entwicklung, durch die unsere Erde mit immer größerer Rücksichtslosigkeit und wachsender Geschwindigkeit ausgebeutet wird, und die auf diese Weise globale Katastrophen und eine Erschöpfung der Biosphäre durch Verminderung ihrer Ressourcen und Vermehrung ihrer Müllhalden in den nächsten ein oder zwei Menschengenerationen heraufbeschwört. Andererseits: unsere stetig wachsende Einsicht in den unheilvollen Gang dieses Geschehens, ein Lernprozess, der vor allem jeweils durch die nachwachsende Jugend getragen und deshalb, allenfalls durch kleinere und größere Katastrophen beschleunigt, sehr wohl auch seine ein bis zwei Menschengenerationen dauern wird. Wird die Zeit also reichen, so fragen wir uns in großer Sorge, um die gebotene Kursänderung zu vollziehen? Die Chancen dafür erscheinen bei diesem Vergleich verzweiflungsvoll klein, doch nicht ganz hoffnungslos. Aber: Die bessere Einsicht genügt nicht, Umdenken allein reicht nicht aus. Wir müssen auch noch geeignete Werkzeuge entwickeln, um wirksam in das Geschehen einzugreifen. Für die uns bedrängenden globalen Probleme gibt es heute schon eine Vielzahl von interessanten Lösungsideen. Aber der eigentliche Engpass besteht in konkreten Vorschlägen, wie diese Ideen auch politisch umgesetzt werden könnten, und insbesondere in der Bereitschaft und Fähigkeit von uns allen, unseren Lebensstil geeignet zu ändern. Denn die Politik kann nicht mehr tun als das, was wir mehrheitlich von ihr fordern. Viele von uns sind an dieser Stelle tätig, aber es sind noch zu wenige.

Wo ist der geeignete Einstieg in diese hochkomplexe, dynamische Problematik? Wo der Punkt, an dem ein Hebel wirksam angesetzt werden kann? Wo letztlich die politische Kraft, mit der die notwendige Änderung durchgesetzt werden kann? Ist das System überhaupt noch steuerbar? Oder hat sich die Eigendynamik schon so weit verselbstständigt, dass eine Umkehr nicht mehr möglich ist? Fragen über Fragen, auf die wir keine schlüssige Antwort wissen – für die aber niemand eine schlüssige Antwort wissen kann, denn: Die Zukunft ist offen. Handeln wir so, als ob noch alles möglich wäre.

Möglichkeiten menschlicher Zukunft

Vision einer ökologisch nachhaltigen, sozialen, lebenswerten Zivilisation

Meine Betrachtungen haben mit der Vision einer ökologisch nachhaltigen, gerechten und lebenswerten menschlichen Zivilisation zu tun, eine Utopie, deren Realisierung aus heutiger Sicht unwahrscheinlich erscheint. Und doch müssen wir wohl, wenn wir der Menschheit langfristig eine Überlebenschance sichern wollen, eine solche Zivilisation mit allen Mitteln anstreben. Dies verlangt von uns ein Handeln, dass in weit höherem Maße, als wir dies heute tun, die hohe Komplexität und die wechselseitigen Bedingtheiten der Wirklichkeit wahrnimmt und berücksichtigt. »Ganzheitlich wahrnehmen, global denken *und dann auch lokal und vernetzt handeln*«, sollte dabei unsere Devise sein.

Unsere wirtschaftlichen Betrachtungen und Handlungsweisen lassen doch in der Regel völlig unberücksichtigt, inwieweit die globale gesamtwirtschaftliche Entwicklung überhaupt mit der notwendigen Vorbedingung verträglich ist, das endliche und nicht beliebig robuste Ökosystem unserer Erde, in dem wir Menschen auf Gedeih und Verderb eingebettet sind, uns langfristig als Lebensgrundlage zu erhalten. Ursprünglich hatte die wirtschaftliche Entwicklung ja vor allem zum Ziel, dem Menschen die physischen Bürden des Lebensalltags zu erleichtern und sein allgemeines Wohlbefinden zu fördern. Aufgrund der speziellen Rahmenbedingungen und Spielregeln unseres Wirtschaftssystems, die nicht nur zu hohen Leistungen, sondern zu *Höchst*leistungen in einem ganz begrenzten Sinne zwingen, hat sich jedoch hier eine verhängnisvolle Eigendynamik entwickelt, die unserer Steuerung zu entgleiten droht oder bereits schon entglitten ist. Ähnlich wie dem Sport durch die Forderung zur Höchstleistung im unerbittlichen Konkurrenzkampf seine ursprüngliche Bestimmung zur Gesundheitsförderung langsam verloren geht, so wird auch die Wirtschaft ihrer eigentlichen Aufgabe, die wesentlichen Bedürfnisse der Menschen zu befriedigen, immer weniger gerecht. So zeichnet sich doch immer deutlicher ab, dass das unerbittliche Wettrennen der verschiedenen Länder und Ländergruppen um Marktvorteile letztlich von denjenigen gewonnen werden wird, die am schnellsten, raffiniertesten und umfassendsten die Naturschätze unserer Erde zu ihren Gunsten auszuplündern vermögen.

Dieses Wettrennen gleicht deshalb immer mehr einem *Wettsägen* an dem Ast, auf dem wir letztlich alle sitzen. Hierbei ist die beunruhigende Erkenntnis wichtig, dass dieses unsinnige und selbstmörderische Tun keinesfalls »unnatürlich« ist. Denn die Natur fällt niemanden in den Arm, der mutwillig seine eigenen langfristigen Überlebenschancen mindert, so, wie die Natur ja auch keine direkten Hinweise gibt, wie Überlebensvorteile besser wahrgenommen werden können. Die Natur überlässt vielmehr – metaphorisch gesprochen – alle diese Entscheidungen, scheinbar teilnahmslos, dem ewigen Spiel von »Versuch und Irrtum«. Die Natur wird uns dann eben nach altbewährter Methode – wie unzählig viele Lebensformen vor uns, die wegen Unvermögens oder Dummheit sich nicht vorteilhaft in die über vier Milliarden Jahre währende Entwicklung einklinken konnten – einfach aus der Evolution entlassen. *Die Natur kann nämlich ohne uns leben, aber wir nicht ohne die Natur und ihr auf der Erdoberfläche speziell ausgeprägtes Ökosystem, in das wir hineingewachsen und eingepasst sind.*

Es erscheint offensichtlich: Ohne eine Änderung der Rahmenbedingungen und der Spielregeln der von uns heute dominant praktizierten Wirtschaftsweise kann keines der uns heute bedrängenden Probleme – die Friedenssicherung, der Ressourcenschutz, die Mitweltverträglichkeit und die Herstellung und Bewahrung wirtschaftlicher, gesellschaftlicher und kultureller Ausgewogenheiten zwischen den Menschen und den Völkern – langfristig gelöst werden. Bei der jetzigen wachstumsorientierten Wirtschaftsweise lassen wir nämlich irrtümlicherweise die wesentliche und notwendige Einbettung des Menschen in seine natürliche Mitwelt außer Acht. Und warum? Weil wir aus der beobachteten relativen Robustheit des in mehr als vier Milliarden Jahren stetig gewachsenen und hoch ausgetesteten Ökosystems der Erde den fatalen Fehlschluss ziehen, die Umwelt sei ein unendlich ergiebiges und unendlich nachsichtiges Medium, aus dem wir nach Belieben Ressourcen für unsere wachsende Produktion und unseren üppigen Lebensstil entnehmen und in das wir am Ende alle dabei entstehenden Abfälle folgenlos abkippen können. Dieser Unverstand bringt uns immer mehr in Bedrängnis, was sich in wachsenden Schwierigkeiten an beiden Enden des nicht geschlossenen Ressourcen-Zyklus anzeigt:

- eine rasante Ressourcenerschöpfung durch rücksichtslose Ausbeutung natürlicher Lagerstätten und zunehmende Stoffdurchsätze wegen sinkender Wirkungsgrade;
- stetige und durch höhere Stoffdurchsätze beschleunigte Anhäufung toxischer, noxischer und radioaktiver Abfallprodukte, die unsere Böden, Gewässer und Atmosphäre belasten und zu einem Schwund der Artenvielfalt, Waldsterben und Klimaveränderungen führen.

Ähnlich wie bei einem gesunden Körper, den wir vermöge eines differenzierten und leistungsfähigen Immunsystems getrost Krankheiten aussetzen und dadurch seine Gesundheit sogar noch weiter stärken können, so läuft dies alles relativ glimpflich ab, solange die äußeren Eingriffe nicht zu massiv oder für das System zu fremdartig werden.

Naturgesetzlichkeit und Gestaltungsmöglichkeit

Die Kenntnis der Naturgesetze verschafft uns prinzipiell die Möglichkeit, *die Zukunft nach unseren eigenen Wünschen zu gestalten* und die von uns angestrebten Ziele letztlich zu erreichen. Es ist diese Möglichkeit, die Wissen zu einem Machtfaktor macht und uns die Vorstellung vermittelt, die Natur letztlich völlig »in den Griff«

bekommen zu können. In begrenzten Bereichen gelingt uns dies ja auch wirklich. Die konsequente Verfolgung dieses Weges hat dem Menschen in der Tat ungeahnte Einflussmöglichkeiten verschafft. In diesem Zusammenhang ist aber eine wichtige Erkenntnis der modernen Naturwissenschaft wesentlich: Der Wissenschaft sind prinzipielle Grenzen für die Vorhersage und Festlegung des Zukünftigen gesetzt: Die Welt ist nicht wie ein mechanisches Uhrwerk, das, einmal angestoßen, auf bestimmte Weise nach festen Gesetzen abläuft. Die Zukunft ist prinzipiell offen, die Schöpfung nicht abgeschlossen. Diese prinzipielle Offenheit der Zukunft sollte nun nicht nur negativ als eine Behinderung aufgefasst werden, weil zukünftige Ereignisse nicht mehr sicher vorhergesagt und arrangiert werden können, diese eingeprägte Offenheit hat im Gegenteil eine gewichtige positive Seite: Sie schafft letztlich erst die Möglichkeit für eine freie und verantwortungsvolle Gestaltung, auf die wir Menschen so stolz sind.

Dass wir diese Gestaltungsfreiheit zur Schaffung höherer Ordnungsstrukturen, zu »echter« Wertschöpfung, nutzen können, ist zunächst nicht leicht einsichtig. Es gibt nämlich in der Natur ein wichtiges Grundgesetz – in der Physik als Entropiesatz oder »Zweiter Hauptsatz der Thermodynamik« bekannt –, nach dem bei isolierten Systemen mit vielen Objekten eine unwahrscheinliche Anordnung dieser Objekte (mit kleiner Entropie) im Laufe der Zeit sich automatisch in eine wahrscheinlichere (mit größerer Entropie) verwandelt. Dies hat die wesentliche Konsequenz, dass jegliche Ordnungsstruktur in einem System, jede Besonderheit, jedes Ausgezeichnetsein letztlich durch innere Bewegung abgebaut und zerstört wird, sich also von alleine in Unordnung auflöst, wenn nicht von außen eine ordnende Hand eingreift. Dies überrascht uns nicht. Wir können diese Erfahrung täglich bei unserem Schreibtisch machen, wo sich durch eine »unsichtbare Hand« eigentümlicherweise immer nur die Unordnung und nie die Ordnung vergrößert. Erst unsere sichtbare ordnende Hand kann am Wochenende hier wieder Ordnung schaffen. Dies braucht nicht so zu sein. Denn eine schusselige, willkürlich bewegte Hand reicht zum Aufräumen nicht aus, sondern beschleunigt sogar noch die Unordnung, was wir ja beim Mischen von Spielkarten auch zweckdienlich nützen. Diesem »natürlichen« Trend zur Ordnungsminderung oder auch zur »Wertzerstörung« – wenn wir sinngemäß höher differenzierte

Strukturen mit einem höheren Wert belegen – steht nun auf unserer Erdoberfläche erstaunlicherweise eine Entwicklung der ständigen »Wertschöpfung« gegenüber, wie sie am deutlichsten in der Evolution des Lebendigen zu immer höher differenzierten Organismen zum Ausdruck kommt. Dieses scheinbar anormale Verhalten der »Wertsteigerung« und strukturellen Höherentwicklung geschieht aber *nicht* im Widerspruch zum Entropiesatz, der eine automatische Vermehrung von Unordnung oder Entropie fordert, sondern ist eine Folge davon, dass die Erde im elektromagnetischen Strahlungsfeld der Sonne liegt: Durch die Sonneneinstrahlung wird der Erde dauernd Ordnungsenergie oder Syntropie (negative Entropie) zugeführt. Die Sonne spielt also gewissermaßen in dieser Evolution die Rolle einer »ordnenden Hand«, welche den allgemeinen Wertezerfall teilweise in einen Wertezuwachs umkehrt. Es ist diese ständige Syntropiezufuhr – dieses stetige »Einkommen« an Ordnungsenergie, an »arbeitsfähiger« Energie, die wir täglich kostenlos von der Sonne entgegennehmen –, die die Evolution des Lebendigen auf der Erde vorantreibt. Sie ist primär auch für die Wertschöpfungsprozesse der Menschen verantwortlich.

Menschliche Wertschöpfung

Wenn wir gewöhnlich von einem »Wertschöpfungsprozess der Menschen« sprechen, so verstehen wir darunter nicht einen Prozess der hier vorgestellten allgemeinen Art, sondern beziehen ihn auf eine »Wertschöpfung« in dem in der Ökonomie üblichen Sinne, bei dem es im Wesentlichen um die »Erzeugung von Tauschwerten« geht. Einer »Erzeugung von Tauschwerten« durch die industrielle Produktion entspricht in der Regel in unserer Sprechweise hier eigentlich mehr einem »Wertvernichtungsprozess«. Warum? Die industrielle Entwicklung basiert nämlich vornehmlich auf einer Nutzung der fossilen Energieträger Kohle, Erdöl und Erdgas, die eigentlich Speicher »wertvoller« Sonnen-Syntropie sind. In einem Jahrhundert verbrauchen wir mit diesen Energieressourcen ein uns als ungeheuer groß erscheinendes Syntropie-»Vermögen«, das in der Vergangenheit – vermöge der Fotosynthese energiereicher Kohlenstoffverbindungen durch grüne Pflanzen und Kleinorganismen – über Millionen von Jahrhunderten aus der Sonneneinstrahlung aufgesammelt wurde. Die gesamten Speicher entsprechen energetisch nur etwa der Sonneneinstrahlung von vierzehn Tagen auf der Erde.

Die »Wertschöpfung« und Produktivität moderner Industriegesellschaften gleicht deshalb mehr der Methode eines Bankräubers, der die geringen Kosten seiner Schweißgeräte mit den wesentlich größeren »Gewinnen« bilanziert, die ihm als Beute beim Knacken von immer mehr und reicher gefüllten Tresoren mit Naturvermögen zufällt.

Bei einem Rückblick auf die Vergangenheit mit ihren großen wissenschaftlich-technischen Erfolgen mag diese Vorgehensweise gerechtfertigt erscheinen, hat sich doch bisher die uns umgebende Natur als unermesslich reich erwiesen. *Dies bedeutet jedoch nicht, dass dieses auch immer so weitergehen wird.* Im Gegenteil: Die hemmungslose Eskalation im Verbrauch nichterneuerbarer Ressourcen führt in der Folge zu einer immer weiter beschleunigten Erschöpfung dieser Ressourcen und ihrer nachfolgenden Ersatzstoffe. Die Substitution von Ressourcen gelingt nämlich nur teilweise und ist letztlich begrenzt, weil auch Naturwissenschaftler keine Zauberer sind, obgleich sich manche in diesem Sinne sehen und anbieten. Es erscheint beliebig unwahrscheinlich, dass diese losgetretene Lawine *aus sich heraus* je geeignete Gegenkräfte wird entwickeln können, um ihre Dynamik einzufangen, bevor sie, wegen der Endlichkeit der Erde, in einer für uns Menschen gigantischen Katastrophe endet. Das ist aber noch nicht alles! Die offensichtliche *Destabilisierung* wird nämlich darüber hinaus noch erheblich verschärft durch eine *direkt damit gekoppelte Eskalation* in der Erzeugung von »Müll«, als was wir die Endprodukte dieser Ressourcen betrachten, die, weil für uns unbrauchbar, nicht mehr auf eine geeignete Weise zum Anfangspunkt des Produktionskreislaufes zurückgeführt werden und für die wir deshalb geeignete, für die menschliche Zivilisation ungefährliche Endlager finden müssen. Dies sind sehr ernste Probleme, wie sie uns in der ungelösten Frage der sicheren Endlagerung abgebrannter radioaktiver Kernbrennstäbe begegnen oder neuerlich im Zusammenhang mit den drohenden dramatischen Klimafolgen, wenn wir fortfahren, unbekümmert das CO_2, das Endprodukt bei der Verbrennung fossiler Brennstoffe, in die Atmosphäre zu blasen. Dazu kommen außerdem die vielfältigen negativen Nebenfolgen, die ganz allgemein mit den vom Menschen in Gang gesetzten Energieumwandlungen ausgelöst werden.

Aufgrund des Entropiesatzes ist jeglicher Wertzuwachs immer gleichzeitig mit einem Wertzerfall verknüpft. Dies ist für uns jedoch oft nicht so sichtbar, weil die Wertminderung etwa durch eine nicht direkt wahrgenommene Verwandlung von hochwertiger in minderwertige Energie erfolgt – zum Beispiel durch Umwandlung von »arbeitsfähiger« elektrischer Energie oder chemischer Energie eines Brennstoffes in »arbeitsunfähige« Abwärme. Je weniger und je langsamer Umwandlungen stattfinden, umso geringer der damit einhergehende Wertezerfall oder der Syntropieverbrauch. Deshalb sind *Mäßigung und Entschleunigung* die besten Voraussetzungen, um bei Syntropiezufuhr den »unnatürlichen« Aufbauprozessen gegenüber den »natürlichen« Abbauprozessen eine Chance zu geben. Im Gegensatz zur Technik, die großteils rasante Prozesse favorisiert und damit Syntropie nutzlos verschleudert, bevorzugt die uns umgebende Natur bei ihren Umwandlungen genügend sanfte und langsame Prozesse, um die Syntropie voll auszunutzen. Umweltprobleme lassen sich deshalb letztlich nur durch weitgehende vorsorgende *Vermeidung* und nicht durch eine nachträgliche Reparatur von Schäden lösen, da jegliche Reparatur wieder neue Aktivitäten und damit notwendig weitere Schädigungen nach sich zieht.

Ein Evolutionsprozess, der höher differenzierte Strukturen hervorbringen will, muss genügend langsam erfolgen, um den vielfältigen Neuschöpfungsversuchen eine Chance zu geben, ihre Lebensfähigkeit und möglicherweise ihre relative Überlegenheit in Wechselwirkung mit den schon existierenden Lebensformen gründlich zu erproben. Dieser Bewährungsprozess ist dabei nicht ein »Nullsummenspiel«, bei dem der Vorteil des einen durch den Nachteil der Mitspieler erkauft wird, sondern vorwiegend ein Plussummenspiel, ein Gewinn-Gewinn-Spiel, von dem die meisten profitieren. Es wäre deshalb für uns Menschen ratsam, bei unseren Handlungen die Natur nicht als unseren Gegenspieler zu betrachten, sondern voll mit ihr zu kooperieren, um an ihrer über vier Milliarden Jahre alten Erfahrung teilzuhaben. Wir müssen unser Handeln und Wirtschaften so ausrichten, dass wir die Vitalität und Produktivkraft – d. h. die »Sustainability« oder »Nachhaltigkeit« – unseres irdischen Ökosystems, das auch unsere Lebensgrundlage bildet, nicht irreversibel schädigen und zerstören.

Bevölkerungswachstum und Umweltzerstörung

Schon vor der Eröffnung der Internationalen Konferenz für Bevölkerung und Entwicklung der Vereinten Nationen in Kairo am 5. September 1994 prallen heftig die Meinungen der Kontrahenten aufeinander. Außer Zweifel steht, dass die rasant anwachsende Weltbevölkerung sich immer mehr zu einem bedrohlichen Menschheitsproblem entwickelt, das dringend eine Notbremsung zu erfordern scheint. Denn unsere Erde ist nun einmal nur endlich. Bei allem Erfindungsreichtum des Menschen wird irgendwann – und dies kann schon recht bald sein – die Grenze der Tragfähigkeit des irdischen Ökosystems, in das auch wir Menschen existenziell eingebettet sind, erreicht sein. Es erscheint deshalb unmittelbar einsichtig, die heute beobachteten vielfältigen Formen der Umweltzerstörung vor allem als Folge dieser Bevölkerungsexplosion zu deuten. Allgemein trifft dies selbstverständlich zu. In naiver Interpretation, wie das vielfach bei uns geschieht, verschleiert es jedoch andere wesentliche Ursachen, die uns direkt betreffen. Sie gleicht dann dem Versuch eines Täters, die Hauptschuld auf die Opfer abzulenken. Denn wer von Bevölkerungsexplosion spricht – und das sind doch im Allgemeinen die Menschen in den reichen Industrieländern –, meint doch damit zunächst und vor allem das enorme Bevölkerungswachstum in der so genannten »Dritten Welt«. Es stimmt: Der Bevölkerungszuwachs in Afrika liegt derzeit bei über 2,5 %, was einer Verdopplungszeit in nur 28 Jahren entspricht, wohingegen die Bevölkerungszahl in Westeuropa (biologisch und durch Zuwanderung) mit etwa 0,1 % und in Nordamerika mit etwa 0,5 % ansteigt. Aber was sagt dies nun über die Umweltzerstörung insgesamt auf der Erde aus?

Im Jahre 1990 lag die Gesamtbevölkerung der Erde bei etwa 5,3 Milliarden (mit einem mittleren Pro-Kopf-Jahreseinkommen von $ 4900 = DM 8000), von denen etwa 70 % (etwa 3,7 Milliarden) in den ärmeren Ländern vor allem auf der Südhalbkugel (mittleres Pro-Kopf-Jahreseinkommen unter $ 4900) und die übrigen 30 % (etwa 1,6 Milliarden) in den reichen Ländern der Nordhalbkugel (Pro-Kopf-Jahreseinkommen über $ 4900) leben. Nach heutigen Schätzungen ist das mittlere jährliche Bevölkerungswachstum der »Armen« etwa 1,75 % (Verdopplungszeit etwa 40 Jahre), während die »Reichen« mit nur etwa 0,35 % (Verdopplungszeit 200 Jahre) zunehmen. Das biologische Wachstum der gesamten Erdbevölkerung errechnet sich im Mittel zu 1,35 % (Verdopplungszeit 50 Jahre). Konkret bedeutet dies etwa, dass im Jahre 2025 die Gesamtbevölkerung auf ungefähr 8,6 Milliarden Menschen angewachsen sein wird, von denen 6,8 Milliarden (79 %) den »Armen« und 1,8 Milliarden (21 %) den »Reichen« zuzurechnen wären.

Vom Standpunkt des »Umweltverbrauchs«, der ja auch ein Maß für die »Umweltzerstörung« ist, sieht dieser Vergleich jedoch ganz anders aus. Denn wir müssen hier berücksichtigen, dass die 30 % »Reichen« der Erdbevölkerung wesentlich mehr materielle Ressourcen als die 70 % »Armen« verbrauchen. Als grobes Maß für den »Umweltverbrauch« können wir etwa den mittleren jährlichen (kommerziellen) Pro-Kopf-Primärenergie-Verbrauch verwenden. Dieser Energieumsatz ist wesentlich für alle menschlichen Umwelteingriffe und variiert stark zwischen den armen und reichen Ländern. Bei den »Armen« liegt er etwa bei einer mittleren Energieleistung von 600 Watt (5300 Kilowattstunden im Jahr), bei den »Reichen« hingegen zehnmal höher bei 6 Kilowatt (53 000 Kilowattstunden pro Jahr), was auch etwa dem Wert in Deutschland entspricht, während die USA weit darüber bei 11 Kilowatt liegen. Der Weltmittelwert liegt bei 2,2 Kilowatt (20 000 Kilowattstunden pro Jahr). Dies hat zur Folge, dass, von der Umweltnutzung und -belastung aus betrachtet, die »Reichen« effektiv mit zehnfachem Gewicht im Vergleich zu den »Armen« gezählt werden müssen. Auf die mittlere persönliche Umweltbelastung von 1990 bezogen heißt dies, dass die Bevölkerungszahl der »Reichen« effektiv um einen Faktor 2,7 vermehrt, die der »Armen« jedoch um einen Faktor 0,27 vermindert werden muss, wodurch »umweltwirksam« eigentlich 4,3 Milliarden »Reichen« nur eine Milliarde »Arme« gegenüberstehen, das Zahlenverhältnis sich also im Vergleich zu dem der biologischen Bevölkerungszahlen ungefähr umdreht. Dies macht deutlich, dass die Umweltbelastung – was uns eigentlich immer schon klar war – heute hauptsächlich von den »Reichen« herrührt, und dies aufgrund ihres im Schnitt zehnmal höheren Konsums an natürlichen Ressourcen. Diese Beziehung wird noch drastischer, wenn wir entgegen unserer pauschalen Rechnung auch die vielen armen Menschen der reichen Länder, die an Zahl bei weitem die Wohlhabenden der armen Länder überwiegen, nicht einfach den »Reichen« zurechnen.

Gut, sagen hier viele, dies mag ja im Augenblick so aussehen, wie aber wird sich diese Situation in Zukunft entwickeln? Werden nicht alle diese armen Menschen mit allen Mitteln danach streben, den Lebensstandard der Menschen in den industrialisierten Ländern zu erklimmen? Mag sein, dass sie dieses anstreben, insbesondere wenn wir fortfahren, ihnen unseren »westlichen« Lebensstil als den einzig angemessenen und lebenswerten anzupreisen. Aber wie soll das gehen? Für das Jahr 2025 hieße dies doch, dass den dann biologisch 8,6 Milliarden Menschen effektiv 23,2 Milliarden 1990-Durchschnitts-Umweltverbraucher (Faktor 2,7) entsprächen. Um sie zu unterhalten, würde dies wohl mehr als fünf weitere »Erden« erfordern, die wir nicht haben. Selbst wenn wir solche irgendwo »aus dem Keller holen« könnten, würden wir sie aller Voraussicht nach gar nicht brauchen, weil die Rahmenbedingungen und Spielregeln unserer Wirtschaft so gestrickt sind, dass die »Armen« – und hier meine ich nun wirklich die Armen in allen Ländern – niemals über die finanziellen Möglichkeiten verfügen werden, um am »freien« Markt – der theoretisch ja eigentlich alle Ressourcen entsprechend Angebot und Nachfrage optimal verteilen soll – überhaupt als Partner teilnehmen zu können. Wir müssen deshalb »realistisch« davon ausgehen, dass sich ohne tief greifende Eingriffe der augenblickliche Trend einfach fortsetzen wird. Dies bedeutet aber, dass im Jahre 2025 die etwa 6,8 Milliarden Menschen der armen Länder im Durchschnitt kaum Fortschritte bezüglich ihres materiellen Wohlstandes erzielen werden. Dies schließt nicht aus, dass das eine oder andere Land ein Aufsteiger sein könnte, ihm werden jedoch, wegen der steigenden Bevölkerungszahl, viele Absteiger gegenüberstehen. Infolgedessen würde die effektive Zahl der Umweltverbraucher bei den »Armen« bestenfalls nur wie die biologische Bevölkerungszahl zunehmen, also effektiv auf 1,8 Milliarden Umweltkonsumenten (auf den Durchschnitt von 1990 bezogen) ansteigen.

Doch wie steht es im Jahr 2025 mit den dann (biologisch bzw. durch Zuwanderung) auf 1,8 Milliarden angewachsenen Menschen in den reichen Ländern? Entsprechend ihrem ungebrochenen Glauben an die Notwendigkeit eines stetigen materiellen Wirtschaftswachstums werden sie ähnlich wie in der Vergangenheit auch künftig mit allen Mitteln eine jährliche Zunahme des Bruttosozialprodukts BSP von zwei bis drei Prozent zu erreichen suchen und diesen Zuwachs vielleicht auch aufgrund ihrer wirtschaftlichen Machtstellung durchsetzen können. Da ein solches Wachstum wohl dominant mit einem entsprechenden Umweltverbrauch gekoppelt sein wird, führt dies dazu, dass hierdurch die Zahl der Umweltkonsumenten effektiv jährlich nicht nur die biologische Zuwachsrate von 0,35 %, sondern noch zusätzlich eine Steigerung von 2,5 %, also insgesamt von 2,85 % erfährt, so dass im Jahre 2025 statt mit effektiv 4,3 Milliarden nun mit effektiv 11,7 Milliarden Umweltkonsumenten (nach 1990-Durchschnitt) in den »reichen« Ländern zu rechnen ist, denen gegenüber die 1,8 Milliarden Umweltverbraucher der »armen« Länder kaum ins Gewicht fallen werden.

Es erscheint wahrscheinlich, dass die heute schon lebenden 5,6 Milliarden Umweltkonsumenten (mit einer mittleren Pro-Kopf-Energieumsatzleistung von 2,2 Kilowatt) die irdische Ökosphäre schon über ihre Tragfähigkeit (sustainability) strapazieren – und dies nicht nur wegen der Beschränktheit nicht erneuerbarer Ressourcen, sondern vor allem auch wegen des nicht rezyklierten »Abfalls« (z. B. CO_2) –, weshalb wohl eine kleinere Bevölkerungszahl als 5,6 Milliarden oder eine geringere mittlere persönliche Energieumsatzleistung auf Dauer gefordert werden muss. Beim jetzigen mittleren Energieverbrauch (mittlere persönliche Energieleistung 2,2 kW) liegt die für eine ökologische Nachhaltigkeit zulässige Bevölkerungsgröße wohl nur bei 3,6 Milliarden Umweltverbrauchern, bei 400 Watt Energieleistung, die wohl dem niedersten noch komfortablen (also dem über die bloße Fortexistenz doppelt sichernden) persönlichen Energiestandard entspricht, bei 19,8 Milliarden (»Minimal-Konsumenten«), beim China-Konsumer-Standard (850 Watt) bei 9,3 Milliarden und bei 1,5 Kilowatt (siehe auch »Die 1,5-Kilowatt-Gesellschaft«, Seite 152) im Wesentlichen bei der heutigen Bevölkerungszahl. Dies bedeutet konkret, dass die beim heutigen durchschnittlichen persönlichen Energieverbrauch für das Jahr 2025 errechneten insgesamt 13,5 Milliarden 1990-Konsumenten die ökologische Tragfähigkeit der Erde – trotz der hierbei angenommenen ausbleibenden Verbesserung des Lebenstandards der 6,8 Milliarden Menschen in der »Dritten Welt«! – immer noch um fast das Vierfache übersteigen.

Selbstverständlich wird dieses Szenarium in Wirklichkeit kaum so ablaufen, da es andere wesentliche Faktoren wie Wasserversorgung, Ernährung, Erziehung, Verstädterung usw. unberücksichtigt lässt. Vermutlich würden lange vor 2025 aufgrund extremer Mangelsituationen und damit verbundener gesellschaftlicher Destabilisierungen katastrophale Entwicklungen (z. B. Massenmigrationen in unvorstellbarem Ausmaße) einsetzen. Sie zu verhindern oder wenigstens die dabei auftretenden Schäden zu begrenzen wird zu einer Überlebensfrage der Menschheit werden. Auf was müssen wir hauptsächlich achten? Meine Ausführungen sollen deutlich machen: Die zunehmende Gefährdung unserer natürlichen Lebensgrundlagen erwächst nicht primär, wie allgemein vermutet, aus dem Bevölkerungswachstum im »Süden«, sondern in weit höherem Maße aus dem immer weiter anwachsenden Verbrauch an materiellen Ressourcen im »Norden«. Die treibende Kraft dieses Prozesses ist der steigende Verbrauch an nichterneuerbaren Energieträgern, vor allem Erdöl, Kohle und Erdgas.

Sowohl der »Süden« als auch der »Norden« sind deshalb beide in einem eigenen Teufelskreis gefangen: Die Menschen des »armen Südens« in ihrem vielleicht instinktiv richtigen, aber verhängnisvollen Versuch, durch größere Kinderzahl ihrer Armut und ihrem Hunger zu entrinnen, wodurch sie faktisch ihre Notlage weiter verschlechtern; die Menschen des »reichen Nordens« in ihrem Streben, ihre Vereinsamung und ihren geistigen Hunger durch mehr Konsum zu stillen, wodurch sie immer mehr von ihrem geistigen Fundament opfern, wie auch in der irrigen Vorstellung, sich aus ihrem Umweltdilemma durch umfangreiche nachbessernde Reparaturen retten zu können, was durch die entsprechend gesteigerte Wirtschaftsaktivität (entsprechend dem Entropiesatz der Physik) nur weitere Folgeschäden bewirkt. Weder der »Süden« noch der »Norden« kennt bisher ein brauchbares Ausstiegsszenarium aus seinem eigenen Teufelskreis. Die Einsicht in die Unvernunft reicht nicht aus, das praktische Aufbrechen ist das eigentliche Problem, was wohl nur durch die Menschen, die es selbst betrifft, erfolgreich bewerkstelligt werden kann. Fast erscheint es mir, dass der »Norden« sich schwerer tun wird, von seinem Wachstumsphantom Abschied zu nehmen als der »Süden« von seinem. Jedenfalls erscheint es vordringlich, dass die »entwickelten Länder« zunächst ihre Hausaufgaben lösen, da sie durch ihren jetzigen Lebensstil noch zusätzlich den so genannten »Entwicklungsländern« ein falsches Vorbild geben. Dies bedeutet jedoch nicht, dass es nicht die Entwicklungsländer sind, die wegen ihrer wirtschaftlichen Grenzlage zuerst die volle Wucht der heraufziehenden Katastrophen treffen wird.

Wenn wir aufrichtig an die in unseren Sonntagsreden wortreich beschworene »humane« Gesellschaft glauben, dann müssen wir uns an den Werktagen auch um eine »ökologisch nachhaltige, gerechte und lebenswerte Welt« kümmern und entsprechend handeln. Dies kann nur heißen, dass wir versuchen, alle Menschen angemessen – aufgrund der Unterschiedlichkeit der Menschen und der Kulturen braucht dies nicht absolute Gleichheit bedeuten – an den Gütern und Früchten dieser Erde teilhaben zu lassen. Wegen der Endlichkeit der Erde und ihrer nichterneuerbaren Ressourcen, aber auch wegen ihrer nicht beliebigen Belastbarkeit mit Endprodukten unserer Industrie, die nicht zu ihrem Anfang zurückgeführt werden, steht jedem Menschen eigentlich nur ein beschränktes Öko-Budget zur Verfügung. Dieses wiederum ist wesentlich von seinem Budget an Primärenergie bestimmt. Denn es ist letztlich die Energie (genauer gesagt: die Syntropie oder auch der arbeitsfähige Anteil der Energie), die uns erlaubt, differenzierte Ordnungsstrukturen und damit das, was wir Wertschöpfung nennen, zu schaffen. Durch Einschränkung des Umweltverbrauchs in den reichen Ländern können wir drastisch die effektive Bevölkerungszahl, die Zahl der Umweltverbraucher, absenken und dadurch den Menschen der armen Länder mehr Raum für ihre eigene Entfaltung geben, ohne die Tragfähigkeit des irdischen Ökosystems zu gefährden. Ein menschenwürdiges Leben der Menschen im »Süden«, insbesondere seiner Frauen, wird ihnen wirksam helfen, ihren Teufelskreis aufzubrechen.

Für die Menschen in Deutschland und Europa würde eine solche Beschränkung konkret wohl verlangen, ihren Energieverbrauch in den nächsten 20 Jahren etwa auf ein Viertel abzusenken (1,5-Kilowatt-Gesellschaft!). Hierbei ist eine erste Halbierung durch technische Neuerungen durchaus möglich, eine weitere Halbierung wird sich aber wohl nur durch geeignete Änderungen unseres Lebensstils erreichen lassen. Die technischen Verbesserungen werden sich bei geeigneten Rahmenbedingungen (z. B. Verteuerung der nichterneuerbaren Energien) von selbst einstellen. Bei der Änderung des Lebensstils sind wir aber alle gleichermaßen gefordert. Es geht hierbei nicht darum, für wie wahrscheinlich wir die Möglichkeit halten, aus eigener Kraft und Vernunft solche nachhaltigen Lebensstile zu entwickeln – wenn wir die historische Erfahrung als Maßstab nehmen, ist hier kaum Hoffnung –, sondern vielmehr, ob solche Änderungen unmöglich sind. Sie sind möglich! Soll die Menschheit eine Zukunft haben, so haben wir als Mitglieder der menschlichen Gesellschaft keine andere Wahl, als unser gemeinsames Schicksal mit heißem Herzen und kühlem Verstande in beide Hände zu nehmen und mitzuwirken, es entschlossen und sanft zugleich durch die gefährlichen Klippen und Stromschnellen der nächsten Jahrzehnte zu steuern.

Bildung ohne Kunst und Musik?

Als Physiker habe ich 40 Jahre lang am Max-Planck-Institut für Physik über fundamentale Naturgesetze nachgedacht. Ich bin, wenn es nach der üblichen Fächereinteilung geht, bei der Diskussion um geplante Reformen in Schulen, total fehl am Platz. Trotzdem ist für mich Bildung ein wichtiges, wenn nicht sogar zentrales Anliegen. Ich war aus diesem Grunde Mitglied der Heidelberger Bildungskommission, die sich im Sommer 1998 Gedanken über eine zukünftige Bildungspolitik gemacht und darüber ein kurzes Memorandum erstellt hat. Ausgangspunkt der damaligen Erörterungen war u. a. die für mich überraschende Vorstellung, dass unsere Industriegesellschaft sich im Übergang zu einer »Wissensgesellschaft« befände. Mit meinem Verständnis von »Wissen« beobachte ich eher das Umgekehrte: Es mangelt in zunehmendem Maße an Wissen. Der Wandel besteht vielmehr in einem Übergang zu einer Informations- und Informationsaustausch- und Datensammel- und Datenverknüpfungsgesellschaft. Das hat mit Wissen zunächst nur wenig zu tun. Damit aus Information Wissen und dieses zu Bildung gestaltet wird, muss diese Information irgendwann einmal durch einen Kopf, einen kreativen und gescheiten Kopf gegangen sein, der diese Information verdaut, und nicht nur einen Kopf, der nur repetiert, was ihm vorgesagt wird. Das kann ja auch ein Computer, und das viel besser, schneller und zuverlässiger. Bildung ist eine besondere Qualität, die sich eigentlich gar nicht oder nur schwer quantifizieren lässt. Deshalb heißt es nicht so sehr, was muss ich wissen, um gebildet zu sein, sondern es geht mehr darum: Wie muss ich Erfahrung wahrnehmen, aufgreifen und verarbeiten, um mein Wissen zu bereichern und Bildung zu erlangen? Kunst und Musik spielen in diesem Prozess eine ganz entscheidende Rolle, weil sie nicht auf Dinge fixiert sind und sich dort festklammern, sondern sich auf Beziehungen konzentrieren, auf die es letzten Endes ankommt, wenn wir etwas wissen und verstehen wollen. Ich betone hierbei Wissen und Verständnis, weil ich hierbei den vollen Menschen im Auge habe, den *homo sapiens sapiens*, und mich nicht mit seiner manipulierenden und konsumierenden Schrumpfgestalt, dem *oeconomicus* zufrieden geben möchte, der nur noch als billige Arbeitskraft bzw. Kunde und Shareholder registriert wird.

Doch ich möchte die Fragen, die oft bei der Diskussion um Ausbildung, Bildung und Wissen entstehen, etwas grundsätzlicher angehen: Es ist doch offensichtlich, dass unsere Wahrnehmung der Wirklichkeit umfassender ist, als das, was wir begreifen können. Wir haben eine deformierte und falsche Vorstellung von der Wirklichkeit, wenn wir sie auf das Begreifbare reduzieren. Warum sollte die Natur sich auf das beschränken, was unser menschliches Gehirn erfassen kann? Begreifen bedeutet zunächst »mit der Hand greifen« und so funktioniert primär auch unser Denken. Es hat sich an einer materiellen Welt entwickelt. Wir denken, wie wir greifen. Ja oder nein, richtig oder falsch, Hand auf oder Hand zu, *»tertium non datur«*, determiniert, kausal und so fort. Denken als Prozess ist wie ein Zerlegen. Fragmentieren, Aufbrechen, Analysieren. Was ich auf diese Weise nicht kategorisieren kann, das gibt es für uns zunächst einfach nicht. Haben oder Nichthaben. Wir werden dadurch in eine materielle Weltsicht hineingezogen. Wissen, was ist Wissen heute? Wissen ist vor allem Bemächtigungswissen, Verwertungswissen, Manipulationswissen und kaum mehr Wissen im Sinne von Weisheit, Verständnis, Erkenntnis. Wissen ist Macht, ein Mittel, um sich durchzusetzen, gegen die Natur und »die anderen«. Wissen, das wir besitzen wollen, muss ausreichend exakt sein, wenn wir geschickt manipulieren wollen, denn unsere Hand, die verändern will, muss das zu Greifende auch wirklich in die Hand bekommen. Aber die Welt zu verstehen ist etwas anderes. Dazu haben wir ganz andere Fähigkeiten.

Das Wahre, Gute und Schöne ist in seiner tieferen Bedeutung

nicht eine Erfindung des menschlichen Geistes, sondern etwas, das der eigentlichen Wirklichkeit eingeprägt ist. Und diese Worte charakterisieren nur den Zugang dazu. Sie sind nicht zufällig ganzheitliche »Begriffe«, das heißt letztlich keine Begriffe im wörtlichen Sinne, keine Dinge, die wir in unsere Faust nehmen, sondern etwas, was wir nur mit unserer ganzen Persönlichkeit einfangen können, eben als das Wahre, das Schöne und das Gute erfahren und umschreiben. Wir besitzen für ihr Verständnis andere »Organe«. So beschreibt das künstlerisch Intuitive solch einen anderen Zugang zu einem Verständnis der Wirklichkeit, die nicht den direkten Zugriff braucht. Dies ist eine fantastische Fähigkeit, mit Komplexität umzugehen, weil sie auf eine vorherige Fragmentierung verzichten kann. Wir hören heute oft: Wir armen Geschöpfe, in welch komplexer Welt müssen wir heute leben und uns zurechtfinden. Doch die Welt war schon immer komplex. Denken Sie nur an diese wunderbar vielfältige Natur da draußen, die doch durch das bisschen Technik, das wir dazugestellt haben, nur ganz marginal komplizierter geworden ist. Aber diese Technik ist trotz der vielen Hilfen, die sie uns ermöglicht, für uns zu einer großen Belastung geworden, weil wir jede Komplexität als Kompliziertheit verstehen, mit der wir nur verlässlich umgehen können, wenn wir sie in ihre Bestandteile zerlegt, jedes klitzekleine Teilchen begriffen und dann alles wieder zusammengebaut haben. Durch diese Analyse-Synthese-Prozedur wird die ursprüngliche Wirklichkeit durch ein vereinfachtes Konstrukt ersetzt. Bei der unmittelbaren Betrachtung der Wirklichkeit passiert jedoch etwas ganz anderes. Wir haben die erstaunliche Gabe, mit einiger Erfahrung das jeweils Relevante auf einen Blick zu sehen, also die paar wichtigen Aspekte, auf die es uns im Augenblick vor allem ankommt, aus der Komplexität herauszulösen. Diese Fähigkeit des Menschen kann ein Computer nicht imitieren, denn jeder Computer stockt, wenn wir ihm nicht exakte und vollständige Befehle erteilen.

Der Mensch ist enorm fehlerfreundlich, weil er sich nicht an festen Bildern, sondern an Mustern orientiert. Wir sollten ihn wegen dieser Fehlerfreundlichkeit, wir könnten auch sagen: Toleranz, nicht tadeln, denn er würde, wenn alles exakt stimmen müsste, überhaupt nicht funktionieren. Wenn ein Schüler Fehler macht, sollten wir diese nicht gleich mit roter Tinte korrigieren, sondern eher sagen: Wunderbar, hier wurde ein Fehler gemacht! Warum ist dieser Fehler passiert? Was haben sie dabei gedacht? Was können wir daraus lernen? Denn ein Fehler ist ja eigentlich zunächst gar kein Fehler, sondern nur eine Abweichung von einer Norm, an die wir uns bisher gehalten haben. Im menschlichen Zusammenleben brauchen wir solche Vereinbarungen, um unsere Verständigung zu vereinfachen. Andererseits sind es solche Variationen, die das Kreative ausmachen. Die Evolution des Lebendigen beruht darauf. Das Künstlerische, die Kunst und die Musik erlauben diese Fehlerfreundlichkeit, diese Offenheit und Flexibilität. Sie entfaltet sich, indem sie alte Themen variiert und auf diese Weise sich ein viel größeres und höher dimensionales Territorium erschließt. Kunst und Musik stimulieren unsere Kreativität und erhöhen unsere Flexibilität. Wir sollten diese Fähigkeiten jedoch um ihrer selbst willen achten, da sie unser Leben bereichern und ihm höhere Qualität verleihen. Auch unsere moderne Gesellschaft schätzt diese Fähigkeiten, aber mehr wegen ihrer Vorteile für die Wirtschaft, da sie uns besser machen im Wettlauf mit anderen, in einem Wettlauf, in den alle Länder heute verstrickt sind, und den sie zu gewinnen oder wenigstens nicht hoffnungslos zu verlieren versuchen.

Wir müssen diesen unsinnigen K.-o.-Wettbewerb stoppen, der ähnlich verheerende Folgen wie ein Rüstungswettlauf hat und uns am Ende ruinieren wird. Wettbewerb ist kein Wert an sich, sondern immer nur ein Mittel zu einem Zweck. Zu welchem Zweck eigentlich? Der Zweck, das Ziel ist doch, dass der Mensch der Wirklichkeit, in die er eingebettet ist, näher kommt, dass er sie intensiver und fülliger wahrnimmt und erlebt und vor allem, dass er lernt, in dieser Wirklichkeit zu überleben. Es geht um die Zukunftsfähigkeit des *homo sapiens sapiens.* Und dies hat viel mit Kreativität und Flexibilität, doch auch mit Umsicht, Empathie, Liebe und Kooperation zu tun. Hierbei spielen Kunst, Musik und Spiel eine wichtige Rolle, da sie nicht so sehr auf unsere Greif-Hand konzentriert sind, die besitzen und beherrschen will und, in unserer westlichen Zivilisation, dies auch soll. Kunst und Musik erlauben eine Wahrnehmung der Wirklichkeit, die nicht Macht anstrebt, sie ermöglichen uns das Einschwingen in die Wirklichkeit und lassen uns teilnehmen an dem, was diese Wirklichkeit im Grunde lebt.

Mein Ausgangspunkt ist nicht der eines Esoterikers, sondern ich habe sehr bewusst die überraschenden neuen Einsichten der modernen Physik verarbeitet, einer sehr erfolgreichen, auch technisch äußerst fruchtbaren Physik, die im Jahr 2000 immerhin 100 Jahre alt wird. Max Planck hat 1900 dafür die ersten Weichen gestellt, und wir haben dieses Jahrhundert verstreichen lassen, ohne ihre wesentlichen Schlussfolgerungen aufzunehmen und zu rezipieren. Wir sind heute immer noch in der alten Denkweise verhakt, dass streng genommen nur Dinge für uns wahrnehmbar und deshalb wahr sind, wenn wir sie greifen können, also materielle Objekte sind. Das sind aber die unwichtigeren Dinge in dieser Welt. Deshalb brauchen wir die Kunst, um uns den Zugang zu dem Umfassenderen offen zu halten, damit wir besser verstehen und erfahren, was dieser Wirklichkeit eigentlich zugrunde liegt. Wir wollen den Menschen doch nicht zu einem schlechten Computer erziehen, der sich vornehmlich durch Schnelligkeit, Genauigkeit und großes Gedächtnis auszeichnet, Eigenschaften, in denen der denkende Mensch unterlegen ist und in Zukunft noch in einem weit höheren Maße unterlegen sein wird. Ein Computer kann aber die Wirklichkeit nicht wahrnehmen, weil die Wirklichkeit sich uns nicht erschließt, wenn wir tausend Punkte nebeneinander malen und auf sie nacheinander starren. Das menschliche Auge schaut nicht eigentlich auf die Punkte, sondern auf das »Dazwischen«, das sie Verbindende. Es sieht gewissermaßen den Wald ohne die Bäume, das, was ihre Gemeinschaft, ihre Ganzheit ausmacht. Die Kunst ist gerade in unserer jetzigen Weltsituation besonders wichtig, weil es heute weniger auf wissenschaftlich-technische Neuerungen ankommt, als vielmehr auf gesellschaftliche Innovationen, dass wir lernen, uns nicht wechselseitig totzuschlagen, sondern, mit der Kunst als Vermittler, eine Weltkultur der Kulturen schaffen, in der das Ganze mehr ist als seine Teile. Wir sollten erkennen, dass wir trotz aller äußeren Verschiedenheiten auf einem gemeinsamen Grund stehen. Kunst und Musik und alle diese nicht direkt fassbaren »Dinge« lassen uns erinnern, dass es etwas Gemeinsames im Hintergrund gibt, das wir nicht erst durch Erziehung und in der Schule erzeugen müssen. Die Schule hat jedoch die Funktion, diese Erinnerung in uns zu wecken und ihr sichtbare Gestalt zu geben. Das ist doch der Sinn von Kunst und Musik, bei dieser Erschließung verborgener Schätze mitzuwirken und nicht nur auf unsere zupackenden, aktiven Hände zu achten, die immer noch mehr greifen und begreifen wollen. Hände können auch fühlen, malen, schreiben, spielen, musizieren.

In der heutigen Zeit wird viel von »Konkurrenz« und »Wettbewerb« gesprochen. Ich mache es mir mit der Frage des Wettbewerbs wahrhaftig nicht leicht, aber ich teile nicht den allgemein akzeptierten Fatalismus, dass dieser verrückte Wettbewerb so etwas wie ein strenges Naturgesetz ist, das uns einfach unausweichlich übergestülpt wird. Wir sollten weniger danach fragen, was uns die Zukunft bringt, denn sie ist in wesentlichen Teilen offen, sondern welche Zukunft wir haben wollen und was wir tun können, um solche Vorstellungen zu verwirklichen. Es gibt andere und viel vernünftigere, weil zukunftsträchtigere Formen menschlichen Zusammenlebens. Warum nutzen wir nicht unsere viel gepriesene menschliche Vernunft, um die Unsinnigkeit unseres jetzigen Verhaltens zu erkennen und entsprechende Konsequenzen daraus zu ziehen? Die Evolution des Lebendigen lehrt uns, dass, wer seine eigenen natürlichen Lebensgrundlagen zerstört, einfach aus der Evolution entlassen wird. Und dieses Verdikt gilt kollektiv. Es gilt auch für die Lebensklugen. Das mag ungerecht erscheinen, lässt jedoch auch eine tiefere Logik erkennen, nach der die Lebensklugen, wenn es ihnen nicht gelingt, die Kurzsichtigen von ihren Dummheiten abzuhalten, eben nicht gescheit genug sind. D. h., wir dürfen uns in einer solchen Situation nicht nur mit klugen Reden bescheiden, sondern müssen uns tatkräftig engagieren, damit eine Richtungsänderung erfolgt. In diesem Zusammenhang erscheint mir wesentlich, den Gegeneinander-Wettbewerb zu stoppen und nur eine »Competition« zuzulassen, bei der, im ursprünglichen Sinne des Wortes, wir gemeinsam nach den besten Lösungen für unsere dringenden Probleme suchen. Wir laufen sonst, genau wie beim Wettrüsten und mit der gleichen Vorstellung des Überlebenskampfes, Gefahr, dass wir alles opfern werden, wie die großen sozialen und kulturellen Errungenschaften der letzten Jahrhunderte und anderes, was uns wert und heilig ist, weil wir glauben, sonst hoffnungslos unterzugehen. Eine Richtungsänderung wird sehr schwierig sein, sie ist aber nicht unmöglich. Auch beim Rüstungswettlauf ereignete sich das Unwahrscheinliche und die schlimmsten Entwicklungen konnten abgebremst werden.

Meine zweite Bemerkung zielt auf die Frage: Wie sollen wir künftig unterrichten? Ein guter Unterricht sollte, meiner Meinung nach, etwa wie die Ausbildung eines guten Bergsteigers sein. Einen Bergsteiger und nicht nur einen Wegekundigen. Wir brauchen nicht tausend Berggipfel, um einen Bergsteiger gut ausbilden zu können, sondern ein paar Hausberge mit verschiedenen Schwierigkeitsgraden. Es ist viel wichtiger, dass wir jemandem zunächst beibringen, wie er auf den Berg unter den verschiedensten Bedingungen hochkommt, also bei unterschiedlichen Witterungs-, Boden- und Schneeverhältnissen, Tageszeiten, Jahreszeiten, von verschiedenen Seiten, im dichten Nebel, bei beißender Kälte, wenn man den Weg verloren hat usw. Hierbei entwickeln sich Fähigkeiten, mit allen Situationen zurechtzukommen. Indem wir umsichtig laufen, nicht nur unsere eigenen Schuhspitzen oder die Absätze des Vordermannes oder Bergführers fixieren, uns oft in der Gegend umschauen, hinauf und hinunter, um die Schwierigkeiten des vor uns liegenden Weges abzuschätzen, uns allgemein orientieren und geeignete Wegmarkierungen einprägen, um Anhaltspunkte beim Verirren zu haben. Das ist genau die Art und Weise, wie wir erfolgreich zum Gipfel gelangen können. Ein Außenstehender, der nicht das Exemplarische an dieser Übung sieht, wird diese Vorgehensweise als entsetzliche Spezialisierung – nur wenige Berge – ablehnen. Und doch entwickeln wir dabei die wesentlichen Erfahrungen und Fähigkeiten, die uns erlauben, hinterher ohne große Mühe irgendwelche anderen Berge auch ohne genaue Karten und ausgetretene Pfade zu meistern und uns selbstbewusst an die Besteigung viel schwierigerer Gipfel zu wagen. Was wie ein magerer Anfang aussieht – weniger Eintragungen in Gipfelbücher (sprich: Zertifikate) und langsamere Aufstiege, weil der Bergführer meist hinter und nicht vor dem Lernenden läuft und ihm Zeit lässt, Fehler zu machen und, mit gelegentlichen Ratschlägen von ihm, sich selbst zu korrigieren –, entpuppt sich langfristig als Vorteil. Lernprozesse, wenn in ihnen wirklich etwas Neues erlernt wird, brauchen ausreichend Zeit. Aus der Naturwissenschaft wissen wir, dass wegen des »Zweiten Hauptsatzes der Thermodynamik« Aufbauprozesse, Differenzierungen nicht beliebig schnell ablaufen können im Gegensatz zu Abbauprozessen, Zerstörung und Nachbildungsprozessen, Kopien. Wachsende Beschleunigung führt deshalb relativ zu einer Schwächung und schließlich zum Abwürgen von Kreativität und Intelligenz. Deshalb brauchen wir und unsere Gesellschaft Entschleunigung, und dies kann unter den Bedingungen eines destruktiven Wettbewerbs nicht ausreichend gelingen.

die Zukunftsfähigkeit als gesellschaftliche Herausforderung

Zukunftsfähige Weltgesellschaft

Die vielfältigen Erschütterungen der letzten Jahre rund um den Globus haben eindringlich demonstriert, dass die Menschheit mit dem Ende des »Kalten Krieges« noch nicht das lang ersehnte, ruhigere gesellschaftliche und politische Fahrwasser erreicht hat. Im Gegenteil: Seitdem die Ost-West-Drohgebärden und die damit einhergehenden Ängste nicht mehr unsere Aufmerksamkeit dominieren, treten nun wieder die tiefer liegenden Probleme, die wohl bekannten Mängel und gravierenden Konstruktionsfehler unserer wissenschaftlich-technisch-ökonomischen Zivilisation voll in Erscheinung. Die Krisensymptome stehen im Zusammenhang mit einer notorischen Vernachlässigung des »Systemischen« gegenüber dem »Lokal-Ursächlichen«, einer bewussten Unterbetonung des »Gemeinsamen« gegenüber dem »Individuellen« und einer Abwertung von »Solidarität und Gemeinsinn« gegenüber der isolierten Eigenleistung und dem »Eigennutz«. Offensichtlich stellt sich dabei nicht die Frage nach einem »Entweder-oder«. Denn das eine wie das andere ist notwendig. Es geht vielmehr um die Suche nach Möglichkeiten eines fruchtbaren Zusammenspiels von Teilen innerhalb eines Gesamtsystems, so dass »das Ganze mehr wird als die Summe seiner Teile«. Solidarität ist nicht nur eine gefeierte Errungenschaft der von uns wortreich gepriesenen »humanen« Gesellschaft. Solidarität ist ein für uns existenziell wichtiges Lebensgut, das im Erfolg des »Plussummenspiels« bei der Herausbildung der höheren Lebensformen auf der Erde wurzelt. Hierbei triumphieren im Überlebenskampf der Arten letztlich nicht einfach die »Stärkeren« über die »Schwächeren« nach dem primitiven K.-o.-Ausleseprinzip (Nullsummenspiel) – wie es von unserer Wirtschaft als das vermeintlich »natürliche« Prinzip kopiert wird –, sondern diejenigen, die geschickt die Verschiedenartigkeit der Lebensformen in ihrer Umgebung zu ihrem eigenen Vorteil *und gleichzeitig auch zum*

Vorteil ihrer Partner nutzen. Oder anschaulich mit einem Gedicht als Gleichnis: Intelligente Texte können offensichtlich nur entstehen, wenn nicht jeder Buchstabe seine Überlegenheit im Kampfe mit einem anderen zu erringen versucht, sondern wenn sich verschiedene Buchstaben verbünden, etwa »a« und »b« zusammen mit einem »l« ein erstes »Blabla« erproben und auf diese Weise in Kooperation mit weiteren Buchstaben in aufsteigender Folge zu immer komplexeren Ausdrucksformen: Worten, Sätzen usw. gelangen, die kein einziger Buchstabe allein symbolisieren kann.

Langfristige Überlebensfähigkeit, Zukunftsfähigkeit von komplexen Systemen setzt nicht nur Stärke und Beweglichkeit der einzelnen Glieder voraus, sondern die »Einsicht«, dass in der Verschiedenartigkeit, der Vielfalt der Glieder nicht nur eine Bedrohung lauert, sondern ungeahnte Möglichkeiten liegen, im Einvernehmen mit anderen auch schwierigere Aufgaben zu meistern, die der Einzelne allein nicht lösen kann. Weit besser als bei den auf ganz bestimmte Situationen hin starr optimierten Systemen, eröffnen sich für eine individuell hoch entwickelte, differenzierte, pluralistische und kooperative Gesellschaft vielfältige Chancen, auf überraschend veränderte äußere Bedingungen flexibel reagieren zu können und eben darum langfristig überlebensfähig zu werden. Zukunftsfähig ist, was zum Plussummenspiel bereit ist, was im anderen, dem Mitmenschen, der Mitnatur, vornehmlich den *Mit*spieler und nicht den *Gegen*spieler sieht. So stehen soziale Verträglichkeit und ökologische Nachhaltigkeit nicht im Widerspruch zueinander, sondern streben das Gleiche auf zwei verschiedenen Ebenen an.

Ein Plussummenspiel muss jedoch scheitern, wenn eine Gesellschaft wie die unsrige im wirtschaftlichen Bereich »den Kampf aller gegen alle« gewissermaßen als Naturprinzip propagiert und darüber hinaus auch noch alle zu einem gemeinsamen Feldzug gegen die übrige »Natur« aufruft, eine Natur, die sie nur mehr als »Umwelt« im Sinne einer Arena für ihre vielfältigen, eigensüchtigen Beutezüge, als unendlich ergiebigen Steinbruch und beliebig schluckfähige Müllkippe begreift und nicht, was sie eigentlich ist, als ihre natürliche Lebensgrundlage. Selbstverständlich wird dies so nicht offen verkündet, doch wir alle fühlen uns genötigt, täglich in diesem Sinne zu handeln, weil die harte »Realität«, so glauben wir, dies eben von uns so erfordert. Und dahinter steckt ja auch eine sehr realistische Variante der Realität, die besagt, dass »dumme« Gesellschaften, die starrköpfig, engstirnig und kurzsichtig ihre längerfristigen Vorteile nicht wahrnehmen, am Ende einfach aus der Evolution hinausgeworfen werden – und dies leider ohne Rücksicht darauf, ob es in diesen Gesellschaften einige wenige oder gar ganze Völker (die gewöhnlich von dem zum Abgrund keuchend Spurtenden als »unterentwickelt« tituliert werden) noch rechtzeitig warnend den Finger gehoben haben. Die Individuen in einer solchen »dummen« Gesellschaft kommen sich dabei allesamt recht schlau vor, da sie voll auf kurzfristige Ziele orientiert und in deren Verfolgung meist auch recht erfolgreich sind. Wenn man Erfolg dabei vor allem am schnellen Wachstum und an zunehmender Beschleunigung misst, so wird eine zu Tale donnernde Lawine geradezu zum Erfolgssymbol, soweit man einmal von der Zerstörung von all dem überrollten schwächlichen Kleinkram auf ihrer Bahn absieht – sorry, wo gehobelt wird, fallen Späne! – und dann auch noch alle düsteren Spekulationen über die fernere Zukunft als Panikmache diffamiert. So haben sich längst die meisten damit abgefunden, dass es auf der Erde eben Reiche und Arme gibt, weil es schon immer so war und Unterschiedlichkeit ja ein unvermeidlicher Aspekt der gepriesenen Vielfalt ist. Mag sein, aber die sich immer deutlicher abzeichnende bedrohliche Eigendynamik der Wirtschaft sollte uns nachdenklich stimmen. Die von uns heute favorisierte, wachstumsorientierte, kapitalistische »freie« Marktwirtschaft hat offensichtlich Rahmenbedingungen und Spielregeln geschaffen, nach denen mit zunehmendem Tempo die Reichen immer reicher und die Armen immer ärmer werden. Dies trägt die Züge einer »Destabilisierung« des Systems (ähnlich wie bei unserer Lawine). Es erfordert eigentlich dringend eine Generalüberholung des mangelhaften wirtschaftlichen Regelwerkes, wenn wir wüssten, was, wer, wie, und vorausgesetzt, der Zeitpunkt dafür wäre (wie bei einer Lawine) noch nicht verpasst.

Wie soll ein Umsteuern gelingen? Es besteht in den führenden Industrienationen wenig Neigung, vom bisherigen wirtschaftlichen Dogma abzuweichen, da doch gerade erst die westliche Wirtschaftsform in der Auseinandersetzung mit der östlichen Kommandowirtschaft eindeutig als Siegerin hervorgegangen ist. Damit sei sie nun, so glaubt man, hinreichend als die schlechthin angemessenste Wirtschafts- und Lebensform ausgewiesen. Dies ist ein gefährlicher Trugschluss, da die westliche, wachstumsorientierte Wirtschaftsform mit ihrem aufwändigen und verschwenderischen Lebensstil im krassen Widerspruch zu den Bedingungen einer sozialen und ökologischen Verträglichkeit steht. Sie kann deshalb kein Vorbild für eine zukunftsfähige Weltwirtschaft sein. Die rasante Entwicklung der Industrieländer und ihre opulente Ausstattung beruht wesentlich auf der Nutzung begrenzter, nichterneuerbarer natürlicher Ressourcen, unter denen die Ausbeutung der in Millionen von Jahrhunderten aufgefüllten Sonnenenergiespeicher in Form der fossilen Brennstoffe: Kohle, Erdöl und Erdgas eine Schlüsselrolle spielt. Der wirtschaftliche Aufschwung der industrialisierten Länder basiert also wesentlich auf »Bankraub«: Wertschöpfung und Produktivität resultieren, bildlich gesprochen, aus Investitionen in bessere, raffiniertere und meist auch teurere Schweißgeräte, mit denen immer dickwandigere Tresore mit großen, in der Vergangenheit ohne unser Zutun angesammelten natürlichen Schätzen aufgebrochen werden. Die Bestohlene ist unsere Natur und damit wir selbst. Denn die Natur ist letztlich die Produktivkraft, die unserer »Wertschöpfung« zugrunde liegt. Das von uns dafür bereitgestellte »Kapital« ist ja eigentlich kein Produktionsfaktor, sondern nur ein Organisationsfaktor, der erlaubt, das in der Wirtschaft als wertlos und damit kostenlos betrachtete Naturvermögen in »echtes«, mit Geld bewertetes Tauschvermögen umzubuchen. Dieser Vergleich macht deutlich, warum auf diese Weise ohne große eigene »Leistung« enorme Vermögen angesammelt werden können. Es ist auch verständlich, dass die »Hauptträuber« nur geringes Interesse zeigen, andere Personen an solchen »Raubzügen« zu beteiligen, außer wenn etwa die Schätze auf deren Territorium liegen und die Besitzer sich nicht einfach enteignen lassen. Die Globalisierung des Welthandels schafft hier für die »Hauptträuber« glänzende Voraussetzungen, an solche Schätze leichter heranzukommen, da die armen Länder meist nicht selber über die geeigneten »Schweißgeräte« verfügen. Auch liegt es selbstverständlich kaum im Interesse der »Hauptträuber«, ihnen solche unter günstigen finanziellen Bedingungen zur Verfügung zu stellen oder sie gar die hohe Kunst des »Raubens« zu lehren. Dies würde doch nur ihre eigenen Profitmöglichkeiten schmälern. Im Übrigen braucht ein Raub eines Schatzes, so meinen sie, nicht als Raub zu gelten, wenn der »Besitzer« seinen Schatz selbst nicht heben kann, weil er ihn dann eigentlich gar nicht besitzt.

Doch »Bankräubergesellschaften«, selbst wenn sie »gerechter«

organisiert werden, können kein Vorbild für eine zukunftsfähige Weltgesellschaft sein. Mit »Raubzügen« lassen sich bei begrenzten Ressourcen auf Dauer die eigentlichen Bedürfnisse der Menschen nicht befriedigen. Aber es ist auch nicht nur die schnelle Verknappung der nichterneuerbaren Ressourcen, die uns bei der jetzigen Entwicklung künftig Sorge bereiten muss. Wir kommen heute zusätzlich in Bedrängnis durch die bei der Energienutzung nicht rezyklierten Endprodukte, für die wir kein geeignetes Endlager finden. Erstmals aufgeworfen wurde diese Frage im Zusammenhang mit dem immer noch ungelösten Problem einer akzeptablen Entsorgung des radioaktiven Kernreaktorabfalls. Größere Beunruhigung löst heute das bei der Verbrennung von fossilen Brennstoffen (vor allem Kohle) auftretende CO_2 aus, das als Treibhausgas unser globales Klima bedroht. Doch sind diese Beispiele nur die Spitze eines Eisbergs. Denn letztlich beeinträchtigen alle menschlichen Aktivitäten durch ihre vielfältigen direkten und indirekten Nebenwirkungen unsere Biosphäre. Wir müssen deshalb die Gesamtheit menschlicher Aktivitäten im Auge behalten, ihre Intensität und Beschleunigung. So ist unmittelbar einsichtig, dass, wenn zu viele Menschen sich zu rücksichtslos auf dieser endlichen Erde ausleben, das nur begrenzt robuste Biosystem und damit unsere natürlichen Lebensgrundlagen irreversibel beschädigt werden. Denn die Lebenswelt auf der Erde gleicht weniger einem soliden Granitkegel, auf dessen erhabener Spitze dieser hoch begabte, erfindungsreiche und egoistische Mensch gebieterisch droht, als vielmehr einem metastabilen Kartenhaus, das durch eine unendliche Vielzahl von Kraft-Gegenkraft-Paaren (ähnlich wie das stabilisierend wirkende Kräftepaar von Arbeitgebern und Arbeitnehmern) in einer relativ robusten Gleichgewichtslage gehalten wird. Es ist deshalb uns Menschen in der obersten Etage nicht erlaubt, dort beliebig herumzutoben. Was können wir unserem Biosystem, unserer Erde zumuten?

Ich möchte dies mit einem Vergleich veranschaulichen: Der augenblickliche Welt-Primärenergieverbrauch der heute 5,8 Milliarden Menschen beträgt pro Jahr ungefähr 13 Terawatt (von dem der Löwenanteil, nämlich 82 %, aus nichterneuerbaren Energieträgern stammt). Dies entspricht etwa der körperlichen Arbeitsleistung von 130 Milliarden kräftigen »Energie-Sklaven«, die jeden Tag zwölf Stunden lang ohne Pausen in unserem Auftrag mit voller Pulle auf dieser Erde malochen. (Eine »Sklavenstärke« ist hierbei als eine Viertelpferdestärke oder etwa 200 Watt angenommen, was recht hoch gegriffen ist, wenn man dies mit einem Profi im Fitnesscenter vergleicht, der vielleicht eine Stunde lang 170 Watt wegstrampeln kann). Der Stundenlohn eines »Energie-Sklaven« liegt übrigens dabei mit nur 4 Pfennigen mehr als zwei Größenordnungen unter dem einer menschlichen Arbeitskraft, was ihn wirtschaftlich so attraktiv macht, mit dem Nachteil allerdings, dass der »Energie-Sklave« seine Arbeit ohne jeglichen Verstand verrichtet (was manche wegen der damit verbundenen absoluten Willfährigkeit sogar auch noch als Vorteil ansehen). Dies heißt, dass jeder Erdenbürger sich im Schnitt 22 »Energie-Sklaven« hält und dadurch seine persönliche Arbeitsfähigkeit auf das 22fache steigern kann mit den entsprechend höheren Umweltauswirkungen. Diese Durchschnittswerte verdecken jedoch völlig die reale Situation, die sich durch extreme Unterschiede zwischen den Ländern und zwischen den verschiedenen Menschen in jedem Land auszeichnet. So befehligt z. B. ein US-Amerikaner im Schnitt 110, ein Deutscher 60, ein Chinese 8 und ein Bangladeschi nicht einmal einen einzigen solcher »Energie-Sklaven«. Wer einen Mittelklassewagen, sagen wir mit etwa 45 kW (60 PS) fährt, ahnt gewöhnlich nicht, dass er 230 »Energie-Sklaven« unter seiner Haube hat, ein Mercedesfahrer der S-Klasse mit 140 kW (190 PS) hat sogar deren dreifache Anzahl. Wenn im Jahre 2025 nach heutiger Hochrechnung die Erdbevölkerung auf etwa 8,4 Milliarden angewachsen sein wird und alle den Lebensstil eines US-Amerikaners leben wollten, würde die Erde von über 900 Milliarden »derben Energie-Sklaven« traktiert werden. Zweifellos würde dies die Robustheit des Biosystems um ein Vielfaches überfordern (und dies nicht nur aus den hier betrachteten Gründen). Eine grobe Abschätzung ergibt nämlich, dass wohl schon bei 90 Milliarden »Energie-Sklaven« (also schon bei weniger, als wir heute haben) die ökologische Tragfähigkeit der Erde erreicht wird. (Sie hat die Größenordnung von etwa 20 % der Sonnenenergie, die durch das kontinentale Biosystem gepumpt wird.) Dieser Grenzwert für den maximal zulässigen Energiedurchsatz (als Maß für die erlaubte, also die das Biosystem nicht irreversibel schädigende, materielle Aktivität der Menschen) stellt eine viel empfindlichere Beschränkung dar als die drohende Verknappung der Ressourcen. Sie besagt, dass eigentlich jedem Erdenbürger bei einer Gleichverteilung heute nur maximal 15 »Energie-Sklaven« als Energie-Budget zustehen (siehe auch »Die 1,5-Kilowatt-Gesellschaft«, Seite 152). Von einem Deutschen würde dies eine Viertelung seines jetzigen Verbrauchs verlangen. Einem Chinesen erlaubt es jedoch noch eine Verdoppelung.

Die Umweltbelastung hängt wesentlich mit der Zahl der »Energie-Sklaven« und ihrer (derben) Arbeitsweise zusammen. Ihre Zahl darf nicht mehr ansteigen. Wenn wir unsere natürlichen Lebensgrundlagen nicht gefährden wollen, müssen die reichen Länder im Norden »Energie-Sklaven« an die armen Länder im Süden abgeben, um ihnen einen höheren Lebensstandard zu ermöglichen. Die Devise muss heißen: Strikte »Geburtenkontrolle von Energie-Sklaven«! Dies bedeutet praktisch, dass eine Geburtenkontrolle der »liebsten Kinder der Industrieländer«, nämlich ihrer Autos, sogar noch höhere Priorität erhalten muss als die biologische Geburtenkontrolle in der Dritten Welt. Norden und Süden sind aufgefordert, sich dringend ihrem Teil des Problems zuzuwenden, wobei die dem Norden dabei auferlegte Aufgabe bei seiner jetzigen Mentalität wohl schwerer zu lösen sein wird.

Eine materiell nicht mehr wachsende Wirtschaft verlangt einen ganz anderen Ansatz in der Produktion von Gütern und einen anderen und erhöhten Einsatz von menschlichen Arbeitskräften. Die Dauerhaftigkeit und Reparaturfreundlichkeit von Gütern wird wohl eine wichtige Rolle spielen. Eine effizientere Nutzung der Energie bedeutet eine Einsparung von »Energie-Sklaven«, die nur die Umwelt belasten, ohne Dienstleistungen für uns Menschen zu erbringen. Dies kann leicht zu einer Reduktion unserer »Energie-Sklaven« auf die Hälfte bei gleichen Dienstleistungen führen. Die andere Halbierung könnten wir durch Lebensstiländerungen, aber auch durch den Einsatz von »sanften Energie-Sklaven« erreichen, wie sie etwa durch dezentralisierte Sonnenenergieanlagen bereitgestellt werden können. Solchermaßen energiereduzierte Lebensstile fordern von uns keineswegs, künftig in »Sack und Asche« zu vegetieren, sondern erlauben bei einiger Fantasie sehr wohl ein im besten Sinne sinnerfülltes, lust- und freudvolles Leben. Denn die Beschränkung auf nur 15 »Energie-Sklaven« läge nicht bedrückend tief, entspräche sie doch effektiv (bei Berücksichtigung modernerer Technologien) immer noch etwa dem mittleren Lebensstandard eines Schweizers von 1969.

Durch die Energiebeschränkung und eine damit wohl auch

unumgänglich zu fordernde Energieverteuerung würden Transportwege wieder zu einem wesentlichen Kostenfaktor. Dies würde ein wichtiges Steuerelement bilden, um den destruktiven Folgen einer wild ausufernden Globalisierung entgegenzuwirken. Für eine gesunde Gesellschaft ist eine weitgehende Dezentralisierung der Machtstrukturen wesentlich, um persönliche Kommunikation (und nicht nur den eher kommunikationsfeindlichen Informationsaustausch) und eine verantwortungsvolle Mitgestaltung des lebensfüllenden und -bestimmenden Nahbereichs für jeden optimal zu ermöglichen. Die Standortfrage ist zu wichtig, um sie den wechselnden Launen eines unkontrollierbaren Wettbewerbs auszusetzen. Unser Leben muss wesentlich vom geografischen Nahbereich geprägt werden, mit dem wir in direkter Verbindung stehen und auf den wir persönlich unmittelbar Einfluss nehmen können. Aufgrund der Zukunftsfähigkeit, der langfristigen sozialen und ökologischen Verträglichkeit, ist uns die Möglichkeit versperrt, die steigende Arbeitslosigkeit und die Standortfragen durch weiteres materielles Wirtschaftswachstum und eine noch größere Beschleunigung der Wirtschaftsprozesse zu lösen. Das unerbittliche Wettrennen der verschiedenen Länder und Ländergruppen um Marktvorteile ist letztlich für die Menschen wie auch für viele Lebensformen unseres Planeten ruinös. Es gleicht immer mehr einem Wettsägen an dem Ast, auf dem wir alle sitzen. Hier muss ein neuer, partnerschaftlicher Weg gefunden werden. Der Mensch mit seinen elementaren materiellen Bedürfnissen und, darüber hinaus, mit seinen ihn als *homo sapiens* auszeichnenden geistigen und emotionalen Fähigkeiten – und nicht nur diese jämmerliche Schrumpfgestalt: der Konsument, die Arbeitskraft, der *homo oeconomicus* – muss wieder in den Mittelpunkt wirtschaftlichen Interesses und gesellschaftlicher Entwicklung rücken. Wenn wir uns schon für die Krone der Schöpfung halten, dann sollten wir ihr zu Ehren unsere Vernunft nicht völlig verstecken.

Energie und Syntropie

Vorbemerkungen

Die moderne Physik hat aufgezeigt: Die Zukunft ist nicht nur weitgehend unbekannt, sie ist im Wesentlichen unbestimmt. Dies eröffnet die Möglichkeit, das Lebendige und mit diesem den Menschen als Teil einer umfassenden Natur zu verstehen. Insbesondere ist der Mensch Teil des Ökosystems der Erde, aus dem er sich in einer viereinhalb Milliarden Jahre langen Evolution herausgebildet hat und mit dem er auf innige, hochkomplexe und streng genommen irreduzible Weise verflochten ist. Nachhaltigkeit wird vornehmlich im Hinblick auf die Zukunftsfähigkeit des Menschen als Gattung definiert. Die Zukunftsfähigkeit des Menschen und seiner Zivilisation hängt entscheidend davon ab, ob er seine existenzielle Abhängigkeit von diesem begrenzten und speziellen Ökosystem begreift und bei seinem Handeln und Wirtschaften darauf achtet, die Vitalität und Produktivkraft dieses Systems, auf dem letztlich auch menschliche Wertschöpfung beruht, nicht zu zerstören oder so zu verändern, dass der Mensch in ihm nicht mehr überlebensfähig ist. Nachhaltigkeit wird auch in der empathischen Beziehung von Mensch zu Mensch erprobt. Das Humane im Menschen verlangt eine Entfaltung seiner Persönlichkeit. Eine nachhaltige Entwicklung erfordert deshalb notwendig eine Vitalisierung nicht nur auf der ökologischen, sondern auch der sozialen und human-individuellen Ebene. Ohne Bezug auf die Zukunftsfähigkeit des Menschen ist Nachhaltigkeit trivial, tautologisch: Es überlebt, was überlebt. Die Natur in ihrer allgemeinsten Verfasstheit kann ohne uns leben, aber wir nicht ohne sie und ihre speziell ausgeprägten Formen auf der Erde, mit denen zusammen wir uns entwickelt haben und in die wir eingepasst sind. Dummköpfe, die ihre natürlichen Lebensgrundlagen missachten, werden aus der Evolution hinausgeworfen, und dies leider nicht individuell, sondern kollektiv. Wie müssen wir unser wirtschaftliches Handeln ausrichten, um unsere Zukunftsfähigkeit zu fördern? Was sind überhaupt die Gründe, warum so hochkomplexe Systeme wie der Mensch sich bisher als zukunftsfähig bewährt haben und sich an die Spitze der natürlichen Evolution setzen konnten?

Produktion und Wertschöpfung

In der Ökonomie spielen die Begriffe *Produktion* und *Wertschöpfung* eine zentrale Rolle. Es dominiert hierbei die Vorstellung eines echten »Schöpfungsprozesses«, gewissermaßen eines »Erzeugens aus dem Nichts«. Ein Autoproduzent »erzeugt« aber ein Auto nicht aus dem Nichts, sondern aus bestimmten Rohstoffen oder Halbzeug, die er in seinen Produktionsprozess einspeist und durch Einsatz von Energie und menschlicher Arbeitskraft geeignet umformt. Die Naturwissenschaft spricht hier von Umwandlungsprozessen. Aufgrund allgemeiner Naturgesetze kann weder Materie noch Energie erzeugt oder vernichtet werden – sie sind gewissermaßen nur durchlaufende Posten. Sie werden nur von der einen Form in eine andere umgewandelt. Beim wirtschaftlichen Produktionsprozess findet in gewissem Sinne eine »Wertsteigerung« statt, wobei der dabei in der Ökonomie angewandte Wertbegriff sich vor allem auf den durch Geld bezifferten Tauschwert bezieht. Er haftet nicht primär dem Produkt selbst an, sondern resultiert aus den Handelsbeziehungen. Im Gegensatz dazu erlaubt die physikalische Beschreibung produktbezogene Wertbegriffe, in denen die Besonderheit und Differenziertheit der jeweiligen »Ordnungsstruktur« des Produkts zum Ausdruck kommen. Die Ordnungsqualität ist verwandt mit dem physikalischen Begriff der »Syntropie« als ein grobes Maß der Ordnung, oder seinem Negativen, der »Entropie« als ein Maß der Unordnung. Im Gegensatz zur Materie und Energie, die dem »Energieerhaltungssatz« zeitlich unverändert bleiben, geht nach dem so genannten »Zweiten Hauptsatz der Thermodynamik« oder »Entropiesatz« bei jeder Umwandlung Syntropie verloren. Letztlich wird jede Besonderheit, jedes Ausgezeichnetsein in einem System durch innere Bewegung abgebaut und zerstört, löst sich im Laufe der Zeit automatisch in Unordnung auf. Wir können dieses Phänomen täglich an unserem Schreibtisch beobachten. Durch diese einseitige Verwandlungstendenz zur größeren Unordnung wird eine Wertehierarchie etabliert: Das höher geordnete System ist »wertvoller« als das niedergeordnete, weil das Letztere immer aus dem Ersteren entstehen kann, aber nicht umgekehrt. Insbesondere hat dies zur Folge, dass mit diesem produkteigenen Wertbegriff jeglicher vermeintliche »Wertschöpfungsprozess« notwendig mit einem »Wertzerstörungsprozess« verbunden sein muss, der ihn überkompensiert. Vom

Standpunkt des Tauschwerts ist dies nicht leicht verständlich. Dies liegt aber daran, dass wir bei dieser Bewertung die mit einer bestimmten Wertschöpfung notwendig verkoppelten Wertzerstörungsprozesse nicht mitrechnen. Denn diese Wertzerstörungsprozesse passieren gewissermaßen im Verborgenen. Sie kommen z. B. ins Spiel, weil wir bei einer Wertschöpfung gleichzeitig hoch geordnete Energie (mit hoher Syntropie), wie etwa Hochtemperaturenergie, chemische, elektrische, mechanische Energie usw. in niedergeordnete Energie oder Niedertemperatur-Wärmeenergie (mit niedriger Syntropie) verwandeln wird. Auch die »ordnende Hand« des arbeitenden Menschen wird ja durch eine Syntropiequelle, die chemische Energie der Stoffe gespeist, die er in Form pflanzlicher und tierischer Nahrung vorher zu sich genommen hat.

Bei meiner Verwendung des Begriffes »Ordnung« als inhärenten »Wert« benutze ich »Ordnung« in einem anderen Sinne als in unserem Alltag, wo »Ordnung« mehr mit Gleichförmigkeit und Regelmäßigkeit zusammenhängt. Ich möchte diesen Unterschied noch verdeutlichen, weil dies für ein Verständnis und eine mögliche Verfeinerung einer Bewertung wichtig ist. Die Anordnung der Atome und Moleküle in einem Einkristall erscheinen uns z. B. im üblichen Sprachgebrauch – da regelmäßiger – viel »ordentlicher« als etwa die Anordnung der Moleküle in einer DNS-Doppelhelix. Das DNS-Kettenmolekül hat aber in dem von mir benutzten Sinne eine viel höhere – da differenziertere – Ordnungsstruktur. Sie enthält ja den genetischen Code für die Entwicklung eines Lebewesen. Dasselbe gilt für die Anordnung der Buchstaben in einem Gedicht, das in meinem Sinne hoch geordnet ist. Ich habe hier z. B. ein Gedicht von Goethe »Grenzen der Menschheit« ausgewählt (s. S. 148). Für einen Analphabeten sieht dies wie ein Buchstabenchaos aus, das wir etwa imitieren können, indem wir den Text durch Spiegelung des Alphabets – d. h., a wird in z, b in y vertauscht – für uns unleserlich machen (s. S. 148). Es ist also jetzt ein Durcheinander von Buchstaben, bei dem wir leicht in Versuchung geraten könnten, es im konventionellen Sinne zu »ordnen«, z. B. die verschiedenen Buchstaben gruppenweise aufzureihen, also alle a in die erste Zeile, die b in die zweite Zeile usw. zu schreiben (s. S. 149). Es ist offensichtlich, dass wir mit diesem »Ordnen« die inhärente höhere Ordnung des Gedichts zerstören.

Die Ordnungshierarchie ist an der Metapher des Gedichts leicht einsehbar. Eine Vielzahl von Linien führt zur Bildung von Buchstaben, eine Vielzahl von Buchstaben zur Bildung von Worten, eine Vielzahl von Worten zu Sätzen, eine Vielzahl von Sätzen zu Gedichten usw. Auf jeder Stufe gelingt eine neue Ordnungsstruktur, die auf der Vorstufe *nicht erreichbar* ist. Das Zusammenwirken von Buchstaben ermöglicht die Bildung von Worten, also eine Ordnungsstruktur, die wir mit einem einzigen Buchstaben nicht darstellen können. In ähnlichem Sinne entspricht der Wertschöpfung bei der Produktion eines Autos aus Rohstoffen ein stetiger Ordnungsprozess, die Bildung eines komplexen, differenzierten Systems aus einfacheren Systemen.

Halten wir also fest: Alle Wertschöpfungsprozesse der Natur, das Aufwachsen von Pflanzen und Tieren, aber auch alle Wertschöpfungsprozesse des Menschen, die insbesondere in seinen eindrucksvollen handwerklichen und technischen Aktivitäten zum Ausdruck kommen, verlangen eine ständige Zufuhr von Syntropie. Dies ist eine notwendige, aber noch keine hinreichende Bedingung. Eine ordnende Hand schafft ja, wie wir wissen, auf unserem Schreibtisch nicht immer die gewünschte Ordnung, sondern erfordert darüber hinaus eine gewisse Unterscheidungsfähigkeit und Besonnenheit, um eine geeignete Trennung zu bewirken. Willkürliche »Gschaftlhuberei« beschleunigt nur die Unordnung, was wir ja auch erfolgreich beim Kartenmischen oder »Herumrühren« nutzen.

Syntropie-Quellen

Woher stammt diese Fähigkeit zur Wertschöpfung, zur Wertsteigerung, zur ordnenden Gestaltung, die sich so grandios in der Evolution des Lebendigen manifestiert? Wo sind die Quellen für die dazu notwendige Wertschöpfung? Durch die Sonneneinstrahlung wird der Erde dauernd Ordnungsenergie zugeführt. Hierbei kommt es nicht auf die von der Sonne zugeführte Energie an, denn diese wird ja fast vollständig wieder in Form von Wärmestrahlung in den schwarzen Weltraum zurückgestrahlt. Die Erde würde sich ja sonst allmählich aufheizen. Was auf der Erde hängen bleibt, ist gewissermaßen nur Syntropie (negative Entropie). Der allgemeine Trend des Naturgeschehens, der von Ordnung zur Unordnung führt, wird also auf der Erdoberfläche durch die dauernde Zufuhr von Sonnen-Syntropie auf höchst subtile Art partiell in ihr Gegenteil verkehrt. Die Sonnenstrahlung ist letztlich der Motor jeglichen organischen Wachstums auf der Erde. Gegen den allgemeinen Trend zur Ordnungszerstörung haben sich im Strahlungsfeld der Sonne im Laufe der über vier Milliarden Jahre alten Geschichte der Erde – durch eine Strategie von »Versuch und Irrtum« und kollektive Auslesemechanismen und aufgrund einer Fähigkeit zur Selbstorganisation – Schritt um Schritt aus niedrigeren immer höhere Ordnungsstrukturen entwickelt.

Interessanterweise ist dieser Trend zu höher entwickelten Strukturen nicht nur eine exotische Besonderheit der Erde, sondern spiegelt sich in gewisser Weise auch in der Entwicklung unseres Universums wider. Nach heutiger naturwissenschaftlicher Erkenntnis begann unser Universum vor etwa 20 Milliarden Jahren mit einem Urknall – einem singulären Ereignis, das sich unserer Beschreibung entzieht. Aus diesem Urzustand bildete sich aus einem bloßen zeitlichen Hintereinander wohl als erste Ordnungsstruktur eine geometrisch fassbare Raum-Zeit, in die alles natürliche Geschehen für uns eingebettet erscheint. Die Entwicklung des Universums stellt sich dar als eine fortwährende Expansion einer sich insgesamt immer weiter abkühlenden Raum-Zeit-Kugel, die sich zunächst mit Licht und dann auch mit Materie füllte. Im Laufe ihrer weiteren Ausdehnung bildeten sich sukzessive immer neue Ordnungsstrukturen, welche zu einer Differenzierung der Kraftgesetze – nämlich die der starken, elektromagnetischen und schwachen Wechselwirkung – führten. In diesem dramatischen Entwicklungsgeschehen entstanden Inhomogenitäten, die sich aufgrund der rasanten Geschwindigkeit der Expansion und der enormen Schwäche der langreichweitigen Gravitationskräfte nicht ausgleichen konnten. Sie repräsentieren kosmische Inseln hoher Ordnung, Reservoire positiver Syntropie. Unsere Sonne ist – wie andere Sterne – eine solche Insel großer positiver Syntropie. Ihr hoher Gehalt an Wasserstoff, der kurz nach dem Urknall erzeugt wurde, erlaubt ihr einen Fusionsprozess zu Helium, der sie zu einer intensiven Energiestrahlungsquelle über zig Milliarden Jahre macht.

Irdische Syntropie-Reservoire

Im Gegensatz zur biologischen Evolution, die direkt oder indirekt (Wasser, Wind, Biomasse) durch die eingestrahlte Sonnenenergie angetrieben wird, basiert die technisch-industrielle Entwicklung vornehmlich auf einer Nutzung der fossilen Energieträger Kohle, Erdöl und Erdgas, die eigentlich Speicher »wertvoller« Sonnen-Syntropie sind. In einem Jahrhundert verbrauchen wir mit diesen Energieressourcen ein uns als ungeheuer groß erscheinendes Syntropie-»Vermögen«, das in der Vergangenheit – vermöge der Fotosynthese energiereicher Kohlenstoffverbindungen durch grüne Pflanzen und Kleinorganismen – über Millionen von Jahrhunderten aus der Sonneneinstrahlung aufgesammelt wurde. Die gesamten Speicher entsprechen energetisch nur etwa der Sonneneinstrahlung von vierzehn Tagen auf der Erde. Die systematische Erforschung der Erdkruste und die Entdeckung immer weiterer Lagerstätten von Energieträgern, oder besser: von Inseln positiver Syntropie, hat die Vorstellung genährt, dass die Erde, gemessen an menschlichen Aktivitäten, als ein unerschöpfliches Reservoir von Syntropie-Quellen angesehen werden kann: Der Verbrauch an Syntropie für den menschlichen Wertschöpfungsprozess erscheint nach dieser Auffassung als vernachlässigbar klein im Vergleich zu den bekannten und, vor allem, den noch nicht entdeckten Syntropie-Speichern. Die Endlichkeit und Erschöpfbarkeit der jeweiligen physischen Ressourcen wird, so glaubt man, bei weitem kompensiert durch die Entdeckung weiterer Ressourcen. Diese Einstellung wurde durch die Entdeckung andersartiger Syntropie-Quellen, die nicht auf die Sonnenstrahlung zurückgehen, verstärkt: Schwere Elemente, wie Uran, die bei früheren Supernova-Explosionen im Weltenraum erzeugt wurden, sind Träger großer hoch geordneter Energien, die durch Atomkernspaltung freigesetzt werden können. Auch die leichten Elemente, wie insbesondere Wasserstoff, der von den Anfängen des Urknalls herrührt, stellen ergiebige Syntropie-Quellen dar. Durch Fusion des Wasserstoffs zu Helium – nach dem Vorbild der Sonne – lassen sich prinzipiell auch auf der Erde große Mengen hoch geordneter Energie erschließen.

Die Frage ist deshalb verständlich: Warum sollen in Zukunft nicht noch weitere und andersartige Syntropie-Quellen entdeckt werden, wodurch die Erschöpfung einer Ressource durch ihre Substitution mit einer anderen Ressource kompensiert werden könnte. Die von niemandem bestrittene Endlichkeit bestimmter Ressourcen würde bei dieser Betrachtung also gewissermaßen durch den unendlichen Einfallsreichtum des Menschen, der neue Ressourcen in unendlicher Folge erschließen kann, überwunden werden. In der Tat haben die Wissenschaftler mit ihrer reichen Fantasie und ihrem unermüdlichen Eifer diese These bisher in hohem Maße bestätigt. Daraus folgt jedoch keinesfalls, dass sich diese Erfahrung auch in alle Zukunft bewahrheiten wird, wenn man auch alle Nebenbedingungen, unter denen eine Erschließung neuer Ressourcen geschieht, mit ins Kalkül einbezieht. Die »Wertschöpfung« und Produktivität moderner Industriestaaten gleicht deshalb mehr der Methode eines Bankräubers, der die geringen Kosten seiner Schweißgeräte mit den wesentlich größeren »Gewinnen« bilanziert, die ihm als Beute beim Knacken von immer mehr und reicher gefüllten Tresoren mit Naturvermögen zufällt. Die Bestohlene ist unsere Natur und damit wir selbst. Denn die Natur ist nicht einfach ein Steinbruch, den es möglichst schnell und effizient auszubeuten gilt, sondern sie stellt – zusammen mit den Menschen in ihr – letztlich die eigentliche Produktivkraft dar, die echte Wertschöpfung erlaubt. Die Ausbeutung nichterneuerbarer Inseln positiver Syntropie für unseren Wertschöpfungsprozess ist nicht nachhaltig und konfrontiert uns mit wachsenden globalen Schwierigkeiten:

- Wir verbrauchen, was nicht mehr ersetzbar ist – wir zehren also von der Substanz.
- Um dem in der Folge auftretenden Mangel zu begegnen, erschließen wir immer neue Syntropie-Quellen mit in der Regel immer größerem Aufwand, wodurch der Erschließungsprozess eskaliert.
- Es gibt kein natürliches Regulativ, diese Natur-Ausbeutungseskalation zu dämpfen, solange – anschaulich gesprochen – die Schweißgeräte billiger sind als die Ausbeute beim Knacken der Tresore. Die Verzinsung des Kapitals orientiert sich an dieser künstlichen Relation und nicht an inhärenter Wertschöpfung.
- Die Ausbeutungseskalation führt nicht nur zu einer schnelleren Erschöpfung der Ressourcen – was, wie viele glauben, wegen des praktisch unendlichen Reichtums unserer Erde vorläufig unerheblich sei –, sondern erzeugt im Verlauf der Umwandlung und

am anderen Ende des Prozesses eine entsprechend schnell anwachsende Menge von Abfall verschiedenster Art, der unsere Biosphäre direkt und nachhaltig beeinflusst.

Es ist vor allem dieser letzte Punkt, der ständig wachsenden Stoff- und Energieströme sowie des damit verkoppelten ansteigenden Abfalls und Mülls auf dem Wege und am Ende, der heute besonders in das Bewusstsein der Öffentlichkeit gerückt ist und uns dramatisch deutlich macht, dass wir *nach bisherigem Muster nicht weiter wirtschaften können*. Mit Abfall sollen hier allgemein Produkte mit geringerer Syntropie verstanden werden, also auch die (entropische) Verstreuung von wertvollen Stoffen. Um diesen Gefahren zu begegnen, denken wir heute vor allem an Reparaturmaßnahmen. Kurzfristig und mittelfristig werden sie von entscheidender Bedeutung sein. Langfristig betrachtet werden sie aber das eigentliche Problem nicht lösen können. Denn Reparaturen sind wieder Aktivitäten, die letztlich den Verbrauch an Syntropie steigern und damit das eigentliche Problem insgesamt weiter verschlimmern. Dies kommt indirekt auch dadurch zum Ausdruck, dass nur Länder mit hoher Produktivität – also Länder, denen es am besten gelingt, Naturvermögen auszubeuten und in Tauschwertvermögen zu verwandeln – reich genug sind, um sich solche Reparaturen leisten zu können.

Weit aussichtsreicher erscheint es, an den Wurzeln dieses Problems anzusetzen, nämlich *Abfall quantitativ zu reduzieren*:

- durch Produktionsweisen, welche auf Ressourcen mit Entsorgungsschwierigkeiten ganz verzichten;
- durch Steigerung der Effizienz bei der Nutzung der Ressourcen;
- durch Wiederverwertung des Abfalls, also durch eine weitgehende Schließung des materiellen Produktionskreislaufs, wobei jedoch darauf zu achten wäre, dass durch den dabei notwendigen höheren Einsatz an hoch geordneter Energie dieser Effekt nicht durch Abfall an anderer Stelle wieder zunichte gemacht wird;
- durch drastische Verringerung der Stoff- und Energieströme.

Dabei ist es nicht nur die *Menge* des Abfalls, die unsere Umwelt in Bedrängnis bringt, sondern auch die *Geschwindigkeit*, mit der Umwandlungsprozesse ablaufen. Hier ist vor allem unsere Wettbewerbswirtschaft nachteilig, die jedem Teilnehmer ein immer höheres Tempo aufzwingt. Die Selbstheilungsprozesse der Natur sind an Zeitspannen gebunden, die – wenn wir sie wesentlich mit unseren Aktionen unterschreiten – nicht mehr greifen können. Bei zu rascher Änderung kann eine optimale Anpassung nach dem bewährten Ausleseprinzip »Versuch und Irrtum« nicht mehr gelingen. Bewertung erfordert *Bewährung in der Praxis* und deshalb die dafür nötige Mindestzeit.

Quantitative Bewertung von Ordnungsstrukturen

Ich habe in meinen bisherigen Ausführungen der Ordnungsstruktur der Materie besondere Aufmerksamkeit geschenkt und hierbei von höheren und niederen Ordnungsstrukturen gesprochen, so als ließe sich daraus vielleicht eine eindimensionale Bewertungsskala gewinnen. Mit dem aus der statistischen Mechanik entlehnten Begriff der Entropie oder, seinem Negativum, der Syntropie habe ich auch angedeutet, auf welche Weise wir versuchen könnten, tatsächlich zu einer objektiven Bewertung der Ordnungsstruktur zu kommen.

Ich möchte dieser Frage noch etwas genauer nachgehen, um allzu optimistischen Erwartungen bezüglich der Nützlichkeit einer solchen Vorgehensweise etwas entgegenzuwirken. Der Syntropiebegriff der Thermodynamik ist völlig unzureichend für eine Charakterisierung komplexerer Ordnungsstrukturen, und dies nicht nur wegen seiner Grobheit, sondern auch wegen seiner offensichtlichen Unzulänglichkeit, wesentliche Eigenschaften solcher Ordnungsstrukturen zu erfassen. Da es das Wesen von Komplexität ist – im Gegensatz zum nur Komplizierten –, sich nicht auf Einfacheres zurückführen zu lassen, so wird man letztlich bei jedem Versuch, komplexe Strukturen hinreichend scharf durch Angaben weniger Zahlen zu kennzeichnen, scheitern müssen. Die interessante Frage wäre jedoch, ob wir durch eine geeignet vergröberte Betrachtung der komplexen Systeme vielleicht doch zu einer einigermaßen kompakten quantitativen Charakterisierung des Ordnungsniveaus eines Systems kommen können. Dies wird zweifellos möglich sein.

Die eigentliche Schwierigkeit dabei deutet sich jedoch in der

Bedingung einer »geeignet vergröberten Betrachtung« an, wodurch eine nichtobjektivierbare, d. h. dem System selbst nicht mehr zuzuordnende Bedingung entsteht, die von den Bewertungskriterien oder Absichten des Betrachters abhängt. Da verschiedene Betrachter im Allgemeinen mit der Bewertung der Ordnungsstruktur des Systems recht verschiedene Zwecke verfolgen, ist schlecht vorstellbar, wie hierbei je eine umfassend brauchbare, d. h. einigermaßen allgemein gültige Charakterisierung resultieren kann.

Trotzdem erscheint es erstrebenswert, beherzt einige Schritte in dieser Richtung zu unternehmen, da ein Wertbegriff, der auf irgendeine, wenn auch noch so grobe Weise die Ordnungshierarchie natürlicher Systeme abzubilden vermag, für einen Vergleich mit den anthropozentrischen Wertmaßstäben der Ökonomie, die auf Tausch- bzw. Gebrauchswert basieren und zahlenmäßig in Geldwerteinheiten bemessen werden, äußerst hilfreich wäre. Es ist vielleicht konstruktiv, wenngleich auch etwas riskant, die Problematik einer solchen Bewertung von Ordnungsstrukturen am früher angeführten Beispiel des goetheschen Gedichts (s. S. 148) zu demonstrieren. Ich habe hier behauptet – und jeder würde mir hier sofort ohne lange Überlegung zustimmen –, dass die Ordnungsstruktur des Gedichts beeinträchtigt wird, wenn wir das Gedicht etwa nach Buchstaben ordnen oder, noch weiter gehend, sogar auf jegliche Unterscheidung der Buchstaben verzichten würden. Wir können nun versuchen, diese zunächst spontane qualitative Bewertung in eine quantitative umzusetzen.

In einem ersten Schritt könnten wir in der Tat ähnlich wie in der statistischen Mechanik vorgehen und das Ordnungsniveau des Gedichts mit der Wahrscheinlichkeit der Anordnung der in ihm auftretenden Symbole anzugeben versuchen. Wir zählen zu diesem Zwecke ab, dass das Gedicht aus 834 Symbolen – Groß- und Kleinbuchstaben, Interpunktionen, Wortzwischenräumen – besteht, von denen allerdings je eine große Anzahl gleich sind. Die übliche statistische Abzählung ergibt hier, dass die ganz spezielle Anordnung dieser Symbole, wie sie das Gedicht aufweist, extrem unwahrscheinlich ist, nämlich unter allen möglichen Anordnungen nur mit der Wahrscheinlichkeit von etwa 10^{-1136} auftritt. Dies entspricht einer Syntropie – dem Negativen des natürlichen Logarithmus dieser Wahrscheinlichkeit und deshalb also ein Maß für die Unwahrscheinlichkeit oder die Seltenheit dieser Anordnung – von 2616, eine Zahl, die wir für eine Charakterisierung der Höhe des Ordnungsniveaus des Gedichts verwenden könnten. Beim Ordnen der Buchstaben des Gedichts würde diese Syntropie auf 2475 abgesenkt werden, was sich aus der etwas größeren Wahrscheinlichkeit dieser Anordnung (s. S. 149) von 10^{-1075} errechnet, einer Wahrscheinlichkeit, die um 62 Zehnerpotenzen größer ist. Die bei solchen Berechnungen auftretenden Zahlen sind alle unvorstellbar klein, selbst wenn wir sie im Vergleich zu astronomischen Zahlen sehen, wie etwa die winzige Zahl 10^{-90}, die das Volumen eines Stecknadelkopfs im Vergleich zum Gesamtvolumen unseres Universums angibt und etwa der Zahl der Atomkerne im Weltall entspricht. Wären alle Symbole des Gedichts jedoch gleich, so gäbe es nur noch eine einzige mögliche Anordnung. Die statistische Wahrscheinlichkeit dieser Anordnung wäre also »1« und die dazugehörige Syntropie »0«.

Nichtobjektivierbare Bewertungen

Es ist offensichtlich, dass eine durch die Syntropie bezifferte Bewertung des Ordnungsniveaus des Gedichts auch nicht annähernd in die Nähe einer Bewertung von dem kommt, was uns als der eigentliche Wert des Goethe-Gedichts erscheint. Z. B. hat auch das durch »Buchstabenspiegelung« deformierte Gedicht (s. S. 148) die gleiche Syntropie wie das eigentliche Gedicht, obgleich es für uns in dieser Form gänzlich unverständlich ist und deshalb kaum Ordnungsstrukturen erkennen lässt. Diese Feststellung deutet darauf hin, dass eine verbesserte Kennzeichnung der Ordnungsstruktur eines Systems auch die Qualitäten des die Ordnungsstruktur Beurteilenden mit berücksichtigen muss – im vorliegenden Fall also, ob der Betrachter die deutsche Sprache kennt und lesen kann. Die in der Syntax und Semantik der Sprache verborgene Ordnungsstruktur ist ohne eine umfassende Vorinformation – nämlich einer ausreichenden Kenntnis der Sprache, des kulturellen Hintergrunds etc. – des Beurteilenden nicht wahrnehmbar und nicht formulierbar.

Wir sehen an diesem Beispiel, dass eine verfeinerte Angabe von Ordnungsstrukturen uns ziemlich zwangsläufig zu Begriffen der Informationstheorie führt. Aus der Informationstheorie ist uns nämlich geläufig, dass der »Informationsgehalt« einer Nachricht wesentlich von der Vorinformation der kommunizierenden Partner abhängt. So kann z. B. bei einer geeigneten Vorabsprache der Kommunikationspartner durch ein einziges »Informations-Bit« – etwa kurzes Läutenlassen eines Telefons zu einer vereinbarten Zeit – beliebig komplexe Information – Handlungsanweisungen, Vorstellungen etc. – übermittelt werden. Ganz allgemein sehen wir hierbei, dass der Informationsinhalt einer Struktur wesentlich von der Kenntnis des Codes abhängt, mit dem diese Struktur entziffert werden kann.

Eine verbesserte quantitative Charakterisierung einer Ordnungsstruktur über die statistische Beschreibung im ersten Schritt hinaus – etwa unter Angabe der Syntropie – in Richtung einer Angabe eines geeignet quantifizierten Informationsgehalts würde also schon einen *qualitativen* Sprung bedeuten, weil durch den zweiten Schritt keine objektive, vom Betrachter, der die Ordnungsstruktur beurteilt, unabhängige Kennzeichnung mehr möglich wäre. Dies heißt nicht, dass überhaupt keine Objektivierung mehr möglich wäre. Bei einer gewissen Gleichwertigkeit der Beurteilenden, wenn sie z. B. alle Deutsch verstehen und lesen können und auch eine minimale literarische Vorbildung besitzen, lässt sich die Bewertung wohl auch eines Goethe-Gedichts genügend objektivieren. So viel zum Problem einer geeigneten Charakterisierung des Ordnungsniveaus eines Gedichts.

Kehren wir zu der uns eigentlich interessierenden Frage einer geeigneten Ordnungscharakterisierung natürlicher Systeme zurück, so begegnet uns die gleiche Problematik, aber in einer potenzierten Form. Die Sprache der Natur hat eine Unmenge von Buchstaben und ihre Anordnung erfolgt nicht nur, wie bei unserer Schrift, eindimensional, sondern in extrem hoch dimensionaler Form, wenn wir uns die Unmenge von komplizierten Regelkreisen vorstellen, welche das konstruktive und vor allem gegenüber äußeren Veränderungen *robuste* Zusammenwirken aller Teile unserer komplexen Ökosphäre garantieren. Es ist offensichtlich, dass eine angemessene Bewertung dieser fantastisch hoch entwickelten Ordnungsstruktur, ohne detaillierte Angaben über das differenzierte, nach dem Schloss-Schlüssel-Prinzip funktionierende Ineinandergreifen von Teilsystemen innerhalb des Gesamtsystems, schlechterdings unmöglich ist.

Die Forderung der *Nachhaltigkeit* geht über den statisch klingenden Begriff der *Dauerhaftigkeit* hinaus und bedeutet auch mehr als nur eine »langfristige Überlebens- oder Reproduktionsfähigkeit«, weil sie die Lebendigkeit, die Produktions- und Entwicklungsfähigkeit mit einschließen soll. *Nachhaltigkeit verlangt eine Erhaltung der hoch differenzierten Ordnungsstruktur der Biosphäre auf der Erdoberfläche* – zu der auch die Erhaltung der Artenvielfalt von Pflanzen und Tieren gehört und die eine notwendige Voraussetzung für die Ausbildung und Weiterbildung höherer Ordnungsstrukturen ist.

Für eine Nachhaltigkeit sichernde Einbindung der Ökonomie in die Natur wird es wohl nicht nötig sein, die Ökonomie selbst mit einer ebenso reichhaltigen Qualitätscharakterisierung wie die physische Natur zu versehen, da letztlich doch in der Ökonomie alles – um sie praktisch handhabbar zu halten – auf wenige Quantitäten, zu denen vor allem der Geldpreis gehört, reduziert werden muss. Zur Wertcharakterisierung der natürlichen Systeme ist ihre Syntropie zweifellos unzureichend. Ungeachtet dessen könnte die Syntropie sich jedoch als ein geeigneter *Einstieg* in diese Wertproblematik anbieten und insbesondere bei dem von uns angestrebten Versuch, die verschiedenen natürlichen Werte auf irgendeine angemessene Weise auf die wesentlich eingeschränktere Wertskala der Ökonomie, die in Geldwert beziffert wird, abzubilden oder zu projizieren, sich als hilfreich erweisen. Denn im anorganischen Bereich unserer Umwelt, so vor allem bei den wichtigen Fragen des Energiehaushalts, erscheint ja die Syntropie als angemessene Bezugsgröße. Es stellt sich sogar die Frage, ob wir bei unseren wirtschaftlichen Handlungsentscheidungen nicht mit diesem gröbsten Maß der Ordnungsqualität als Bewertungsgrundlage auskommen könnten. Denn ihre geeignete Berücksichtigung bei der Steuerung unserer Wirtschaft würde wohl schon die schlimmsten Verzerrungen unseres heutigen Wirtschaftgeschehens korrigieren. Wir sollten bei solchen Überlegungen auch nicht verkennen, dass schon eine Einbeziehung der Syntropie in unsere Wirtschaftsweise, selbst in einer recht pauschalen Form, nur unter größten Anstrengungen praktisch zu verwirklichen wäre.

Wahrscheinlich könnte man nach einer solchen Hauptkorrektur der wirtschaftlichen Rahmenbedingungen die noch zusätzlich nötige »Feineinstellung« einem freien, möglichst wenig zentralisierten

Markt getrost überlassen, weil die verbleibenden qualitativen Unterschiede sich wohl nicht im gleichen Maße machtförmig ausprägen dürften. Im Augenblick erscheint es wenigstens, als ob ein sich unter solch neuen Rahmenbedingungen bildender freier Markt die einzige Möglichkeit bietet, die über die Syntropie hinausgehenden, vielfältigen und auf wechselseitige Beziehungen basierenden höheren Ordnungsstrukturen im Prinzip differenziert genug zu berücksichtigen. Da der freie Markt jedoch auf der individuellen Nutzenmaximierung aufbaut, geht seine Stoßrichtung eigentlich immer noch in die falsche Richtung, da sie auf die Anhäufung von lokalem Reichtum zielt – welche jedoch nach der Grobkorrektur vielleicht genügend entschärft wäre – und nicht auf eine allgemeine Förderung der Nachhaltigkeit der Natur, von der letztlich alle profitieren. Unsere Unfähigkeit, für komplexe Systeme ein besseres oder feineres – auch u. U. anthropozentrisch eingeengtes – objektives Maß für die Qualität der Ordnungsstruktur angeben zu können, macht es uns selbstverständlich schwer, unser Handeln und Wirtschaften wirksam auf Nachhaltigkeit auszurichten, da wir ja nicht wissen, auf welche Weise wir diese höhere Ordnungsqualität und deshalb auch ihre Zu- oder mögliche Abnahme durch unsere Eingriffe bewerten sollen.

Dies spiegelt sich ja auch in der bekannten Schwierigkeit wider, präzise zu beschreiben, was wir eigentlich praktisch unter »nachhaltigem Wirtschaften« verstehen sollen. Es erscheint unmöglich, den Begriff der »Nachhaltigkeit« genügend zu konkretisieren, um ihn etwa in Form eines allgemeinen Rezeptbuches für alle Interessenten anwendbar zu machen.

Nach allem, was wir bisher erörtert haben, ist dies nicht erstaunlich. Diese begriffliche Schwammigkeit hat nämlich nicht nur mit einer augenblicklichen Unkenntnis zu tun, die etwa durch weitere Forschung und Expertisen ausgeräumt werden könnte, sondern ist von prinzipieller Art. Genau betrachtet sind wir dabei nämlich als Menschen in keiner schlechteren Situation als die »Natur« selbst, denn die »Natur« auf der Erde versucht ja (unserer heutigen Kenntnis nach) *nicht* ihre langfristigen, nach immer weiterer Differenzierung strebenden Ordnungsstrukturen aufgrund eines umfassenden Superplanes (mit einem bestimmten Ziel vor Augen) zu verwirklichen, sondern die Natur muss diese Differenzierung nach dem Prinzip von »Versuch und Irrtum«, gewissermaßen spielerisch, aber unter optimaler Ausnützung synergetischer Vorteile – also konstruktiven Zusammenwirkens schon existierender Lebensformen – herausfinden. Nachhaltigkeit wird also nicht in der genauen Befolgung ganz bestimmter Rezepte erreicht, sondern durch eine *offene, aufmerksame, umsichtige, flexible, kreative, einfühlende und liebende Lebenseinstellung.*

Die Frage erscheint jedoch berechtigt, ob es vielleicht andere Erfahrungsweisen als den auf das Detail fokussierenden und durch sein Denken fragmentierenden Verstand gibt, der uns hierbei ein besserer oder zumindest effizienterer Ratgeber sein könnte. In diesem Zusammenhang erschien mir ein von Hans Immler im letzten Kapitel seines Buchs ›Vom Wert der Natur‹ gegebener Hinweis und auch eine von Wolf-Dieter Grossmann aufgeworfene Bemerkung recht interessant, ob nicht unser Sinn für »Schönheit« eine Fähigkeit darstellen könnte, Nachhaltigkeit intuitiv abschätzen zu können. Auch die kulturellen und religiösen Gebräuche und Rituale, deren tieferer Sinn uns heute manchmal verborgen bleibt, könnten als Richtgrößen für unseren nachhaltigen Umgang mit der Natur von wesentlicher Bedeutung sein, haben sie sich doch in der langen Stammesgeschichte der Menschheit in direktem Kontakt mit der Natur bewährt.

Doch selbst ohne solche mehr intuitive Einsichten in die Ordnungsstruktur der Natur kann jedenfalls »Mäßigung« und »Entschleunigung« bei allen unseren Handlungen und bei unseren Eingriffen in die Natur eine verlässliche Forderung für nachhaltiges Wirtschaften sein, wobei allerdings die Frage nach dem »richtigen Maß« noch einer genauen Bestimmung bedarf. Denn wir können bei diesen Forderungen wohl davon ausgehen, dass die Biosphäre aufgrund ihrer langen Testphase über Milliarden von Jahren genügend Robustheit erlangt hat, um ihre Lebendigkeit und Entwicklungsfähigkeit erfolgreich gegen gewisse »gemäßigte« Eingriffe verteidigen zu können, und dass ihr dieses umso leichter gelingen wird, je mehr Zeit wir ihr für ihre Gegenreaktion lassen.

Grenzen der Menschheit
Johann Wolfgang von Goethe

Wenn der uralte,
Heilige Vater
Mit gelassener Hand
Aus rollenden Wolken
Segnende Blitze
Über die Erde säht,
Küss ich den letzten
Saum seines Kleides,
Kindliche Schauer
Treu in der Brust.

Denn mit Göttern
Soll sich nicht messen
Irgendein Mensch.
Hebt er sich aufwärts
Und berührt
Mit dem Scheitel die Sterne,
Nirgends haften dann
Die unsicheren Sohlen,
Und mit ihm spielen
Wolken und Winde.

Steht er mit festen,
Markigen Knochen
Auf der wohl gegründeten
Dauernden Erde
Reicht er nicht auf,
Nur mit der Eiche
Oder der Rebe
Sich zu vergleichen.

Was unterscheidet
Götter von Menschen?
Dass viele Wellen
Vor jenen wandeln,
Ein ewiger Strom:
Uns hebt die Welle,
Verschlingt die Welle,
Und wir versinken.

Tivmavm Wvi Nvmhxsivrg
Qlszmm Dloutzmt elm Tlvgsv

Dvmm wvi fizogv,
Svrortv Ezgvi
Nrg tvozhhvmvi Szmw
Zfh iloovmwvm Dlopvm
Hvtmvmwm Yorgav
:Fyvi wrv Viwv H:zg,
P:fhh rxs wvm ovgagvm
Hzfn hvrmvh Povrwvhl,
Prmworxsv Hxszfvi
Givf rm wvi Yifhg

Wvmm nrg T:lggvim
Hloo hrxs mrxsg nvhhvm
ritvmwvrm Nvmhxs.
Svyg vi hrxs zfud:zigh
Fmw yvi:fsig
Nrg wvn Hxsvrgvo wrv Hgvimv,
Mritvmwh szugvm wzmm
Wrv fmhrxsvivm Hlsovm,
Fmw nrg rsn hkrvovm
Dlopvm fmw Drmwv

Hgvsg vi nrg uvhgvm,
Nziprtvm Pmlxsvm
Zfu wvi dlsotvti:fmwvgvm
Wzfvimwvm Viwv
Ivrxsg vi mrxsg zfu,
Mfi nrg wvi Vrxsv
Lwvi wvi Ivyv
Hrxs af evitovrxsvm.

Dzh fmgvihxsvrwvg
T:lggvi elm Nvmhxsvm?
Wzhh ervov Dvoovm
Eli gvmvm dzmwvom,
Vrm vdrtvi Hgiln:
Fmh svyg wrv Dvoov,
Evihxsormtg wrv Dvoov,
Fmw dri evihrmpvm.

Ein kleiner Ring
Begrenzt unser Leben,
Und viele Geschlechter
Reihen sich dauernd
An ihres Daseins
Unendliche Kette.

Vrm povrmvi Irmt
Yvtivmag fmhvi Ovyvm,
Fmw ervov Tvhxsovxsgvi
lvrsvm hrxs wzfvimw
Zm rsivh Wzhvrmh
Fmvmworxsv Pvggv.

AAAaaaaaaaaaaaaaaaaaaaaa
BBBbbbbb
Cccccccccccccccccccccc
DDDDDDddddddddddddddddddddddddddddddd
EEEEEEEEEEEeeeeeeeeeeeeeeeeeeeeeeeee … ….
(…)

Die 1,5-Kilowatt-Gesellschaft

Realisierung einer ökologisch nachhaltigen Wirtschaft

Wie lässt sich eine *ökologisch nachhaltige Wirtschaft* in unseren heutigen »real existierenden« Gesellschaftssystemen praktisch implementieren? Denn die Möglichkeit, irgendwelche Ziele überhaupt »aktiv« ansteuern zu können, setzt zunächst eine prinzipielle Steuerungsfähigkeit des gesellschaftlichen Systems voraus, was wiederum eine ausreichende Flexibilität und Reaktionsfähigkeit seiner Glieder verlangt. Dies kann wohl nur bei einer genügend weitgehenden *Dezentralisierung* der gesellschaftlichen Gesamtstruktur erreicht werden. Denn Flexibilität verlangt notwendig eine umfassende und unabhängige Partizipation der Menschen, was nur in relativ kleinräumigen Strukturen funktioniert, da sie wechselseitige Dialoge voraussetzt. Auch brauchen wir dringend zur Orientierung »neue« Wertvorstellungen. Vermutlich müssen die Werte dabei gar nicht so neu sein, sondern könnten unmittelbar an den tradierten Weisheiten der alten Weltkulturen anknüpfen, die uns Liebe, Mitgefühl und Kooperation lehren.

Ohne einen grundlegenden Bewusstseinswandel bei uns in den

industrialisierten Ländern und auch einer entsprechenden Veränderung unseres Lebensstils werden wir kaum die nötigen Richtungsänderungen erreichen können. Aber sich alleine auf einen Bewusstseinswandel zu verlassen, hieße wohl die Einsichtsfähigkeit und den Idealismus der Menschen zu überfordern. Zur Unterstützung dieses Prozesses müssen dringend die Gesetze staatlicher Verfassungen und die Rahmenbedingungen der Wirtschaft derart geändert werden, dass in dem von ihnen zugelassenen freien Spiel der Kräfte die augenblickliche krasse Diskrepanz zwischen ökonomischer und ökologischer Rationalität gemildert und langfristig aufgehoben wird. Recht und Wirtschaft müssen ihre Naturvergessenheit überwinden und in ihren Normen und Handlungsweisen berücksichtigen, dass unsere Umwelt künftig nicht mehr als kostenlose Goldmine und Müllkippe einkalkuliert und missbraucht wird. Umweltschutz nur als einen gigantischen Reparaturbetrieb zu interpretieren, wie dies vornehmlich heute geschieht, ist kurzsichtig und irreführend, da jegliche vermehrte Aktivität (sofern sie nicht einer besseren Verwertung der Sonnensyntropie dient) – aufgrund des Entropiesatzes – notwendig irgendwo zusätzliche Zerstörung bewirkt. Wir müssen deshalb mit aller Kraft auf Formen der Produktion und des Verbrauchs hinwirken, bei denen Schäden von vornherein weitgehend vermieden werden.

Jeder, der sich einmal mit den Fragen des »nachhaltigen Wirtschaftens« befasst hat, weiß selbstverständlich, wie schwierig es ist, präzise zu beschreiben, was wir nun eigentlich praktisch darunter verstehen sollen. Es erscheint unmöglich, den Begriff der »Nachhaltigkeit« genügend zu konkretisieren, um ihn etwa in Form eines allgemeinen Rezeptbuches für alle Interessenten anwendbar zu machen. Verschwenden Sie nicht zu viel Ihrer kostbaren Zeit für eine solche Präzisierung im Allgemeinen. Diese begriffliche Schwammigkeit hat nämlich nicht nur mit einer augenblicklichen Unkenntnis zu tun, die etwa durch weitere Forschung und Expertisen ausgeräumt werden könnten, sondern ist von prinzipieller Art. Genau betrachtet sind nämlich dabei wir als Menschen in keiner schlechteren Situation als die »Natur« selbst: Denn die »Natur« auf der Erde versucht ja (unserer heutigen Kenntnis nach) *nicht* ihre langfristigen, nach immer weiterer Differenzierung strebenden Ordnungsstrukturen aufgrund eines umfassenden Superplanes (mit einem bestimmten Ziel vor Augen) zu verwirklichen, sondern die

Natur muss diese Differenzierung nach dem Prinzip von »Versuch und Irrtum«, gewissermaßen spielerisch, aber unter optimaler Ausnützung synergetischer Vorteile – also konstruktiven Zusammenwirkens schon existierender Lebensformen – herausfinden. Nachhaltigkeit wird also nicht in der genauen Befolgung ganz bestimmter Rezepte erreicht, sondern durch eine *offene, aufmerksame, umsichtige, flexible, kreative, einfühlende und liebende Lebenseinstellung*. Leichter ist es dagegen anzugeben, welche Maßnahmen und Verhaltensweisen ökologische Nachhaltigkeit definitiv verschlechtern, also gewissermaßen einen »Negativkatalog« für Nachhaltigkeit (»Killer«-Bedingungen) aufzuschreiben. Allerdings heißt dies nicht, dass wir dadurch der Lösung unserer Aufgabe schon wesentlich näher wären. Denn die eigentlichen Schwierigkeiten treten doch bei der praktischen Umsetzung auf. Hierbei müssen wir einerseits schmerzhaft erkennen, dass wir uns selbst als Verbraucher und potenzielle Nutznießer im Wege stehen. Andererseits müssen wir zusätzlich auch gegen all die vielfältigen Machtstrukturen ankämpfen, deren Reichtum und Einfluss zu wesentlichen Teilen ja bisher durch ein »nichtnachhaltiges Wirtschaftsverhalten« gespeist wurden. Um bei den Änderungsbemühen nicht sofort donquixotisch zu scheitern, ist es deshalb wichtig, sorgfältig nach geeigneten Einstiegen und katalytischen Mechanismen zu suchen, wie die bestehenden wirtschaftlichen und politischen Kräfte konstruktiv für die notwendigen Transformationen eingespannt werden können.

Bei den notwendigen Veränderungen unserer Wirtschaft in Richtung auf eine ökologisch nachhaltige Wirtschaftsweise spielen Fragen der langfristigen Energieversorgung und -nutzung eine Schlüsselrolle. Denn die »arbeitsfähige« Energie und die mit ihr verbundene Syntropie (Negentropie) spielt offensichtlich als Motor aller Umwandlungsprozesse in der Natur, einschließlich den Wertschöpfungsprozessen des Menschen, eine entscheidende Rolle. Deshalb bietet sich die Energie als Einstieg für die praktische Umsetzung der »Nachhaltigkeit« in unserer Gesellschaft besonders an. Zunächst einige begriffliche Klarstellungen. Für den Physiker ist die Energie eine Größe, für die ein strenger Erhaltungssatz gilt, was besagt: Energie wird nirgends erzeugt und nirgends verbraucht. Energie kann sich nur von einer Form in eine andere verwandeln, z. B. von elektrischer Energie in Bewegungsenergie oder in Wärmeenergie. Was wir verbrauchen, ist eigentlich nicht Energie, sondern wir brauchen zunächst Licht zur Beleuchtung, Kraft zum Antrieb einer Maschine oder zur Verformung von Materialien, ein warmes Zimmer, die Möglichkeit zum Kochen, uns schneller als zu Fuß fortzubewegen usw. Wir nennen dies *Energiedienstleistungen*. Sie hängen eng mit der vorher schon erwähnten Ordnungseigenschaft Syntropie zusammen. Die verschiedenen Formen der Energien sind nämlich nicht gleichwertig. Es gibt kostbare, »arbeitsfähige« Energie (mit hoher Syntropie), wie z. B. elektrische oder mechanische Energie, und nutzlose, »nichtarbeitsfähige« Energie, wie z. B. gleich verteilte Wärmeenergie. Bei jeder Umwandlung von Energien findet gewöhnlich eine Qualitätsminderung der Energie statt, wird Syntropie verbraucht. Bei Energiedienstleistungen wird höherwertige in minderwertigere Energie, meist Umgebungswärme, verwandelt. *Intelligente Energieerzeugung und Energienutzung* bedeutet deshalb, die Qualitätseigenschaft der Energie, ihre *Syntropie bestmöglich zu nutzen*. Hier liegen enorme Möglichkeiten für eine effizientere Befriedigung unserer vielfachen Bedürfnisse. Diese Potenziale werden gewöhnlich weit unterschätzt, zum Teil, weil sie unter der üblichen Bezeichnung »Energieeinsparungen« bei uns ganz falsche Assoziationen, meist mit negativer Färbung wecken.

Unsere menschlichen Aktivitäten werden aus einer Reihe von Energiequellen gespeist. Als praktisch zeitlich unbegrenzte Energieressource, gewissermaßen als ständiges Energieeinkommen, steht uns nur die täglich von der Sonne zugestrahlte »arbeitsfähige« Energie (mit einer Leistung von 178 000 Terawatt) zur Verfügung, wobei wir, wenn wir »unbegrenzt« sagen, davon absehen, dass unsere Sonne bald ihre Lebensmitte erreicht hat und in etwa 5 Milliarden Jahren ihre Kernfusionsenergievorräte aufgezehrt haben wird. So weit diese Sonnenstrahlung nicht schon von der oberen Erdatmosphäre in den Weltenraum reflektiert wird, können wir sie primär direkt über das Sonnenlicht oder sekundär als Wasser- und Windenergie oder über Biomasse nutzen. Wirtschaftlich wird die Sonnenenergie heute nur in einem sehr begrenzten Umfange genutzt. Von dem heutigen Welt-Primärenergieverbrauch (1990) mit einer Leistung von etwa 13 Terawatt, was etwa 1/13 700 der Sonneneinstrahlung oder der Körperleistung von 130 Milliarden Sklaven entspricht, werden weltweit nur etwa 1,6 Terawatt (TW) oder 12 % durch Biomasse und weitere 0,8 Terawatt oder 6 % durch Wasserkraft abgedeckt. Diese Zahlen sollten verglichen werden mit den 40–50 Terawatt der Sonnenenergie (also etwa dem Dreifachen des Welt-Primärenergieverbrauchs), die nach heutigen Schätzungen auf den Landflächen der Erde im Mittel als Biomasse gebunden werden, was also bezüglich der Gesamt-Sonnenstrahlung nur zu etwa 0,2 Promille gelingt. Der Löwenanteil, nämlich 82 % des Welt-Primärenergieverbrauchs von 13 Terawatt oder 10,7 Terawatt, ist jedoch nicht mit der ständig zuströmenden Sonnenenergie verbunden, sondern basiert auf nichterneuerbaren Energieträgern. Moderne Industriegesellschaften verdanken ihre hohe Arbeitsfähigkeit und Wertschöpfung zu 77 % der Ausbeutung von fossilen, in Millionen von Jahrhunderten gefüllten Sonnenenergiespeichern: Kohle, Erdöl und Erdgas. Durch Atomkernspaltung sind in den letzten Jahrzehnten 5 % weitere, nichtsolare Energiereservoire zugänglich geworden.

Die beschleunigte Erschließung dieser nichterneuerbaren Energieträger und ihr Verbrauch für eine wachsende menschliche Wertschöpfung gefährdet die Nachhaltigkeit auf dreifache Weise:

- Die Begrenztheit dieser Brennstoffe führt zu ihrer rapiden Verknappung, ein Prozess, der allerdings in wenigen Generationen mit der Erschöpfung dieser Ressourcen sein »natürliches«, wenngleich für die meisten Menschen katastrophales Ende finden wird.
- Da wegen des »Entropiesatzes« nur ein Teil der Primärenergie arbeitsfähig ist und auch diese arbeitsfähige Energie meist nur zum kleineren Teil zu echter »Wertschöpfung« (Schaffung differenzierterer Strukturen) genutzt wird, beschleunigt der größere Rest die »natürliche« Zerstörung von gewachsenen Ordnungsstrukturen durch Stoffumwandlungen, Materialtransport und -zerstreuung. Die stark zunehmenden Energieflüsse und -umsätze führen deshalb zu steigenden Lateralschäden. Sie sind es, die unser Biosystem in seiner Gesamtheit hauptsächlich gefährden und ruinieren (Reduktion der Artenvielfalt).
- Nichterneuerbare Energieträger hinterlassen nichtrezyklierte Endprodukte, welche die Lebensbedingungen auf der Erde dramatisch verändern können, wenn kein geeignetes Endlager für

sie zur Verfügung steht (z. B. hoch radioaktive Spaltprodukte bei der Kernspaltung, Treibhausgas CO_2 bei der Verbrennung fossiler Brennstoffe).

Die Frage der Verknappung von Energieträgern beschäftigt uns schon lange. Und das Problem der geeigneten Endlagerung von Endprodukten der Energieerzeugung im dritten Punkt hat neuerlich durch die Klimadiskussion unsere volle Aufmerksamkeit geweckt. Diese schädlichen stofflichen Endprodukte bei der Energieumwandlung sind vermutlich aber nur die Spitze eines Eisbergs. So ist doch unmittelbar einleuchtend, dass alle anthropogenen, technisch aufbereiteten Energieflüsse in irgendeiner Weise, direkt oder indirekt, zu mehr oder weniger großen Störungen des irdischen Ökosystems führen. Dieser allgemeinere, zweite Gefahrenpunkt scheint bisher noch kaum Beachtung gefunden zu haben. Wolfram Ziegler hat 1979 in einer Studie, in welcher der anthropogene Ausfall biologischer Arten als wichtiger Hinweis für die technisch-zivilisatorische Überbelastung der natürlichen Systeme gewertet wird, die interessante These vertreten, dass der anthropogene und letztlich thermische durchschnittliche Energiefluss pro Zeit- und Flächeneinheit effektiv als Kausal- und Kenngröße für die Umweltbelastung geeignet sei. Für Mitteleuropa kommt er hierbei auf eine maximale Grenzbelastung von 160 ± 20 kW/km^2 oder $0{,}16 \pm 0{,}02$ W/m^2.

Für die ganze Erde lässt sich aus dem von Ziegler geschätzten Grenzwert eine maximale Grenzbelastung durch *anthropogene, technisch aufbereitete* Energieumsätze in Höhe von insgesamt 9 Terawatt extrapolieren. Anschaulich gesprochen hieße dies: Die Wühlarbeit von mehr als 90 Milliarden fleißigen und kräftigen Sklaven – in der von uns Menschen dirigierten speziellen Form – würde die Biosphäre der Erde irreversibel schädigen. Zum Vergleich: Die Sonnenenergie, die durch das Biosystem der (Festland-)Erde zur Erhaltung seiner Vitalität pro Zeiteinheit gepumpt wird, beträgt etwa 40–50 Terawatt. Der abgeschätzte maximale Belastungswert entspricht also etwa einer 20-prozentigen Störung dieses natürlichen Energiedurchsatzes. Es sollte vielleicht nochmals betont werden, dass die hier geschätzten Grenzwerte unabhängig von der Menge der Ressourcen sind, da von den negativen Auswirkungen der Energieumsetzung auf die Ökosphäre (Output oder Entsorgung) und nicht von der Knappheit von Primärenergieträgern (Input) ausgegangen wurde. Wir nehmen dabei an, dass Sonnenenergie-Nutzung nicht in den hier angeführten anthropogenen, technisch aufbereiteten Energieumsatz eingerechnet werden muss. Dies erscheint gerechtfertigt, solange die Sonnenenergie-Nutzung nicht extrem anders als in der Natur (z. B. durch hohe Konzentration etwa in großen Solar-Kraftwerken) vor sich geht. Da das Biosystem der Erde sich über Jahrmilliarden auf die Sonneneinstrahlung als wesentliche Primärenergiequelle eingestellt hat, erscheint das hier gewonnene Ergebnis, dass eine Störung des Biosystems dann schädlich wird, wenn es sich den Werten der sonneninduzierten Biomasse nähert, recht plausibel. Eine solchermaßen vorgegebene energetische Grenzbelastung der Ökosphäre von etwa 9 Terawatt würde dann entsprechend der jeweiligen Bevölkerungsdichte eine Begrenzung des mittleren Pro-Kopf-Verbrauchs an Primärenergie erfordern. Unter der Annahme einer gleich verteilten Nutzung der »Natur« auf unserer Erde durch die derzeitig etwa 5,8 Milliarden Menschen – was offensichtlich ein Gebot der Gerechtigkeit sein sollte –, würde aufgrund dieser Überlegungen ein Primärenergieverbrauch pro Kopf von nur etwa 1,5 Kilowattstunden pro Stunde, also 1,5 Kilowatt zulässig erscheinen. Dies entspricht pro Kopf und Jahr 13 000 Kilowattstunden oder 1300 Litern Erdöl oder 1,6 Tonnen Steinkohlen oder auch 13 000 Kilometern Interkontinentalflug. Dieser Wert von 1,5 Kilowatt muss mit den etwa 6 Kilowatt Pro-Kopf-Verbrauch eines Mitteleuropäers, den 11 Kilowatt eines US-Amerikaners, den 800 Watt eines Chinesen oder den 80 Watt eines Bewohners der ärmsten Länder verglichen werden.

Lassen Sie mich bezüglich dieser Zahl 1,5 Kilowatt oder 9 Terawatt für den totalen Verbrauch noch eine kurze kritische Bemerkung machen. Zweifellos ist die hier vorgestellte Abschätzung einer Grenzbelastung des irdischen Ökosystems durch die vom Menschen verursachten intensiven Energieflüsse von etwa 9 Terawatt (was der persönlichen Primärleistung von 1,5 Kilowatt entspricht) reichlich anfechtbar. Dennoch gewinnt man den Eindruck, dass ein Wert in dieser Größenordnung in vielerlei Hinsicht plausibel erscheint. Er ist nicht weit weg von dem jetzigen Weltmittelwert ohne Biomasse und Wasserkraft von 10,7 Terawatt (was einem Pro-Kopf-Wert von 2,0 Kilowatt entspricht), bei dem wir den Eindruck haben, dass er langfristig nicht mehr ökologisch verträglich sei. Sollten wir jedoch in der Tat unsere Abschätzung zu pessimistisch gemacht haben, so wird dies in Zukunft außerordentlich hilfreich sein, da wir mit Sicherheit, wenigstens in den nächsten Dekaden, mit weit mehr als 5,8 Milliarden Menschen zu rechnen haben. Schließlich haben die insgesamt nur noch 9 Terawatt kommerzielle Primärenergie eine Größenordnung, von der man sich gut vorstellen kann, dass sie – wenn wir nun auch die prekäre Ressourcenseite mit berücksichtigen – langfristig direkt oder indirekt ganz aus Sonnenenergie gespeist werden könnte.

Lebensqualität und Lebensstile

Doch welche Konsequenzen hätte die Forderung einer solchen Absenkung des Energieverbrauchs für die nördliche Welt und insbesondere auch für uns hier in Europa? Ein Absenken des Energieverbrauchs in Mitteleuropa auf ein Viertel des jetzigen Verbrauchs (in den USA sogar auf ein Siebtel), der unserer Forderung gerecht wird, ist selbstverständlich nicht einfach, *aber unmöglich ist es nicht*. Eine grobe Betrachtung ergibt, dass eine erste Halbierung unseres jetzigen Energieverbrauchs allein durch technische Maßnahmen – also intelligentere Formen der Energieumwandlung und der Energienutzung ohne Schmälerung der Energiedienstleistungen – möglich sein sollte. Eine zweite Halbierung würde aber wohl nur durch eine Änderung unseres Lebensstils möglich sein. Diese zweite Halbierung stellt die eigentliche Herausforderung für uns dar. Um ihr wirksam zu begegnen, wird individueller guter Wille und Idealismus dringend nötig sein, aber langfristig kaum ausreichen. Wir brauchen dazu äußere Hilfestellungen. Dies beschert uns ein typisches Henne-Ei-Problem: Die Bereitschaft zu einer solchen Änderung wird durch eine äußere Hilfestellung gefördert, die andererseits politisch nur durch solche Bereitschaft initiiert und inszeniert werden kann. Es geht also darum, für diese Bereitschaft eine kritische Masse in der Bevölkerung zu schaffen. Eine Initiative in Richtung einer 1,5-Kilowatt-Gesellschaft kann meines Erachtens nur von der Bevölkerung ausgehen. Sie hat dafür, wie ich glaube, genügend Verantwortungsbewusstsein. Die Menschen müssen das Problem aber von ihrem eigenen Standort sehen und richtig einschätzen können. Was bedeutet dies konkret?

Ich halte es für nicht ausgeschlossen – und dies ganz im Sinne der »Ökologischen Steuerreform«, wie sie von Hans-Christoph Binswanger, Ökonom in St. Gallen, und Ernst Ulrich von Weizsäcker vom Wuppertal-Institut seit Jahren in aller Deutlichkeit propagiert wird –, dass in Deutschland oder gar in der ganzen Europäischen Union eine geeignete *Lenkungsabgabe auf nichterneuerbare Energieressourcen*, wie etwa Kohle, Erdöl, Erdgas und Kernenergie politisch durchgesetzt werden kann, so dass deren Marktpreise sich in den nächsten 15 bis 20 Jahren real auf etwa das *Drei- bis Vierfache* ihres jetzigen Preises erhöhen würden. Eine solche Energielenkungsabgabe setzt, um für ihre Initiatoren erfolgreich zu sein, nicht notwendig voraus, dass sie weltweit eingeführt werden muss, wie die meisten wegen der dabei auftretenden Wettbewerbsverzerrungen glauben. Denn bei dem geschilderten Vorgehen würden einerseits kompensierende Vergünstigungen durch das teilweise rücklaufende Geld die Nachteile für den Einzelnen wesentlich mindern helfen, andererseits aber – und dies ist wohl das Entscheidendere – würden die dadurch stimulierten, kräftigen Entwicklungen intelligenter Energierererzeugungs- und Energienutzungstechnologien, von denen viele heute als entwicklungsreife Pläne ungenutzt in diversen Schubladen verstauben, für die Pioniere einen zukunftsträchtigen Markt mit enormen langfristigen Vorteilen erschließen. Es könnte hier also eine Innovationslawine mit starken positiven Auswirkungen auf den Arbeitsmarkt ins Rollen kommen, die durch die Möglichkeiten der »sanften« Technik, der Mikroelektronik und Informatik, wissenschaftlich-technisch unterstützt würde.

Zur weiteren Erhöhung der Akzeptanz einer solchen Maßnahme bei der Bevölkerung wäre es wohl psychologisch ratsam, durch eine detaillierte Auflistung und Veröffentlichung der Energieaufwendungen der wichtigsten Verbrauchsgüter (in deren gesamten »Lebens«-Zyklus) und Dienstleistungen dem einzelnen Menschen die Möglichkeit zu bieten, sich eine eigene Vorstellung von seinem persönlichen Energieverbrauch zu verschaffen. Die Abschätzung der gesamten Energieaufwendungen von Produkten »von der Wiege bis zur Bahre« verlangt im Allgemeinen eine komplizierte Produktlinienanalyse, die auf unübersichtliche Weise vom gesamten Wirtschaftsprozess abhängt. Für den hier anvisierten Zweck ist jedoch nur eine ganz grobe Bewertung für die energieintensivsten Produkte nötig, um einen Eindruck von der jeweiligen Energiequalität der Produkte zu vermitteln. Auf der Grundlage einer 1992 von Greenpeace Schweiz in Auftrag gegebenen Studie des *Büros für Analyse und Ökologie* in Zürich hat das Global Challenges Network zusammen mit Greenpeace Deutschland 1994 eine solche Liste und einen entsprechenden Fragebogen erstellt und verbreitet, der sich auf einen Deutschen Staatsbürger mit einem mittleren Pro-Kopf-Energieverbrauch von 6,2 Kilowattstunden pro Stunde oder 54 000 Kilowattstunde pro Jahr bezieht. Mithilfe solcher Listen und Fragebögen sollte im Prinzip jeder auch in die Lage versetzt werden, in einem zweiten Schritt versuchsweise selbst sein persönliches »Energie-Menü« im Rahmen seines mittleren 1,5-Kilowatt-Energie-Leistungsbudgets zusammenzustellen. Wir alle würden dadurch ein Gefühl entwickeln, an welcher Stelle und in welchem Maße wir heute »über unsere Verhältnisse« leben und welche Schritte wir persönlich unternehmen müssten, um zu einem ökologisch verträglicheren Lebensstil zu gelangen.

Mit der Vorstellung einer »1,5-Kilowatt-Gesellschaft« soll dabei nicht eine Ökodiktatur suggeriert werden, die eine 1,5-Kilowatt-Beschränkung als strikte Forderung erhebt. Diese Vorstellung soll vielmehr neue *Vorbilder* schaffen und zur allgemeinen Bewusstseinsbildung beitragen. Sie soll die Menschen befähigen, die notwendige kritische Masse für die notwendige Änderung des Lebensstils zu bilden. Denn viele, so glaube ich, würden wohl bei dieser Übung mit Erleichterung feststellen, dass eine solche Energiebeschränkung – obwohl sie zweifellos von ihnen an manchen Stellen einschneidende Änderungen lieber Gewohnheiten und dementsprechend auch empfindliche Opfer abverlangt – *keineswegs* erfordert, künftig in »Sack und Asche« zu vegetieren, und sehr wohl noch ein im besten Sinne *sinnerfülltes, lust- und freudvolles Leben* zulässt. Denn die Messlatte liegt mit 1,5 Kilowatt nicht unerreichbar hoch, entspräche sie doch effektiv bei Berücksichtigung moderner Technologien etwa dem mittleren Lebensstandard eines Schweizers von 1969. Es reicht nicht aus, nur die großen ökologischen Bedrohungen in der Zukunft deutlich zu machen. Die Angst davor kann zu Kapitulation, Lähmung und Verdrängung der Problematik führen. Wir brauchen heute ganz dringend Entwürfe für positive, in vollem Sinne lebenswerte, ökologisch nachhaltige Lebensstile. Es gibt solche Entwürfe, und deshalb wird auch ein Wandel nicht ausgeschlossen sein. Wir müssen diesen Wandel nur wirklich wollen. Alle sind dazu aufgefordert, dabei mitzudenken, ihn mitzugestalten und vor allem, ihn »katalytisch« richtig auf den Weg bringen.

Habitat II – Zukünftige Stadtentwicklung

Zukünftige Stadtentwicklung muss gesehen werden im Rahmen der allgemeinen Forderung nach ökologischer, sozialer und human-individueller Nachhaltigkeit. Nachhaltigkeit im Sinne von »sustainability« bezeichnet hierbei nicht nur die Bewahrung des jetzigen Systems Mensch und Umwelt, sondern die Unterstützung und Förderung der Vitalität und Produktivität eines sich ständig entwickelnden ökologischen Gesamtsystems, das den Menschen auch langfristig einzuschließen vermag. Denn die Natur kann ohne den Menschen leben, aber der Mensch nicht ohne die Natur und deren spezielle Ausprägung auf der Erde, in die er eingebettet ist und in die er in einer langen Geschichte eingepasst wurde. Es ist deshalb kaum möglich, allgemein verbindliche Bedingungen für Nachhaltigkeit anzugeben. Denn auch die Natur hat dafür keine eindeutigen Rezepte, sondern wackelt sich an die Nachhaltigkeit spielerisch nach dem Prinzip »Versuch und Irrtum« in vielen kleinen Schritten heran. Nachhaltig ist letztlich, tautologisch, was sich langfristig bewährt. Leichter anzugeben ist jedoch, was sich nicht bewährt hat (Killer-Kriterien). So ist ziemlich offensichtlich, dass die augenblicklich praktizierte westliche Lebensart mit ihrer auf materielles Wachstum orientierten Wirtschaftsform nicht nachhaltig ist. Anstatt ein System durch fortschreitende, immer enger ausgelegte Spezialisierung auf ein vorgegebenes Ziel zu optimieren, ist es bei sich ständig unvorhergesehen verändernden äußeren Rahmenbedingungen langfristig vorteilhafter, die Zahl möglicher Optionen zu erhöhen. Dies wird durch Ausbildung höchster Flexibilität erreicht. So resultiert die Dominanz des Menschen auf der Erde aus seiner höheren Flexibilität und nicht seiner besonderen Stärke. Hohe Flexibilität wiederum ist das Ergebnis eines Plussummenspiels, bei dem Unterschiedliches und Gegensätzliches nicht, wie bei einem

Nullsummenspiel, sich wechselseitig zu zerstören sucht, sondern in dem diese durch raffinierte Kooperation ihre unterschiedlichen Fähigkeiten zu Ordnungsstrukturen auf höheren Ebenen zusammenfügen. (Beispiel: Aufbau eines Gedichts aus der konstruktiven Kombination von Buchstaben, genauer: von Buchstaben zu Worten, von Worten zu Sätzen, von Sätzen zu Strophen usw. mit steigenden Ausdrucksmöglichkeiten.) Dadurch werden die Handlungsmöglichkeiten des Gesamtsystems wesentlich erweitert, wobei Gegensätzliches, ähnlich wie bei Regelkreisen, nicht eigentlich als Hemmung und Bremse wirkt, sondern wesentlich zur Stabilisierung dieser Strukturen beiträgt.

Wegen des »Zweiten Hauptsatzes der Thermodynamik«, nach dem jegliche Besonderheit in einem abgeschlossenen System im Laufe der Zeit sich in Unordnung auflöst, verlangt die Ausbildung höherer, differenzierterer Ordnung die ständige Zufuhr von »arbeitsfähiger Energie«, besser von »Syntropie« oder »Negativer Entropie«, einer Qualitätseigenschaft der Energie. Denn Energie wird ja aufgrund einer Verallgemeinerung des »Ersten Hauptsatzes der Thermodynamik« weder erzeugt noch vernichtet, sondern nur in verschiedene Formen umgewandelt, deren Ordnungsqualität »Syntropie« jedoch verschieden ist und sich bei jeder Umwandlung vermindert. Nachhaltigkeit wird deshalb gefördert, wenn der Verlust von Syntropie vermindert wird. Dies geschieht z. B. bei einer effizienteren oder »intelligenteren« Nutzung von Material und Energie, was umgangssprachlich als Materialsparen oder Energiesparen bezeichnet wird. Die Betrachtung der Ordnungseigenschaft Syntropie (die objektiv definiert werden kann als der natürliche Logarithmus der Unwahrscheinlichkeit einer Anordnung von Teilsystemen im Gesamtsystem) ist selbstverständlich für die Beurteilung und quantitative Bemessung der Nachhaltigkeit eines Ökosystems (wie offensichtlich schon bei der Bewertung eines Gedichts) viel zu eng und muss durch eine komplexere Charakterisierung des Systems und seiner zeitlichen Entwicklung verallgemeinert werden, die man etwa »Harmonisierungsgrad« nennen könnte. Die langfristige Bewährung im hochdynamischen Evolutionsprozess führt durch Mutationen und Selbstorganisation zu einer fortschreitenden »Harmonisierung« der Freiheitsgrade im Sinne eines allgemeinen Aufeinander-Eingestimmtseins der Komponenten eines Systems und damit zur Flexibilisierung des Gesamtsystems. Das Ergebnis wird spielerisch (nicht willkürlich wie beim Würfeln, sondern in einem einsichtsvollen, gewissermaßen emphatischen Sinne) durch »Versuch und Irrtum« ermittelt. Nachhaltigkeit wird deshalb durch eine offene, einfühlende, umsichtige, aufmerksame und flexible Lebenseinstellung befördert. Diese wird schon durch unsere langfristig bewährte ethisch-moralische Grundordnung unterstützt, was vermuten lässt, dass diese nicht von außen von Anfang an vorgegeben war, sondern aufgrund ihrer Lebensdienlichkeit evolutionär herangewachsen ist.

Aus diesen Betrachtungen wird ersichtlich, dass die ökologische Nachhaltigkeit unter den drei Aspekten der Nachhaltigkeit die höchste Priorität einnimmt. Denn ohne die Sicherung der natürlichen Lebensgrundlagen des Menschen ist der Mensch als Gattung in seiner Existenz bedroht. Andererseits kann der Mensch dieses Ziel nicht verwirklichen, wenn es ihm nicht gelingt, die sozialen Ungleichgewichte und die dadurch rapide anwachsenden Spannungen abzubauen. Und auch dies wird scheitern, wenn dem Menschen als Individuum nicht seine Würde und Möglichkeiten zur Entfaltung seiner persönlichen Fähigkeiten gegeben werden. Die drei Säulen der Nachhaltigkeit dürfen deshalb nicht im Gegensatz zueinander gesehen werden, sondern bilden nur zusammen ein tragfähiges Fundament. Die Menschen von morgen werden in noch größerer Zahl in Städten aufwachsen. Wegen verstärkter Landflucht und steigender Bevölkerungszahlen gilt dies im besonders hohen Maße für die armen, heute noch stark landwirtschaftlich orientierten Gesellschaften. Dazu werden durch steigende Bedürfnisse in diesen Städten der Umsatz von Energie und Material anwachsen. Deshalb wird sich wohl in den Städten exemplarisch entscheiden, ob die Menschen ihr Überlebensproblem erfolgreich meistern können. Es stellt sich hierbei die Frage, ob unter diesen erschwerten Bedingungen eine Stadt überhaupt noch nachhaltig gemacht werden kann. Jedenfalls wird es hierbei Maximalgrößen geben. Denn die Zahl der Menschen nimmt mit der Fläche (quadratisch zur Ausdehnung) zu, während der Materialaustausch im Wesentlichen nur über die Peripherie gehen kann und damit langsamer (linear zur Ausdehnung) anwächst. Selbst bei weitgehender Rezyklierung der Rohstoffe (»Abfall ist nicht Müll, sondern Rohstoff am falschen Ort!«) müssten vor allem Nahrungsmittel und Wasser ständig von außen zugeführt werden. Nachhaltigkeit wäre also auch hier erst unter Einbeziehung eines entsprechend großen landwirtschaftlichen Umfeldes erreichbar, wenn nicht an eine Auflockerung der Städte durch »urbane Landwirtschaft« gedacht wird.

Nachhaltigkeit wird eine Einschränkung der durch den Einsatz nichterneuerbarer Energien enorm verstärkten menschlichen Aktivitäten verlangen. Der weltweite Primärenergieumsatz von heute 13 Terawatt Primärleistung entspricht dem physischen Arbeitseinsatz von etwa 130 Milliarden »Energie-Sklaven«, die täglich 12 Stunden (mit einem Stundenlohn von 3 Pfg. pro Stunde) rücksichtslos die Erde nach allen Regeln der Kunst traktieren. Ein Deutscher beschäftigt im Mittel 60, ein US-Amerikaner 110, ein Chinese 8 und ein Bangladeshi nicht einmal einen einzigen solcher Sklaven. Die Tragfähigkeit der Erde ist nach grober Abschätzung wohl schon durch die Last von weniger als 100 Milliarden solcher rücksichtslosen Malochern erreicht, da deren Einfluss schon 20 % der insgesamt durch das Biosystem auf dem Festland der Erde gepumpten Sonnenenergie ausmacht. Dies hat zur Folge, dass weder die Verknappung und letztlich Erschöpfung der nichterneuerbaren (insbesondere fossilen) Brennstoffe noch die mangelnden Endlager für die Entsorgung der Endprodukte bei der Verbrennung (z. B. CO_2 oder radioaktiver Abfall), sondern der anthropogene Gesamtumsatz an Energie den eigentliche Engpass bei der Nachhaltigkeit darstellt. Bei einer rationellen Energienutzung und Erschließung von dezentralen, regenerierbaren Energiequellen ließe sich bei den heute fast 6 Milliarden Menschen, selbst bei exakter Gleichverteilung, für jede(n) Erdenbürger(in) ein durch 15 »Energie-Sklaven« getragener, in jeder Hinsicht lebenswerter Lebensstil ermöglichen (der im Durchschnitt immer noch besser wäre als der Lebensstil eines Schweizers von 1969). Ernstere Schwierigkeiten werden wohl die zunehmende persönliche Isolierung der Menschen und die soziale Ausgrenzung ganzer Gruppen in den großen Städten machen, da Einbindung und Einbettung mit der Möglichkeit intensiver Dialoge zu tun haben. Diese lassen sich nicht mit einem verstärkten Informationsaustausch beheben, sondern verlangen echte Kommunikation, bei der Antworten auf Fragen, Reaktionen auf Aktionen innerhalb einer die Aufmerksamkeitsspanne nicht überschreitenden kurzen Zeit erfolgen. Lebensqualität hängt entscheidend von Teilhabe und Mitwirkung ab, was nur in dezentralisierter Form ausreichend zu realisieren ist. Dies würde wohl bedeuten, dass große Städte notwendig lebendige Unterstrukturen entwickeln müssten, um als Ganzes lebendig zu bleiben. Dies könnte geografisch durch relativ kompakte Quartiere mit hoher Differenzierung erreicht werden, die sich in einer Vielzahl von Gemeinschaften oder Netzwerken mit unterschiedlichen Traditionen, Herkommen, Lebensanschauungen, Funktionen, beruflichen, sportlichen, geistigen und musischen Interessen etc. spiegelt, ähnlich, wie sie heute schon in einer vitalen Großstadt zu finden ist.

Auf die dem Wissenschaftler-Forum gestellten Fragen lassen sich nach diesen allgemeinen Bemerkungen die folgenden stichwortartigen Antworten geben:

1. Welche Visionen und Leitbilder der Städte von morgen benötigen wir heute?
Der Forderung nach ökologischer, sozialer und human-individueller Nachhaltigkeit lässt sich wohl am besten in einer kompakten, urbanen und grünen Stadtentwicklung nahe kommen. Hierbei sollte der Innenentwicklung die höhere Priorität vor der Außenentwicklung gegeben werden. Dies bedeutet: lebendige, relativ unabhängige Substrukturen, Subsidarität, Rücksichtnahme auf jeweils spezielle Verhältnisse. Kompakt multizentrale Siedlungsstrukturen mit Mischung von Funktionen (Wohnung, Gewerbe, Handel, Ausbildung usw.) und traditionellen und ethnischen Ausrichtungen. Chart von Alborg statt Charta von Athen. Stadt der kurzen Wege (mobil ohne Auto). Urban im Sinne einer Betonung der sozial-kulturellen Aspekte. Politische, wirtschaftliche und finanzielle Subsidarität zur Ermutigung der lokalen Partizipation im zivilen und privaten Bereich für öffentliche Dienstleistungen, wie z. B. Ausbildung, Kinderbetreuung, Gesundheitspflege, Altersversorgung, Abfallbeseitigung usw. Größere Transparenz bei allen Transaktionen, um öffentliche Akzeptanz und Unterstützung zu gewährleisten. Grün durch möglichst vollständigen Kreisschluss der Gebrauchsgüterströme im Nahbereich. Maßnahmen zur Drosselung des Material- und Energieumsatzes durch Moderation und Entschleunigung. Stärkung der Mitverantwortung der Bürgerinnen und Bürger im öffentlichen und privaten Sektor zur Verbesserung der städtischen Verantwortung für die Umwelt sowie der Durchführung geeigneter Maßnahmen.

2. Welche Bedeutung haben Kreislaufwirtschaft und ein Denken von der Endnutzung her für eine nachhaltige Stadtentwicklung?
Große Bedeutung, wie schon oben erwähnt. Alltagsbedürfnisse möglichst im Quartier befriedigen. D. h. partielle Autonomie etwa wie die Zellen in einem größeren Organismus. Die Wechselbeziehung zwischen den Zellen sollte selbstverständlich in hohem Maße bestehen, da sie das Niveau der Stadt als Ganzes ausmachen (das Ganze ist mehr als die Summe der Teile).

3. Welche Handlungsfelder haben zentrale Bedeutung für die Umsetzung einer nachhaltigen Siedlungs- und Stadtentwicklung in Deutschland?
Nicht nur Ziele formulieren, sondern Umsetzungsstrategien entwickeln und Umsetzungshilfen geben. Ser Agenda-21-Prozess in den Städten mit seiner starken Bürgerbeteiligung könnte hierzu ein interessantes Vorbild sein. Doch sollten auch zur Unterstützung dieser Selbsthilfeprozesse geeignete Instrumente und Institutionen entwickelt werden, wie etwa Energie- und Mobilitätsagenturen. Finanzielle Besserstellung der Städte. Stärkere Einbindung der Bürgerinnen und Bürger in Entscheidungen. Schaffung von Subzentren bei größeren Städten, um Partizipation zu fördern. Schaffung von preiswertem Wohnraum innerhalb der Städte, um Zersiedlung des Umfeldes zu bremsen. Einstieg in die ökologische und soziale Nachhaltigkeit durch Erhöhung der Preise für nicht erneuerbare Ressourcen, um teilweise externe Kosten zu internalisieren und lokale, arbeitsintensive Reparaturtätigkeiten zu intensivieren. Lenkungsabgaben, um Steuerlast von Arbeit auf Ressourcen zu verlagern und damit ökologische Effizienz und Beschäftigung zu fördern. Durch Verteuerung der Materialtransporte Aufwertung des Nahbereichs.

4. Welche Beiträge kann Deutschland leisten, um dem ungebremsten weltweiten Verstädterungsprozess und dem damit verbundenen Ressourcenverbrauch gegensteuern zu können?
Die stärkste Tendenz zur Verstädterung wird in den bisher noch agrarorientierten Ländern erfolgen, die auch das größte Bevölkerungswachstum zeigen. Durch Hebung des materiellen Wohlstandes etwa auf die Hälfte Chinas (4 »Energie-Sklaven« pro Person) könnte wohl die Voraussetzung für eine selbst bestimmte Begrenzung der Geburten geschaffen werden. Verteuerung der Energie wird Eigenerzeugung der Nahrungsmittel begünstigen und damit die Landflucht abbremsen. Die Landwirtschaft leidet unter

Arbeitskräftemangel. Durch eine ressourcenschonende Politik könnten Deutschland und Europa ein deutliches Signal geben und wesentlich zur Entwicklung zukunftsfähiger Vorbilder beitragen.

5. Was können wir aus internationalen Erfahrungen in Bezug auf umweltverträgliches Wirtschaften und Handeln in Agglomerationen lernen?
Dies ist ziemliches Neuland. Insbesondere gibt es noch keine guten Beispiele für Megastädte. Die hohe Arbeitslosigkeit scheint überall Ausgangspunkt für eine Destabilisierung zu werden. Die Beschäftigungspolitik hat deshalb zentrale Bedeutung. Wegen der ökologischen Randbedingungen wird es in Zukunft unmöglich sein, Arbeitsplätze in ausreichendem Maße durch zusätzliche Investitionen in der Konsumgüterindustrie zu schaffen. Dies wird keine schwerwiegenden Folgen zeitigen, wenn andere Formen der Einbindung der Menschen in die örtliche Gemeinschaft gefunden werden. Horizontale Auftrennung des Arbeitsmarktes in einen formellen und informellen Sektor. Teilbeschäftigung von allen und nicht nur von einer kleinen, wohlhabenden Elite im formellen Sektor. Zulassung einer eigenständigen, kräftigen Entwicklung des informellen Sektors, wofür es interessante Beispiele in den Entwicklungsländern gibt. Der informelle Sektor könnte dadurch zum wesentlichen Nährboden hoher Lebensqualität werden.

6. Staatliches Handeln, Kooperation und Partizipation: Welche Politikstile benötigen wir für die Steuerung von Agglomerationen in Richtung Nachhaltigkeit?
Dezentralisierung des Gemeinwesens. Betonung der Abhängigkeit von der Nahzone, um Transparenz und Mitverantwortung zu stärken. Mehr Vielfalt in allem statt Betonung der normierten Vergleichbarkeit. Volle Anerkennung und geeignete Gleichbewertung unterschiedlicher Qualitäten. Förderung von Gemeinsinn, Lebendigkeit und Kreativität. Aufforderung zur Selbstorganisation. Höhere Flexibilität durch Kooperation des vielfältigen Unterschiedlichen.

7. Was folgt nach Istanbul? Was sollten nächste Schritte für eine nachhaltige Siedlungs- und Stadtentwicklung in Deutschland und weltweit sein?
Die schlimmsten Destabilisierungen werden in den Megastädten der armen Länder auftreten. Es werden ihnen bald andere Städte

folgen, wenn in der Zwischenzeit nicht geeignete Sanierungskonzepte erprobt werden. Alle Anstrengungen sollten gemacht werden, die eskalierenden wirtschaftlichen Ungleichgewichte abzubauen. Unterstützung internationaler Zusammenarbeit zwischen Städten und aktive Partnerschaft zwischen Städten, Ländern und internationalen Organisationen, um den Erfahrungsaustausch über beste städtische Maßnahmen und geeignete technische Kooperation zu fördern. Mit aller Kraft eine zukunftsfähige Technik (tolerant, dezentralisiert, kreislauforientiert) entwickeln, um neue Vorbilder zu schaffen. Gegenmaßnahmen, um die eskalierende Landflucht einzudämmen und abzubremsen.

Hoffnungsträger »Zivilgesellschaft«

Naturverständnis und politische Macht

Einführung

Naturverständnis und politische Macht sind zwei Themenbereiche, die in unserer konkreten Erfahrungswelt und auch in unseren wissenschaftlichen Reflexionen kaum Berührungspunkte zu haben scheinen. In einer Vorstellungswelt, die Mensch und Natur als grundlegend verschieden erachtet, weil sie von zwei gegensätzlichen Wesenheiten des Seins, dem »Geistigen« und dem nur »Natürlichen«, geprägt sind, kann offensichtlich ein Bemühen um ein besseres Verständnis der Natur wenig hilfreich sein, den Menschen selbst besser zu verstehen oder gar Beziehungen der Menschen untereinander, Organisationsstrukturen der menschlichen Gesellschaft und das Phänomen der politischen Macht tiefer zu durchleuchten. Selbstverständlich bestehen zwischen dem »Natürlichen« und dem »Politischen« vielfältige und starke Abhängigkeiten und Wechselwirkungen. So basiert in der modernen Welt politische Macht vornehmlich auf naturwissenschaftlich-technischen Errungenschaften. Ein besseres Naturverständnis erlaubt dem Menschen, die Natur für seine Zwecke in großem Umfange einzuspannen und für sich dienstbar zu machen. Aber bei diesen Betrachtungen spielen die beiden Bereiche Mensch und Politik einerseits und Natur andererseits doch recht unterschiedliche Rollen. Sie haben eigentlich wenig gemeinsam aufgrund ihrer wesentlich anderen Fundierung, ihrer verschiedenen Rangordnung in einer als vorgegeben betrachteten eingeprägten Hierarchie, bei der das Geistige das Materielle übersteigt und mit diesem ständig um seine Unabhängigkeit ringt. Offensichtlich lässt sich diese Grenze zwischen den beiden Herrschaftsbereichen des »Geistigen« und »Materiellen« nicht einfach ziehen. Er läuft mitten durch den Menschen, der sich beiden Reichen untrennbar verbunden fühlt. Unsere intellektuelle Auseinandersetzung mit den damit zusammenhängenden Fragen hat zu einer Aufsplitterung unserer Wissenschaft geführt, die sich vor allem in einer tiefen Spaltung zwischen den Naturwissenschaften und den Geisteswissenschaften widerspiegelt. T. P. Snow hat in diesem Zusammenhang sogar von zwei unterschiedlichen Kulturen gesprochen, so sehr differieren diese beiden Wissenschaftszweige heute aufgrund ihrer Denkweise und Methodik. In der Zwischenzeit sind noch die Sozialwissenschaften als andersartiger Nebenzweig hinzugekommen.

Was hat mich dazu veranlasst, einen Aufsatz »Naturverständnis und politische Macht« anlässlich des 20. Todestages von Hannah Arendt zu schreiben? Ich sollte dies vielleicht etwas erklären. Dies ist nicht ganz einfach, weil dabei sehr verschiedene und nicht leicht in Einklang zu bringende Gründe eine Rolle gespielt haben. Ich will versuchen, einige dieser Gründe zu benennen, und dann an ihnen entlang einen Weg skizzieren, den ich in meinen Darlegungen einschlagen möchte. Was sollte einen Naturwissenschaftler wie mich, der sich als Kernphysiker und Elementarteilchenphysiker hauptsächlich mit den Grundgesetzen der Physik auseinander gesetzt hat, schon Wesentliches über eine so prominente Philosophin und Politologin wie Hannah Arendt sagen können, die wissenschaftlich vor allem über Totalitarismus und politische Macht gearbeitet hat. Selbstverständlich besteht zwischen den beiden Gebieten Naturverständnis und politische Macht eine Brücke, insbesondere wenn wir dabei das gemeinsame philosophische Fundament vor Augen haben, dem sich, wie im vorliegenden Fall, die Politologin wie der Naturwissenschaftler stark verpflichtet fühlen. Gerade die Physik ist ja aufgrund der tief greifenden Veränderungen in ihrer Weltsicht zu Beginn unseres Jahrhunderts gezwungen worden, wieder einmal tiefer über ihre eigenen philosophischen Grundlagen nachzudenken. Doch den damit zusammenhängenden allgemeinen Fragen möchte ich nicht gleich am Anfang nachgehen. Es gibt nämlich eine viel direktere Verbindung zwischen den beiden Themenkreisen Naturverständnis und politische Macht. Sie möchte ich zunächst aufgreifen, weil sie mich primär zur Behandlung dieses anspruchsvollen Themas motiviert hat. Diese Verbindung lässt sich mit: Wissen ist Macht! charakterisieren, wie dies schon Francis Bacon zu Beginn des 17. Jahrhunderts formuliert hat, eine Aussage, die heute jedem praktizierenden Naturwissenschaftler gegenwärtig ist. Ich möchte darüber aber nicht in einer abstrakten, sondern sehr konkreten und persönlichen Form sprechen, weil ich dadurch auch einen persönlichen Bezug zu Hannah Arendt herstellen kann.

Die Natur besser zu verstehen, »zu erkennen, was die Welt im Innersten zusammenhält«, war – wie man sagt – schon immer ein Grundanliegen des Menschen: Primär genährt durch kindliche Neugierde, faustischen Erkenntnistrieb, reine Wahrheitssuche, sind dies Lebenshaltungen, die vor allem auch von jeglicher äußeren Bevormundung befreite Beurteilungen und Bewertungen ermöglichen. Nach dem verlorenen Kriege, auf dem Trümmerfeld hitlerscher politischer Macht, lockte mich diese hoffnungsvolle Verheißung in die Physik des Allerkleinsten. Acht Jahre später, 1953, sollte ich dann auf der anderen Seite des Atlantischen Ozeans, an der Universität Kalifornien in Berkeley in einer Forschungsgruppe Edward Tellers hautnah erfahren, dass dieses hehre, philosophische Streben auch zum Bau der ersten Atombomben geführt hatte. Diese Massenvernichtungswaffen ermöglichen dem Menschen die Entfaltung praktisch unbegrenzter militärischer Macht und geben ihm zum ersten Male in seiner Geschichte die Werkzeuge für die Vernichtung seiner Gattung in die Hand. Dort in Berkeley habe ich 1955 Hannah Arendt in ihrem Oberseminar über »Totalitarismus« kennen gelernt und mit ihr über »politische Macht« diskutiert. Sie, die in den späten Zwanzigeejahren aus den berühmten deutschen Philosophenschulen von Edmund Husserl, Martin Heidegger und Karl Jaspers als hoch begabte Wissenschaftlerin hervorgegangen war, musste 1933 als Jüdin nach Paris emigrieren. Sie musste miterleben, wie in einem Lande, das über eine so hervorragende geistige Elite verfügte, die politische Macht zu einer totalen Herrschaft der schlimmsten Form entartete, und dies nicht nur gegen diese Elite, sondern zeitweilig in einem engen Bündnis mit ihr. Über die damalige Zeit in Berkeley und diese Fragen möchte ich zunächst erzählen, allerdings in einer Form, die mehr durch meine persönliche Erfahrungen mit Hannah Arendt und weniger durch eingehende Studien ihrer Schriften geprägt ist.

Im zweiten Teil meines Aufsatzes werde ich dann einen großen Sprung machen und versuchen, mein Thema mehr von der philosophischen Seite anzugehen. Ich möchte hier insbesondere von der veränderten Beziehung zwischen Mensch und Natur ausgehen, wie sie sich aus unserem neuen Naturverständnis ergibt. Die Entwicklung der Naturwissenschaften zu Beginn unseres Jahrhunderts hat durch die überraschenden Entdeckungen in der Physik und durch die dadurch notwendige revolutionäre Neuinterpretation ihrer Grundlagen zu einer ungeahnten Vertiefung und Verbreiterung unserer Weltsicht geführt. Erstaunlich ist, dass dieser tief greifende Umbruch in unserem Verständnis der Wirklichkeit auch heute noch, fast 100 Jahre nach den bahnbrechenden Arbeiten von Max Planck und Albert Einstein, in unserer Gesellschaft und ihren Wissenschaften kaum philosophisch und erkenntnistheoretisch nachvollzogen worden ist. Und dies nicht etwa aufgrund eines Versagens der neuen Vorstellungen. Im Gegenteil, die Quantenphysik, welche diese neue Entwicklung bezeichnet, hat in den letzten 70 Jahren seit ihrer Ausdeutung einen beispiellosen Triumphzug durch alle Gebiete der Physik angetreten und sich bis zum heutigen Tage unangefochten bewährt. Sie ist es ja, die vor allem in der Folge die ungeahnten technischen Entwicklungen angestoßen hat, die unserem Zeitalter, zum Guten oder Schlechten, unverkennbar ihren Stempel aufgedrückt haben. So sind die Atomkerntechnik und die modernen Kommunikations- und Informationstechnologien ohne die neuen Einsichten nicht möglich. Obwohl alle diese vielfältigen, erstaunlichen und gewaltigen Konsequenzen wissenschaftlich akzeptiert wurden, fühlt sich die Wissenschaft auch heute noch in gewisser Hinsicht überfordert, gleichzeitig die in hohem Maße überraschenden Vorstellungen zu übernehmen, aus denen die neue Physik eigentlich erst verständlich wird. Dabei erscheint das neu entworfene naturwissenschaftliche Weltbild in hohem Maße geeignet, die verschiedenen Wissenschaftszweige wieder enger zusammenzuführen. Fast hat es den Anschein, als ob die großen Probleme unserer Zeit teilweise darin begründet lägen, dass wir in den Gesellschaftswissenschaften, in der Politik wie in der Wirtschaft, mit den veralteten Vorstellungen des 19. Jahrhunderts versuchen, die neuen Kräfte zu bändigen, die uns aufgrund der ganz andersartigen Einsichten im 20. Jahrhundert zugewachsen sind. Diese Erkenntnis wäre noch kein Grund zur Beunruhigung, wenn es nur darum ginge, nun einfach geduldig abzuwarten, bis unsere Vorstellungen in den Gesellschaftswissenschaften und in unserem politischen Alltag diesen Rückstand aufgeholt haben. Doch die zeitweilige Unfähigkeit, unser Handeln mit dem angemessenen Denken in Einklang zu bringen, könnte die Menschheit leicht aus der Evolution katapultieren.

Erkenntnissuche und die Atombombe

Lassen Sie mich mit einigen persönlichen Erfahrungen beginnen: Ich bin ein echtes Kriegskind, obgleich ich zu Kriegsbeginn erst 10 und am Ende gerade 15 Jahre alt war. Aufgewachsen in einer vom Gedankengut des Nationalsozialismus geprägten Familie: idealistisch, opferbereit, gehorsam im Sinne von »Du bist nichts, dein Volk ist alles«, ernst und nachdenklich; traurig und zornig geworden im Umfeld unmittelbar erlebter Zerstörung, von Leid und Tod des Bombenterrors; gegen Kriegsende mit Panzerfaust und Pistole bewaffnet im Volkssturm, kurzfristig noch abkommandiert zu einer »Geheimaktion Blücher II«, die nach offizieller Version für Hitler die siegbringende Wunderwaffe bauen sollte, doch insgeheim von Regimegegnern als verzweifelte Gegenaktion geplant war, um uns »Kinder« aus der letzten Schlacht um die Alpenfestung herauszuhalten. Schwere Nachkriegszeit zusammen mit meiner Mutter und vier minderjährigen Geschwistern in einem zerstörten Haus, Vater im Osten vermisst. Halb betäubt durch die schrecklichen Kriegserinnerungen, enttäuscht und verbittert durch den Missbrauch unseres Idealismus und unserer Opferbereitschaft, ohne Vertrauen zum Urteil der Erwachsenen – und dies nicht vornehmlich aus Misstrauen, sondern aus der klaren Erkenntnis, dass sie allesamt selbst die Orientierung verloren hatten.

Doch diese Illusionslosigkeit war auf eine eigentümliche Weise mit einem starken Lebenswillen gekoppelt. Das Ringen um das tägliche Leben – Essen, Kleidung, ein trockenes Fleckchen Boden – hat eine elementare Überzeugungskraft und belohnt, wenn es gelingt, mit unnachahmlicher Glückseligkeit. Ein Prozess der individuellen Stärkung, der eigenwilligen und eigenständigen Orientierung, eine Abneigung vor Kollektiven aus Angst vor nochmaligem Missbrauch. »Ohne mich!« war damals für viele von uns Jungen die dominante Haltung, und dies auch in Bezug auf die Siegermächte: »Wenn ich wirklich so betrogen wurde, warum sollte ich jetzt gleich dem Nächsten wieder trauen! Ich vertraue nur noch meinen eigenen Erfahrungen und dem, was sich streng objektivieren lässt und unabhängig ist von allen den verschiedenen, unzuverlässigen Meinungen der Erwachsenen.« Naturwissenschaften wollte ich studieren. Sie boten ausreichend Chancen zu einem unverfälschten Wissen. Heisenberg und seine für mich damals ganz unverständliche

Quantenmechanik wollte ich verstehen lernen. Weg aus dieser erdrückenden Welt skrupelloser politischer Macht und hinein in die philosophische, faszinierende, heile Welt eines tiefen Naturverständnisses.

Ein Fulbright-Stipendium brachte mich 1953 in die USA, an die kalifornische Universität in Berkeley in der Nähe San Franciscos, ein Ereignis, das in vielfacher Hinsicht zu einem Wendepunkt in meinem Leben werden sollte. Der Herbst 1953 war gerade die Zeit, als Edward Teller mit Robert Oppenheimer, dem wissenschaftlichen Leiter des amerikanischen Atombombenprojekts in Los Alamos, den heftigen Streit um die große Bombe, die Wasserstoffbombe, führte. Teller fing damals an, im kalifornischen Livermoor für die Entwicklung dieser Bombe ein neues Großforschungszentrum aufzubauen. Er kam auf diese Weise als Professor der Physik nach Berkeley, wo er Vorlesungen über Quanten- und Kernphysik hielt. Im Oppenheimer-Teller-Streit ging es nicht nur um die Frage der Superbombe, sondern um die Frage möglicher Komplizenschaft von Atomwissenschaftlern mit der Sowjetunion, dem ehemaligen Kriegsverbündeten. Vor allem unter dem starken Einfluss Joseph McCarthys, eines Senators aus Wisconsin, kam es in der Folge zu einer bedrückenden Verfolgung von Kommunisten und ihren Sympathisanten und ihrer Entlassung, der Oppenheimer und viele andere zum Opfer fielen. Ohne große Ahnung von diesen Hintergründen wurde ich Tellers Doktorand. Erst allmählich wurde mir bewusst, dass die Atom- und Kernphysik, die ich wegen ihrer so stark auf philosophische, auf reine Erkenntnis und nicht auf Anwendung und Machterwerb orientierte Fragestellung als Arbeitsgebiet ausgewählt hatte, nun auf einmal in erschreckender Ambivalenz ihre ganz entgegengesetzte Fratze zeigte. Denn mit der Atombombe war die Möglichkeit politischer Machtausübung millionenfach gewachsen und mit der Entwicklung der Superbombe zeichnete sich ab, diese künftig wohl ins Unermessliche weiter steigern zu können.

In dieser Zeit meiner Neuorientierung durch die ersten USA-Eindrücke, des bedrückenden Erlebnisses politischer Verfolgungen und Schikanen durch Joseph McCarthy und seine Anhänger, der deutlichen Manifestation der von den Physikern erzeugten unbegrenzten Massenvernichtungswaffen als dominanten potenziellen Machtfaktor – was damals Bertrand Russell und Albert Einstein veranlasste, die Physiker in einem Manifest an ihre Verantwortung zu erinnern und zur Gründung der Pugwash Konferenzen führte, die im Dezember 1995 in Oslo mit dem Friedensnobelpreis geehrt wurden – in dieser Zeit, im Frühjahrsemester 1955, kam Hannah Arendt als Gastprofessorin nach Berkeley. Sie hielt damals eine dreistündige Vorlesung über »Politische Theorie«, ein Proseminar über »Die grundsätzlichen politischen Erfahrungen unserer Zeit« und am Mittwochabend ein Oberseminar über »Totalitarismus«. In meiner politischen Umbruchphase war ich brennend an ihrem Oberseminar über »Totalitarismus« interessiert, in dem sie Teilaspekte ihres schon 1951 veröffentlichten Buches »The Origins of Totalitarianism« behandelte. Sie bereitete damals gerade die deutsche Übersetzung dieses Buches vor, das unter dem Titel »Elemente und Ursprünge totaler Herrschaft« noch im gleichen Jahr in Deutschland erscheinen sollte. Ich kann mich nicht mehr genau an Details ihres Seminars erinnern, außer dass mich ihre Ausführungen durchweg fesselten. Das lag nicht so sehr an ihrem Vortragsstil. Sie wirkte angespannt, fast verkrampft, etwas unnahbar, ununterbrochen Zigaretten rauchend, was alles sehr im Gegensatz zu der betont lockeren und unkomplizierten Lebensart der Kalifornier und der Studenten dort stand. Mich störte dies weniger, da ich als Europäer doch eher an eine respektvolle Distanz zwischen Dozenten und Studenten gewöhnt war. Dies war auch dem hohen Niveau an Wissen und Erfahrung nicht unangemessen, das sie uns bot und mit dem sie uns beeindruckte. Im Zentrum ihrer Ausführungen standen vor allem Fragen im Zusammenhang mit dem Komplex: Wie konnte es in Deutschland überhaupt zu Hitlers totaler Herrschaft mit allen ihren schrecklichen Auswüchsen kommen? Dies sind jedenfalls die Fragen, die mir am deutlichsten in Erinnerung geblieben sind, vielleicht weil es genau die Fragen waren, die mich selbst damals am intensivsten persönlich beschäftigten. Es ging mir um die Aufarbeitung meiner eigenen Vergangenheit, die immer noch düster und schwer über mir lag. Trotz der langen 8 Jahre, die schon seit dem Kriegsende verstrichen waren, hatte ich noch keinen geeigneten Gesprächspartner finden können, der mir dabei wirklich hilfreich sein konnte. Ich suchte jemanden, der einerseits die Nazizeit genügend gut kannte, sie in gewisser Weise selbst miterlebt hatte, um meine eigenen Erfahrungen und Wahrnehmungen nachvollziehen zu können – meine amerikanischen und auch europäischen Kollegen erfüllten diese Bedingungen gar nicht oder ganz unzureichend – und andererseits doch genügend Distanz zu diesem Geschehen hatte, um das Unglaubliche, das in Deutschland vorgefallen war, scharf und nüchtern ins Auge fassen und nach den Ursachen dieser unheilvollen Dynamik fragen zu können. Ich war selbst erstaunt, wie schnell Hannah Arendt mich, den dringend Suchenden, erreichte, trotz oder vielleicht gerade wegen ihrer nervösen Gespanntheit, die doch auch in mir lag und die nach Lösung strebte. Oft begleitete ich sie noch nach dem Seminar zum Women's Faculty Club, in dem sie damals wohnte, und traktierte sie mit tausend Nachfragen.

Im Rückblick empfinde ich das Frühjahr 1955 mit Hannah Arendt als eine Art Wende in meinem Leben. Streng genommen stimmt dies vom Zeitpunkt her nicht ganz, denn es waren eigentlich schon einige Erfahrungen ganz zu Beginn meines USA-Aufenthalts, mehr als ein Jahr vor meinem ersten Kontakt mit Hannah Arendt, die in mir eine erstaunliche Richtungsänderung vorbereitet hatten. Ich möchte in diesem Zusammenhang eine kleine Begebenheit erzählen, die vielleicht exemplarischen Charakter hat, wenn es um das Problem von Einstellungsänderungen geht. Es ist doch einigermaßen erstaunlich, dass ein junger, lernfähiger Mensch – und als solchen empfand ich mich – ganze 8 Jahre sich in wesentlichen Einstellungen kaum bewegt, um dann durch einige, ganz wenige, etwas anders servierte neue Erfahrungen mühelos und schnell eine überfällige Entwicklung nachzuvollziehen. Es war genau am ersten Tag meiner Ankunft im Internationalen Haus der Universität in Berkeley, wo ich während meines Studienjahrs wohnen sollte. Reichlich übermüdet nach einer einwöchigen Schiffsreise und einer 4-Tage-4-Nächte-Nonstop-Greyhound-Busfahrt quer durch die USA nahm ich mein erstes Frühstück in der Cafeteria mit anderen Studenten ein. Mein Gegenüber fragte mich sofort nach meiner Herkunft. Ich antwortete etwas beklommen: »Aus Deutschland!« Er nahm es mit einem freundlichen, wohlwollenden Nicken auf und – und er aß ruhig weiter, so als hätte ich gesagt: »Herrlich das Wetter heute!« Da war kein plötzliches Abwenden, Stillwerden, Verlegensein, keine dieser pädagogischen Bemühungen zu besonderer Freundlichkeit. Wie gut es tat, zunächst einmal schlicht und natürlich als Mensch wahrgenommen und nicht gleich wieder als »einer von denen«, den »ganz Schlimmen, Kriminellen«, den »Umzuerziehenden« markiert zu werden. Welch kleine Geste, welch große

Wirkung! Sie hat mich von Anfang an verwandelt. Sie hat mich geöffnet, die Möglichkeit geschaffen, das Vergangene näher an mich heranzulassen, es konstruktiv zu verarbeiten.

Erst kürzlich auf dem hoch angesiedelten »State of the World Forum« der Gorbatschow-Foundation in San Francisco wurde ich wieder an dieses Schlüsselerlebnis erinnert. In vielen Arbeitsgruppen wurde dort kompetent und engagiert nach Wegen »toward a New Civilization« (zu einer neuen Zivilisation) gesucht. Die Einstimmung zu unseren Gesprächen wurde einem Dichter, dem englischen Poeten David Whyte, übertragen, der jeweils vor dem Essen ein kurzes Gedicht rezitierte. Davon auch dieses:

It is not enough

It is not enough to know.
It is not enough to follow
the inward road conversing in secret.

It is not enough to see straight ahead,
to gaze at the unborn
thinking the silence belongs to you.

It is not enough to hear
even the tiniest edge of rain.

You must go to the place
where everything waits,
there, when you finally rest,
even one word will do,
one word or the palm of your hand
turning outward
in the gesture of gift.
And now we are truly afraid
to find the great silence
asking so little.
One word, one word only.

Es war, als ob erst durch diese menschliche Geste sich unser intensiver Informationsaustausch in eine aufmerksame, emphatische Kommunikation verwandelte – und mir fiel sofort wieder dieser Lichtmoment vom Dezember 1953 ein.

Im Seminar von Hannah Arendt war mir durch ihre Ausführungen klar geworden: Die persönliche Schuld, die uns als Mitglied einer Gesellschaft an deren Vergehen trifft, ist im Allgemeinen viel kleiner als die Schuld, die uns Außenstehende hinterher zumessen, aber unsere persönliche Schuld ist andererseits viel größer als die Schuld, die wir uns selbst eingestehen. Die erste Aussage bewahrte mich davor, mich künftig selbst als Kriminellen zu betrachten, nur weil ich einem Land, einem Volk angehöre, das diese Scheußlichkeiten begangen hat. Ja, wie viel konnte ich denn damals wirklich wissen? Was war meiner Aufmerksamkeit entgangen? Die direkt erlebten und durchlittenen persönlichen Erfahrungen an Leid, Tod und Zerstörung sind doch so viel stärker und schmerzhafter als alles andere Schreckliche, das nur über Hörensagen zu uns dringt. Und mehr noch – selbst schreckliche persönliche Erfahrungen verdichten sich doch nur genügend zu einem fassbaren Bild, zu etwas tatsächlich Geschehenem, laufen nicht Gefahr, sich in Traumgebilde zu verflüchtigen und verdrängt zu werden, wenn wir die Möglichkeit haben, uns mit anderen darüber wirklich zu verständigen, also nicht nur im Geschwätz unsere Erfahrungen auszutauschen, sondern in einem echten Dialog Betroffenheit zu erzeugen und zu empfangen, die Sinnfrage zu stellen. Unter der drückenden Forderung: »Rede nicht, Feind hört mit!«, und in der Atmosphäre allgemeinen Misstrauens und von Angst, wurde Kommunikation im eigentlichen Sinne behindert und unterdrückt, verwandelte brennender Schmerz sich in zähnezusammenbeißende Taubheit und Verschwiegenheit.

So befreiend für mich diese erste Aussage war, da sie mir wieder ein freies Atmen ermöglichte, so viel wichtiger und folgenschwerer empfand ich jedoch die zweite Aussage, dass uns alle größere Schuld trifft, als wir selbst glauben. Warum? Weil wir uns meist nicht frühzeitig und nicht energisch genug gegen die Anfänge einer sich abzeichnenden Katastrophe zur Wehr setzen. Wir machen uns nicht schuldig, wenn wir uns nicht einer zu Tale donnernden Lawine entgegenwerfen. Sie würde ungehindert einfach über uns hinwegrollen – ein meist unnützes Unterfangen, außer manchmal vielleicht als eindrucksvolle Warnung vor der nächsten Lawine. Es ist aber wichtig, jemanden daran zu hindern, ein Lawinenfeld zu betreten, auf die vielfältigen, verborgenen Instabilitäten aufmerksam zu machen, die auch das kompetenteste Urteil eines Trittsicheren überfordern. In sensibilisierten Situationen eskalieren kleine Störungen leicht zu Katastrophen. Aus Bequemlichkeit oder Opportunismus gehen wir oft achtlos an Vorkommnissen vorbei, die uns Sorge bereiten sollten und müssten. Mit der leichtfertigen Redensart »wo gehobelt wird, fallen Späne« versuchen wir, die möglichen Konsequenzen herunterzuspielen, lassen wir die Dinge einfach weiterlaufen. Selbstverständlich ist es meist nicht leicht, zu wissen oder auch nur zu ahnen, ob wir wirklich ein Lawinenfeld vor uns haben oder nicht nur eines der normalen Geröllfelder, die wir schon einige Male vorher, vielleicht mit Mühe, aber ohne große Gefahr und Gefährdung überquert haben. Es verlangt von uns erhöhte Aufmerksamkeit und vor allem gesteigerte Umsicht. Denn im Allgemeinen werden wir nicht zu einer angemessenen Beurteilung der Lage kommen, wenn wir nur das betrachten, was direkt vor unseren Füßen liegt, sondern wir müssen den Blick auf das Ganze richten, um uns ein Verständnis der Gesamtsituation zu verschaffen. Wir benötigen dazu eine Rundumorientierung, wir brauchen Kommunikation mit anderen, die andere Einsichten besitzen.

Dass man schlimmen Anfängen frühzeitig wehren muss, um Schlimmeres und vielleicht Irreparables zu verhindern, leuchtete mir ein und ich lernte dafür auch ein eindrucksvolles Beispiel kennen. Zu Anfang der Fünfzigerjahre versetzte ein wohl hauptsächlich auf Betreiben von McCarthy verordneter »Loyality Oath« viele der amerikanischen Universitäten in Aufruhr. Staatlichen Angestellten, insbesondere auch Hochschullehrern, wurde eine schriftliche eidesstattliche Erklärung abverlangt, dass sie stets loyal zu ihrem Lande stehen würden. Dagegen erhob sich starker Protest. Alle, die sich weigerten, verloren damals, soweit ich weiß, ihre Stellungen. Ich war zunächst überrascht, dass Professoren sich überhaupt so engagiert mit solchen gesellschaftspolitischen Fragen befassten – in Deutschland schien mir so etwas kaum denkbar, schon aus dem Umstand heraus, dass unsere Hochschullehrer als Beamte sich doch meist automatisch mit der staatlichen Obrigkeit identifizieren –, dann war ich auch vom hohen Niveau dieser Auseinandersetzung und der Fairness beeindruckt, mit der diese geführt wurde. Ich konnte anfänglich jedoch nicht recht verstehen, warum diese Leute ihre Stellung wegen so einer Formalität aufs Spiel setzten, deren Inhalt sie zudem ja eigentlich voll zustimmten. Denn alle fühlten sich selbstverständlich als loyale Bürgerinnen und

Bürger ihres Landes. Ich verstand jetzt: Dies hatte etwas mit dem Gespür für Lawinenfelder zu tun. Dass die Obrigkeit anfing, die Loyalität ihrer Bürgerinnen und Bürger zu bezweifeln, war ein ernst zu nehmendes Warnsignal. Hier war wirklich persönliche Verantwortung und Zivilcourage gefordert. Diese unbeugsame Haltung von wenigen – wohlgemerkt: Es war damals nur eine kleine Minderheit – war wohl einer der Faktoren, die den McCarthyismus in den folgenden Jahren zu Fall brachte. Vielleicht war auch nur »der Schnee nicht nass« genug, die inhärente Instabilität des Landes bezüglich Intoleranz nicht groß genug, um die von McCarthy inszenierte Ketzerverfolgung zu einer wirklich großen Lawine anwachsen zu lassen. Die Gespräche mit Hannah Arendt haben jedenfalls damals wesentlich dazu beigetragen, mir die Augen für gesellschaftspolitische Fragen zu öffnen und mich von der Notwendigkeit zu überzeugen, dass jeder Einzelne hierbei selbstbewusst und mutig persönliche Verantwortung übernehmen muss. Ich habe in der Folge sehr schnell meine »Ohne-mich«-Haltung aufgegeben und mich auf vielfältige Weise gesellschaftspolitisch engagiert. Diese gelungene Wandlung war für mich auch mit ein Grund dafür, letztlich wieder hierher nach Deutschland zurückzukehren. Ich sah es als eine meiner künftigen Aufgaben an, Leute in unserem Lande immer wieder zu dieser Haltung zu ermuntern. Das hat mich allerdings in den Augen mancher zu einem etwas unbequemen Staatsbürger gemacht.

Die Beschäftigung mit meinen eigenen Problemen hat mir damals wohl etwas den Blick verstellt, Hannah Arendt in ihrer eigenen Befindlichkeit wahrzunehmen, was ich heute bedauere. Ihr Aufenthalt in Kalifornien war dazu wohl zu kurz. Auch war sie eine Generation älter als ich – dass sie damals erst 49 gewesen sein sollte, überrascht mich heute eher. Ich wusste, dass sie bei Jaspers, den ich als Philosophen verehrte, promoviert hatte. Ich kannte aber nicht ihre enge Beziehung zu Martin Heidegger. Auch ahnte ich damals selbstverständlich nicht, dass sie gerade in dieser Zeit ungeduldig eine Nachricht von Heidegger erwartete. Sie hatte mit ihrem verehrten Mentor und Lehrer 5 Jahre zuvor, 1950, wieder freundschaftliche Kontakte geknüpft, trotz der großen Spannungen und Unklarheiten, die wegen Heideggers Nazizugehörigkeit zwischen ihnen entstanden waren. Vielleicht habe ich in meinen langen Gesprächen mit Hannah Arendt indirekt auch von ihren heftigen Diskussionen mit Heidegger profitiert, in denen sie mit ihm um ein Verständnis seines Verhaltens während der Nazizeit rang.

Ich hatte kürzlich die Gelegenheit, den Briefwechsel zwischen Hannah Arendt und ihrem zweiten Mann Heinrich Blücher während dieser kalifornischen Zeit einzusehen, und war eigentlich erstaunt, darin so wenig über die damaligen politischen Verhältnisse in den USA und insbesondere die bedenkliche Rolle von Senator McCarthy zu finden. Auch ich hatte selbstverständlich nur eine sehr begrenzte Vorstellung davon, wie schockierend und verletzend die McCarthy-Ära auf das demokratische Selbstverständnis eines politisch so selbstbewussten und engagierten Amerikaners gewirkt haben muss. Erst in letzter Zeit hat mir hier die faszinierende autobiografische Schrift von Arthur Miller »Timebends« einen eindrucksvollen Nachhilfeunterricht erteilt. Eigentlich hatte ich damals den Eindruck, dass Hannah Arendt in ihrem Seminar über »Totalitarismus« ihre Zuhörer indirekt auch für die damalige McCarthy-Situation sensibilisieren wollte, was aber in dem »Take-it-easy«-Milieu des jugendlich beschwingten, sonnigen Kalifornien misslingen musste. Ihr Briefwechsel lässt solche Absichten von ihrer Seite nicht erkennen. Dass sie sich in Kalifornien im Großen und Ganzen recht unglücklich fühlte, war mir damals nicht entgangen, aber dies hatte wohl mehr mit der für sie wenig zugänglichen, unproblematischen kalifornischen Lebensart zu tun.

Zum Abschluss dieser sehr persönlichen Ausführungen möchte ich noch eine allgemeine Bemerkung machen: Sosehr Hannah Arendt mir geholfen hatte, in dieser Welt persönlich wieder Tritt zu fassen, so gelang dies doch nur auf der Basis einer für mich bedrückenden Erkenntnis: Das Erschreckende und zutiefst Beunruhigende an der Naziperiode in Deutschland war ja, dass es sich hierbei nicht nur um das Werk von Kriminellen handelte, sondern dass die meisten Akteure des Schreckens – wie Hannah Arendt dies später in ihrem Buch ›Eichmann in Jerusalem‹ ausgedrückt hat – »weder pervers noch sadistisch, sondern schrecklich und erschreckend normal waren und sind. Vom Standpunkt unserer Rechtsinstitutionen und an unseren moralischen Urteilsmaßstäben gemessen, war diese Normalität viel erschreckender als all die Gräuel zusammengenommen, denn sie implizierte, dass dieser neue Verbrechertypus, der nun wirklich *hostis generis humani* ist, unter

Bedingungen handelt, die es ihm beinahe unmöglich machen, sich seiner Untaten bewusst zu werden.« Diese wohl zutreffende Feststellung treibt mich bis zum heutigen Tage um. Ich beobachte mit Sorge und Beklemmung überall, hier in unserem Lande und in ähnlicher Weise auch anderswo, diese Vielzahl von selbstgefälligen, relativ harmlosen, etwas engstirnigen, moderat ehrgeizigen, verletzlichen und verletzten, opportunistischen und angepassten Menschen, die, über die Unzulänglichkeiten und Untaten anderer sich beklagend und sie verurteilend, sich mühsam einen Weg durch ein freudloses Leben bahnen. Ich frage mich insgeheim, wer von ihnen in den außergewöhnlichen Stresssituationen einer totalen Herrschaft eines Hitler, Stalin, Saddam Hussein, Khomeini, Karadzic und vieler mehr zu allen diesen Bestialitäten und Irrationalitäten letztlich überredet oder in diese hineingetrieben werden könnte. Ich schaue dabei nicht vornehmlich auf die so genannten »einfachen« Leute, die Ungebildeten, den »Pöbel«, den »Mob«, wie ihn Hannah Arendt in den modernen Massengesellschaften entstehen sieht, sondern mehr auf die »Elite«. Diese Elite hat ja auch bei der Deformation der Gesellschaft in Deutschland in ein Terrorsystem totaler Herrschaft eine verhängnisvolle Rolle gespielt, weil, wie Hannah Arendt einmal bemerkte, dieser Elite, gerade aufgrund ihrer hohen Intelligenz, zu jeder Schurkerei auch immer wieder eine passende Ausrede einfiel, die ihr Tun oder Nichttun entschuldigte.

Lassen Sie mich nun zu meinem kürzeren zweiten Teil kommen und etwas zu unserem neuen Naturverständnis und den wesentlichen Veränderungen sagen, die sich daraus für die Beziehung zwischen Mensch und Natur ergeben. Diese Veränderungen sind nicht ohne Konsequenz für die besondere Rolle des Menschen in unserer Welt und die Frage nach gesellschaftlichen Strukturen, die dem Menschen auch langfristig ein Überleben auf unserer Erde sichern könnten.

Mensch und Natur im Lichte des neuen Naturverständnisses

Im zweiten Kapitel »Natur und Geschichte« ihres Buches ›Zwischen Vergangenheit und Zukunft‹ stellt Hannah Arendt die Geschichtswissenschaften den Naturwissenschaften gegenüber. Im Gegensatz zum Geschichtsverständnis der Griechen, die in den vom Menschen vollbrachten Taten und Werken ein in sich geschlossenes Ereignis sehen, dessen Sinn sich aus diesen allein erschließt, sind nach dem modernen Geschichtsbegriff geschichtliche Ereignisse Teile eines umfassenden, zeitlich ablaufenden Geschichtsprozesses. Diese Interpretation findet auch in der Beschreibung der klassischen Physik eine Parallele. In der klassischen Physik wird die Existenz gewisser kleinster, nicht weiter zerlegbarer Bausteine, Atome (die allerdings nicht mit den gleich benannten Atomen der chemischen Elemente, sondern mehr mit kleineren Einheiten, etwa den heutigen Elementarteilchen, identifiziert werden sollten) angenommen, die in der Zeit mit sich selbst gleich bleiben und auf diese Weise die Kontinuität der Materie in der Zeit und die »Unsterblichkeit der Natur« garantieren. Die ganzen Veränderungen in der Welt bestehen nach der klassischen Vorstellung nur in einer Neuanordnung dieser materiellen Bausteine. Formen entstehen und vergehen, die materielle Basis bleibt. Alles ist nur ein Parallelablauf unzähliger Prozesse, die bestimmten Naturgesetzen unentrinnbar unterworfen sind, ein ewiges »Einwickeln und Auswickeln von Bestehendem« oder, wie wir dies allgemein bezeichnen, einem Prozess der »Entwicklung«, »Entfaltung«, »Evolution«. Doch blieben zunächst nach dieser alten Vorstellung wesentliche Unterschiede zwischen der geschichtlichen und der naturwissenschaftlichen Beschreibung, die in der unvermeidlichen »Subjektivität« der Geschichtsschreibung im Kontrast zur vermeintlichen »Objektivität« der Naturwissenschaften gesehen wurden. Hannah Arendt macht mit Recht darauf aufmerksam, dass die Naturwissenschaften in ihrer neuen Prägung nun ähnliche Züge wie die Geschichtswissenschaften aufweisen: Die aufgefundene Gesetzlichkeit haftet nicht mehr dem Gegenstand der Forschung, dem Naturprozess oder der Geschichte selbst an, sondern hängt von der Art der Betrachtung dieses Gegenstandes ab. In gewisser Weise ist diese Aussage richtig. Doch müssen wir mit großer Vorsicht argumentieren, um nicht am Schluss bei einem »anything goes« zu landen, wie dies vor allem Paul Feyerabend in seinem Buche ›Wider den Methodenzwang‹ diskutiert hat. Aus naturwissenschaftlicher – und wohl auch geschichtlicher – Sicht hieße dies wohl den Bogen überspannen. Denn es gibt in den Naturwissenschaften sehr wohl stimmige Gesetzessysteme, welche sich für eine kompakte Interpretation der beobachteten Fakten überhaupt nicht eignen.

Die Abhängigkeit der Gesetzlichkeit von der Art der Beobachtung lässt sich vielleicht besser veranschaulichen, wenn wir uns die naturwissenschaftlich erfassbare Wirklichkeit nur als eine Art Projektion oder Selektion einer umfassenderen, eigentlichen Wirklichkeit vorstellen. Was wir als Wirklichkeit jeweils wahrnehmen, ist entscheidend geprägt von unserem Paradigma oder dem »Netz« des eddingtonschen Ichthyologen, das wir dabei bewusst oder unbewusst verwenden. Entscheidend für den Naturwissenschaftler ist dabei vor allem die fragmentierende, zerlegende Art seines und unseres Denkens, dann aber auch die verschiedenen experimentellen Methoden, um so genannte harte Fakten zu ermitteln. Verschiedene Vorstellungen und Interpretationen erhalten dadurch den Charakter von verschiedenen Projektionen einer höher angesiedelten Struktur. Dies etabliert eine gewisse Beziehung und schränkt damit die Willkür ein. Das Überraschende an der neuen Physik war nun nicht nur, dass sich ein Untersuchungsgegenstand je nach der Art der Beobachtung auf verschiedene Weisen offenbarte, sondern dass diese verschiedenen Erscheinungsformen sich nicht mehr auf eine für uns anschaulich verständliche Weise zu einem Ganzen zusammenfügen ließen. Die physikalisch feststellbaren Realitäten waren also nicht einfach verschiedene Projektionen einer ähnlich gearteten, dinghaften Realität, sondern einer allgemeineren Wirklichkeit, die selbst nicht mehr dinghaft, materiell, zerlegbar, objektivierbar ist. Wirklichkeit offenbart sich primär nur mehr als Potenzialität, als ein »Sowohl-als-auch«, also nur als Möglichkeit für eine Realität in dem uns vertrauten Sinne, die sich in objekthaften und der Logik des »Entweder-oder« unterworfenen Erscheinungsformen ausprägt. Potenzialität erscheint als das »Eine«, das sich nicht auftrennen, das sich nicht mehr zerlegen lässt. Dazu kommt ein Zweites: Die Zukunft ist prinzipiell offen, sie ist durch die Bedingungen der Gegenwart nicht mehr eindeutig determiniert, sondern es lassen sich nur noch Wahrscheinlichkeiten für ihre möglichen Realisierungen angeben. Hierdurch wurde zum ersten Male unmissverständlich eine prinzipielle – und nicht nur praktische – Beschränkung der Wissbarkeit der Zukunft – also der Fähigkeit, Zukunft zu prognostizieren – deutlich.

Die Welt hat also nicht mehr diese zeitlich durchgängige, prozesshaft-fädige materielle, objektivierbare, teilchenhafte Basis. Es sind vielmehr bestimmte »Formen«, gewissermaßen »Gestalten«, die sich unverändert durch die Zeit retten und in der zeitlichen »Erhaltung« bestimmter physikalischer Größen: Energie, Ladung, Impuls usw. ihren konkret nachweisbaren Ausdruck finden. Teilchen entstehen und vergehen. Alles hängt mit allem auf hochkomplexe Weise zusammen, und zwar so, dass streng genommen die Welt sich nicht mehr in Teile zerlegen lässt. Das Ganze ist mehr als die Summe seiner Teile! Und dies in einer hochraffinierten Weise, die eine Zerlegung und Objektivierung nur noch als eine Näherung und unter Zerstörung gewisser Verbindungen erlaubt. Jede Betrachtung und Beschreibung der Wirklichkeit, jede Darstellung als dingliche, objektivierbare Wirklichkeit, eben als »Realität« im ursprünglichen Sinne (lat. *res* = Ding), verlangt die Vernachlässigung und Unterdrückung wesentlicher Verknüpfungen. Materie ist nicht aus Materie zusammengebaut! Materie hat einen immateriellen Grund, der alles durchdringt und alles verbindet und, entsprechend seinem offenen und ganzheitlichen Wesen, mehr dem Geistigen ähnelt. Diese grundlegende Unauftrennbarkeit der Welt stiftet letztlich ihren »Sinn«. Es ist unmöglich, diesen Sinn aus einer raffinierten Synthese von vermeintlichen, notwendig verstümmelten Bausteinen und deren Wechselwirkungen allein erschließen zu wollen. Die Verbindung aufeinander folgender Zeitschichten ist ein ewiges Entstehen und Vergehen, ist prozesshaft, aber nicht in der eingeschränkten Bedeutung eines Bündels unzähliger, paralleler Ursache-Wirkungs-Ketten, von einfach auftrennbaren, unmittelbar einsichtigen »Entwicklungs«-Prozessen wie in der klassischen Vorstellung.

Auf dem Hintergrund unserer gewohnten, durch das klassische Weltbild entscheidend geprägten Vorstellungen klingen diese Aussagen ungeheuerlich, eigentlich unannehmbar. Diese Aussagen stehen im Widerspruch zu der Vorstellung des in der Renaissance zu neuem Selbstbewusstsein erwachten Menschen, der in Erkenntnis seiner Rationalität glaubt, die Schöpfung wesentlich nach seinem Willen gestalten zu können. Diese neuen Vorstellungen sind für eine Zivilisation wie unsere westliche praktisch unverdaulich, weil unsere Zivilisation so stark auf schöpferisches Wirken, auf Veränderung, Handeln, Machterwerb und Machterweiterung ausgerichtet ist. Zu ihrem Grundverständnis gehört deshalb, sich die Wirklichkeit als objekthafte Realität vorzustellen, um sie in dieser materiell geronnenen Form in den Griff zu bekommen und zum eigenen Nutzen manipulieren zu können. Doch wie geht sie mit dieser Unverträglichkeit um? Durch eine pragmatisch-positivistische Einstellung, die vorgibt, auf jegliche »Ideologie« verzichten zu wollen und zu können – wobei in diesem Zusammenhang unter »Ideologie« gerne alles subsummiert wird, was über das direkt Greifbare und quantitativ Messbare hinausgeht –, wird intellektuell der Weg geebnet, einerseits diese wesentlichen philosophischen Aussagen der neuen Physik zu ignorieren, ohne dabei andererseits auf ihre praktischen Folgerungen verzichten zu müssen, auf der letztlich heute ökonomische Überlegenheit und politische Macht basiert. Diese schizophrene Haltung wird uns durch den glücklichen Umstand erleichtert, dass in unserer gewohnten Lebenswelt die alte Vorstellung einer objekthaften, determinierten, prozessfädig verflochtenen Welt in hoher Näherung ihre Gültigkeit behält. Mehr noch: Ohne diese Vergröberung könnten wir unseren Alltag nicht erfolgreich bewältigen, wären wir nicht überlebensfähig. Kein absichtsvolles Handeln, kein bewusstes Sprechen, kein Informationsaustausch wäre ohne eine solche objektivierende Realisierung möglich. Die Aufklärung beruht auf dieser fruchtbaren Vereinfachung. Unsere Technik liefert uns triumphale Beispiele, welche vielfältigen, erstaunlich komplizierten und kunstvollen materiellen Gewebe sich aus solchen vermeintlichen Fäden knüpfen lassen. Sie zeigt uns aber auch, welche mächtigen Stricke wir durch Gleichschaltung flechten können, die uns befähigen, uns selbst und einen Teil der uns tragenden Welt aus den Fugen zu reißen.

Die Zukunft ist potenziell offen. Die spezielle Realisierung aus dem Meer des Möglichen geschieht durch ein Zusammenspiel von allem mit allem. Die Wahrscheinlichkeit spezieller Konkretisierung spiegelt sich in einem Interferenzmuster des Möglichen wider. Objektivierung, Materialisierung ist das Ergebnis einer grandiosen konstruktiven Überlagerung alles Möglichen. Näherungsweise Unabhängigkeit, Abgetrenntsein, Individualität stehen nicht am Anfang, sondern sind Ergebnis einer Evolution, in der durch Errichtung immer neuer, halb durchlässiger Grenzzäune eine höhere Differenzierung erzeugt wird. Dieses kosmische Zusammenspiel kann zu mächtiger Einfalt oder aber auch zu flexibler Vielfalt führen. Durch versklavende Gleichschaltung der Elemente entstehen »Verstärker«. Winzige Ursachen erzeugen lawinenhaft vergrößerte Veränderungen, Kraftmaschinen, die unsere Erde traktieren, Laser, alle die Wunderwerke unserer Technik, vor allem unserer Waffentechnik, Atombomben. Das ist jedoch nur ein Weg. Durch komplementäres Zusammenfügen verschiedenartiger Elemente können auch hoch differenzierte Ordnungsstrukturen entstehen mit einem unglaublichen Grad an Flexibilität und Lebendigkeit: die Wunder der Pflanzen- und Tierwelt, wir Menschen. Diese Systeme sind nicht hochkomplizierte, präzise verschraubte, absolut verlässliche, geistlose Maschinen. Sie gleichen mehr der komplexen Beziehungsstruktur eines Gedichts, in dem nicht jeder Buchstabe gegen jeden anderen nach Maßgabe eines Nullsummenspiels um seine Existenz kämpft oder lauthals wegen seiner Einmaligkeit eine höhere Priorität im Gesamtzusammenhang fordert, sondern in dem diese Buchstaben zu einem Plussummenspiel sich zusammenfinden und ihre Unterschiedlichkeit dazu nutzen, sich zu Worten zu vereinigen, um, auf einer nächsten Stufe, aus Worten Sätze und aus Sätzen eben Gedichte zu bilden und auf diese Weise ein unermesslich reiches Feld an Ausdrucksmöglichkeiten zu erschließen, das für den einzelnen Buchstaben gänzlich unerreichbar ist. Die Möglichkeit des Zusammenspiels ist in der Sinnhaftigkeit des grundsätzlich »Einen«, »Unauftrennbaren« angelegt, die Regeln des Zusammenspiels, ob das destruktive Gegeneinander der Nullsumme oder das konstruktive Miteinander der Plussumme vorherrschen soll, ist aber wohl dem Zufall überlassen. Entscheidend ist, was sich im geschichtlichen Ablauf bewährt, was durch Selbstorganisation seine Struktur am besten in die nächste Zeitschicht hinüberretten kann.

Die lebendige Natur, der wir uns auch als Menschen zurechnen müssen, ist das Ergebnis eines Plussummenspiels. Höhere Differenzierung ermöglicht höhere Flexibilität und damit bessere Anpassungsfähigkeit an sich stets ändernde äußere Bedingungen und Umstände. Gesellschaften mit zentralisierter oder totaler Herrschaft entwickeln mächtige, übermächtige Aktionspotenziale. Doch sie bieten nur kurzfristig Überlebensvorteile, längerfristig zerbrechen sie an ihrer Primitivität, ihrer Starrheit und Unlebendigkeit. Sie sind wie Gedichte mit einem monotonen, überlangen »Blabla …« Trotz ihrer kurzen Lebenszeit können sie jedoch durch ihr immenses Zerstörungspotenzial sehr wohl die ganze Menschheit und einen großen Teil des höher differenzierten Biosystems in existenzielle Schwierigkeiten bringen.

Der Mensch, die Nation, die menschliche Gesellschaft, die ganze

Welt ist wie ein Gedicht. Um hierbei höchstmögliche Mannigfaltigkeit zu erreichen und den vollen Reichtum an Ausdrucksmöglichkeiten zu entfalten, ist maximale Vielfalt, spielerische Offenheit, Beweglichkeit und Kommunikationsfähigkeit nötig, denn nur so lassen sich, im konstruktiven Miteinander eines Plussummenspiels, höhere, differenziertere, flexiblere Strukturen erzeugen – nur so wird das Ganze mehr als die Summe seiner Teile. Verstärkte Macht führt immer zum Verlust möglicher Gestaltungsräume, zu Erstarrung und zu Einfalt.

Die heute dem Menschen verfügbaren Verstärkungsmechanismen erlauben eine fast unbegrenzte Machtzusammenballung. Sie bringen die menschliche Zivilisation und die Menschheit in ihrer natürlichen Verfasstheit in tödliche Gefahr. Eine fruchtbare Weiterentwicklung der Menschheit erfordert deshalb dringend eine Begrenzung der Macht des Menschen über Menschen und ihre natürliche Lebenswelt und eine Verstärkung des kreativen, verständnisvollen, mitfühlenden, liebenden Dialogs zwischen den Menschen, damit sie – trotz ihrer vielfältigen Verschiedenheiten – wieder ihrer engen Verbundenheit, ihrer Identität in dem »Einen« gewahr werden. Gespräche, Gedichte sind für mich Metaphern, die verbinden, die Wunden heilen, die trösten und Mut machen, die Neues in uns wachsen lassen, die uns Türen öffnen. Meine Gespräche mit Hannah Arendt waren solche Gespräche.

Zur Rolle und Verantwortung der Wissenschaftler

Nach wie vor bleibt uns die Aufgabe, die uns jahrzehntelang umgetrieben und gepeinigt hat: Ein Atomkrieg muss mit allen Mitteln verhindert werden. Eine Vernichtung aller existierenden Nuklearwaffen – eine atomwaffenfreie Welt – bietet dafür die beste Gewähr. Joseph Rotblat hat mich vor fast 10 Jahren persönlich davon überzeugt, dass die mögliche andere und, was dic politische Durchsetzbarkeit betrifft, wohl einfachere Alternative einer »minimum deterrence« – eine Reduktion der nuklearen Arsenale der jetzigen

Atommächte auf die Größe einer Minimalabschreckung – langfristig nicht ausreicht. Sie würde die bestehende Trennung der Staaten in eine Gruppe von »haves« and »have-nots« für alle Zeiten festschreiben. Die souveränen Staaten, die im Nichtverbreitungsvertrag freiwillig auf Atomwaffen verzichtet haben, würden auf Dauer kein Verständnis aufbringen, warum einige Staaten den Besitz solcher Waffen »zur Wahrung ihrer nationalen Interessen« in ihrem Falle für unverzichtbar halten und sich damit die Rolle von Weltpolizisten anmaßen. Die dadurch suggerierte praktische Relevanz des Atomwaffenbesitzes könnte – im Hinblick auf die zu erwartende Verschärfung der globalen Verteilungskämpfe in der Zukunft – andere dazu verleiten, auch für sich die Atomwaffenoption als »Ultima ratio« offen zu halten. Ein klarer Weg für eine mögliche Realisierung einer atomwaffenfreien Welt scheint sich abzuzeichnen: Er führt vom jetzigen

- umfassenden Stopp aller Kernwaffentests und
- der Erklärung der Völkerrechtswidrigkeit einer Drohung mit Atomwaffen

  über
- ein Erzeugungsverbot von waffenfähigem Plutonium, was wohl unvermeidlich auch die Atomkraftwerke einbeziehen muss, und
- eine Einstellung auch von Mikro-Nukleartests, soweit sie einer Weiterentwicklung von Atomwaffen dienen und eine Hoffnung darauf weiter nähren,

  schließlich hin bis zur
- erfolgreichen Beendigung des im australischen Canberra begonnenen Prozesses, der auf totale Elimination aller Atomwaffen zielt.

Hierüber hat Joseph Rotblat schon ausführlich gesprochen. Wir hoffen, dass dieser Weg eingeschlagen und auch zügig beschritten wird.

Die Gefahr eines nuklearen Vernichtungskrieges, die durch die Existenz der Atomwaffen virulent bleibt, ist jedoch nur ein Umstand, welcher die Zukunftsfähigkeit der menschlichen Zivilisation und der Menschheit heute ernstlich bedroht. Die vielfältigen Erschütterungen der letzten Jahre rund um den Globus haben die tiefer liegenden – und durch die Spannungen des Kalten Krieges zeitweise verdeckten – alten Probleme unserer wissenschaftlich-technisch-ökonomischen Zivilisation wieder voll in Erscheinung treten lassen. Ihre sich darin widerspiegelnden wohl bekannten Konstruktionsfehler und Mängel erfahren unter der heutigen explosiven wirtschaftlichen Dynamik eine gefährliche Zuspitzung. Das derzeit dominierende wirtschaftliche Paradigma, nach dem jeder aufgefordert ist, vor allem seinen eigenen Vorteil zu maximieren, führt zu einer Abwertung von Gemeinsinn und Solidarität zugunsten isolierter Eigenleistung und Eigennutz. Dies steht im eklatanten Widerspruch zu den Entwicklungsprozessen des Lebens, bei denen die höheren Formen sich durch ein konstruktives Zusammenspiel differenzierter primitiverer Formen herausbilden, durch ein Plussummenspiel, in dem der Vorteil des einen mit dem gleichzeitigen Vorteil des anderen verbunden ist. In unseren Gesellschaften gewinnt stattdessen ein unerbittlicher Konkurrenzkampf immer mehr die Oberhand. Die Wirtschaft wird immer weniger ihrer eigentlichen Aufgabe gerecht, die wesentlichen Bedürfnisse aller Menschen zu befriedigen. Immer deutlicher zeichnet sich ab, dass das unsinnige Wettrennen der verschiedenen nationalen Unternehmen, internationalen und multinationalen Konzerne um Marktvorteile, letztlich von denjenigen gewonnen werden wird, die am schnellsten, umfassendsten, raffiniertesten und skrupellosesten ihre Mitmenschen und die Naturschätze unserer Erde auszuplündern vermögen. Diese Entwicklung trägt alle Zeichen einer Destabilisierung, ähnlich wie wir sie auch im Zusammenhang mit der Rüstungseskalation erlebt haben. Die aggressiven Kräfte müssen dringend durch eine defensive Strategie entschärft werden. Das Verantwortungsbewusstsein der Wissenschaftler – wie es sich in den Krisenzeiten des »Kalten Krieges« exemplarisch entwickelt und erfolgreich bewährt hat – ist deshalb auch hier und in umfassenderer Weise herausgefordert. Über diese erweiterte Verantwortung möchte ich im Folgenden vor allem sprechen. Eine zukunftsfähige Zivilisation erfordert nicht nur ökologische Nachhaltigkeit, sondern auch eine Berücksichtigung der sozialen Verträglichkeiten und der human-individuellen Grundbedürfnisse. Denn nur in einer gerechten und lebenswerten Gesellschaft wird langfristig eine friedliche Entwicklung möglich sein. Die rücksichtslose Blindheit, mit der wir heute in den industrialisierten Ländern unsere immer intensiveren, umfangreicheren und vielfältigeren Aktivitäten gegeneinander und gegenüber der uns tragenden Mitwelt durchsetzen, bringt die menschliche Gesellschaft in tödliche Gefahr. Es liegt in unserer Verantwortung, die Menschen auf ihre existenzielle Abhängigkeit von ihrer Mitwelt aufmerksam zu machen und sie an der Zerstörung ihrer natürlichen Lebensgrundlagen zu hindern.

Dürfen wir alles tun, was wir können?, fragen sich heute viele angesichts dieser bedrohlichen Entwicklung. Die Frage muss eigentlich an alle gerichtet werden, aber verständlicherweise konzentriert sich das Unbehagen dabei meist auf die Naturwissenschaftler, die man in der Situation des Zauberlehrlings sieht, der die Geister, die er rief, nun nicht mehr bändigen kann. Diese Vorstellung hat einen wahren Kern. Sie charakterisiert aber die Lage der Naturwissenschaftler nur ungenügend, da die meisten von ihnen es gar nicht als ihre Aufgabe ansehen, die von ihnen entfesselten Kräfte selbst zu bändigen. Ihre Aufgabe, so meinen sie in ihrer »Bescheidenheit«, war ja nur zu rufen, die Bändigung müsse den Menschen in ihrer Gesamtheit gelingen und den von ihnen beauftragten Vertretern, den Politikern, überlassen bleiben. Diese Einstellung ist kaum befriedigend und darüber hinaus gefährlich. Flugzeugingenieure würden doch fahrlässig handeln, wenn sie einen voll geladenen Jumbo einem total unerfahrenen »Piloten« überlassen würden, nur weil dieser aufgrund anderer Kriterien mit Mehrheit dafür gewählt worden ist. Die Frage, warum bei dieser Problematik ein Wissenschaftler besondere Verantwortung übernehmen solle und müsse, ist auf verschiedene Weise überzeugend und positiv beantwortet worden. Ich will das hier nicht noch einmal allgemein erörtern – Joseph Rotblat hat ja dazu schon Wesentliches gesagt –, sondern an ein persönliches Erlebnis anknüpfen, das für mich in dieser Hinsicht prägend war.

Es war ein Gespräch mit der Politologin und Philosophin Han nah Arendt vor mehr als 40 Jahren in Berkeley am Ende eines Oberseminars über Totalitarismus, das sie im Frühjahrssemester 1955 an der Universität Kalifornien abhielt. Es ging hierbei um Fragen von Schuld und Verantwortung, die mich als späten Kriegsteilnehmer bedrängten und bedrückten. Sie bemerkte damals dazu: Die persönliche Schuld, die uns als Mitglied einer Gesellschaft an deren Vergehen trifft, ist meist viel kleiner als die Schuld, die uns Außenstehende hinterher zumessen, aber unsere persönliche Schuld ist andererseits viel größer als die Schuld, die wir uns selbst dabei eingestehen. Warum diese zweite Aussage, dass uns größere Schuld an Fehlentwicklungen trifft, als wir gewöhnlich glauben? Weil wir uns meist nicht frühzeitig und nicht energisch genug gegen die Anfänge einer sich abzeichnenden Katastrophe zur Wehr setzen. Wir machen uns nicht schuldig, wenn wir eine zu Tale donnernde Lawine nicht aufzuhalten versuchen. Sie würde ungehindert einfach über uns hinwegrollen. Echte Katastrophen zeichnen sich leider dadurch aus, dass sie unvermeidbar und unaufhaltbar über uns hereinbrechen. Wichtig ist aber, jemanden rechtzeitig daran zu hindern, ein Lawinenfeld zu betreten und ihn auf die vielfältigen, darin verborgenen, unkontrollierbaren Instabilitäten aufmerksam zu machen. In sensibilisierten Situationen eskalieren kleine Störungen leicht zu nichtrückholbaren Katastrophen. Aus Bequemlichkeit oder Opportunismus gehen wir oft achtlos an Vorkommnissen vorbei, die uns Sorge bereiten sollten und müssten. Mit der leichtfertigen Redensart »Wo gehobelt wird, fallen Späne« versuchen wir die möglichen Konsequenzen herunterzuspielen, lassen wir die Dinge einfach weiterlaufen: »Es wird schon nicht so schlimm werden!« Selbstverständlich ist es nicht immer leicht, zu wissen oder auch nur zu ahnen, ob wir wirklich ein Lawinenfeld vor uns haben oder nicht nur eines der normalen Geröllfelder, die wir schon einige Male vorher, vielleicht mit Mühe, aber ohne große Gefahr für uns selbst und ohne Gefährdung anderer überquert haben. Eine Unterscheidung verlangt von uns erhöhte Aufmerksamkeit und vor allem gesteigerte Umsicht und Einsicht. Denn im Allgemeinen werden wir nicht zu einer angemessenen Beurteilung der Lage kommen, wenn wir nur das betrachten, was direkt vor unseren Füßen liegt, sondern wir müssen den Blick auf das Ganze richten, um uns ein Verständnis der Gesamtsituation zu verschaffen. Wir benötigen dazu eine Rundumorientierung, wir brauchen Kommunikation mit anderen, die andere und vielleicht bessere Einsichten besitzen.

Was bedeutet dies für uns als Wissenschaftler?

Forschung ist auf Erlangen gültigen Wissens gerichtet. Gültiges, für Menschen verbindliches, rational nachvollziehbares oder/und empirisch nachprüfbares Wissen erscheint uns als ein potentes Mittel, um die Struktur und die zeitliche Abfolge der Wirklichkeit zu erkennen. Und nicht nur das: Das so etablierte Wissen verschafft uns auch Macht, unsere Mitwelt für unsere eigenen Zwecke zu manipulieren. Diese Fähigkeit wird durch eine eigentümliche Ambivalenz der Naturgesetzlichkeit ermöglicht. Einerseits ist sie ausreichend determiniert, um unter bestimmten Umständen Prozessabläufe mit einiger Sicherheit prognostizieren zu können und damit erst dieses relativ verlässliche Wissen und die Voraussetzungen für eine teilweise Beherrschung zu ermöglichen. Andererseits ist die Wirklichkeit aber genügend unbestimmt, um dem Menschen, der ja auch ein Teil der Wirklichkeit ist, den absichtsvollen Eingriff in seine Mitwelt und eine echte Mitgestaltung zukünftiger Ereignisse zu eröffnen.

Mit der Möglichkeit des Menschen, an der absichtsvollen Gestaltung der zukünftigen Wirklichkeitsschichten kreativ mitwirken zu können, wird auch die Frage seiner Verantwortung für sein absichtsvolles Tun aufgeworfen: Wer hat Verantwortung vor wem und für was? Die Evolution des Lebendigen, in die der Mensch als Gattung eingereiht ist, zeichnet nach heutiger Auffassung keine besonderen Ziele aus, die hierbei das »Wofür« eindeutig identifizieren könnten, sondern alles vollzieht sich – grob gesagt – nach dem Prinzip von »Versuch und Irrtum«. Wegen der prinzipiell holistischen Struktur der Wirklichkeit sollten die »Versuche« dabei allerdings nicht einfach als ein total willkürliches Herumwürfeln, sondern als ein teilweise kollektives Phänomen (etwa dem »educated guess« vergleichbar) angesehen werden. Eine Auszeichnung bestimmter Lebensformen ergibt sich aus den langfristig erfolgreichen Kooperationsprozessen von allem mit allem. Der Mensch bildet hierbei keine Ausnahme. Eine Verantwortung von uns Menschen (im Hinblick auf die Frage: für was?) kann also (als Teilantwort auf die Frage: vor wem?) darin bestehen, dafür Sorge zu tragen, dass die Zukunftschancen der Menschheit in diesem dynamischen Entwicklungsprozess nicht absichtlich beeinträchtigt und damit die Zukunftsfähigkeit des *homo sapiens* gefährdet werden.

Was letztlich bei diesem großen irdischen Plussummenspiel der Evolution langfristig überleben wird, bleibt prinzipiell – und nicht nur aus mangelhafter Kenntnis – weitgehend offen. Deutlicher ist, was die Überlebenschancen mindert: Es ist eine Aufkündigung oder Schwächung der Gewinn-Gewinn-Strategien, bei denen der eigene Vorteil synergetisch an die Vorteile der Partner gebunden ist. Denn solche Gewinn-Gewinn-Strategien stärken die Flexibilität und damit die Anpassungsfähigkeit an die nicht vorhersehbaren zukünftigen Rahmenbedingungen. Es ist wohl kein Zufall, dass die bewährten tradierten ethischen Normen der großen Weltkulturen und die darauf aufbauenden Grundsätze der Gesellschaftssysteme, wie sie etwa in den Verfassungen moderner Staaten festgeschrieben sind, dazu passende Verhaltensweisen widerspiegeln. Diese ethischen Forderungen können in gewisser Weise als Konkretisierungen der Zukunftsfähigkeit des *homo sapiens* gesehen werden, denn mit seiner Kennzeichnung *»sapiens«*, im Gegensatz etwa zur Schrumpfgestalt eines Menschen als *»homo oeconomicus«*, verfügt dieser Mensch ja auch über die Weisheit, durch Rücksichtnahme auf seine Mitmenschen und seine Mitwelt der Menschheit ihre natürlichen Lebensgrundlagen zu erhalten. Forschung führt zu Wissen, das zunächst nur der Erkenntnis dienen soll. Die dabei benötigten experimentellen Methoden setzen jedoch schon eine bewusste Manipulation der Mitwelt voraus. Doch erst das Machen, die praktische Anwendung und Umsetzung des so erworbenen Wissens auf ein beabsichtigtes Ziel hin, fordert die Verantwortung deutlich heraus. Verantwortung übernehmen kann zunächst nur der Einzelne, da bewusste Absicht nur dem Individuum eigen ist. Eine Gesellschaft hat in diesem Sinne kein gemeinsames Bewusstsein. Verantwortung übernehmen heißt dann auch immer, persönlich für die möglichen Folgen auf irgendeine Weise einzustehen und zu bürgen. Solange Handlungen sich auf die »Hand« im wörtlichen Sinne und sich auf spontan überschaubare Zeitspannen beziehen, bereitet gewöhnlich eine Zuordnung von Verantwortung keine große Schwierigkeiten. Eine Verantwortung des Forschers für seine Manipulationen unterscheidet sich unter diesen Umständen kaum von der eines anders Tätigen, etwa eines Bauern, wenn er seinen Acker pflügt. Dies wird ganz anders, wenn die menschlichen Eingriffe, vermöge des Einsatzes von in der Erdkruste gespeicherten Energieressourcen, gigantisch verstärkt, vervielfältigt und beschleunigt werden und wenn, darüber hinaus, in dem Bestreben, die Wirkungen solcher Eingriffe möglichst zu maximieren, die empfindlichsten Punkte des nur metastabilen Ökosystems unserer Erde mit immer raffinierteren Methoden angestochen und destabilisiert werden. Die Folgen der angewandten Forschung werden dadurch räumlich und zeitlich immer weniger eingrenzbar, sie werden bestimmten

Ursachen kaum mehr zuordenbar, in hohem Maße irreversibel und im Ablauf »chaotisch«.

Es ist offensichtlich, dass mit der zunehmenden Wucht und Präzision der Instrumente, die ein Forscher der unkundigen Gesellschaft und ihren gewählten Vertretern überlässt, seine Verantwortung im gleichen Maße zunehmen sollte. Gleichzeitig wird erkennbar, dass er diese Verantwortung kaum mehr in dem ursprünglich ins Auge gefassten Sinne übernehmen kann. Da die Folgen für ihn prinzipiell unabsehbar sind, erfordert Verantwortlichkeit von ihm eigentlich, sich überhaupt nicht in solche Situationen zu begeben. Bildlich ausgedrückt: Es ist einem verantwortlichen Bergsteiger nicht gestattet, einen Lawinenhang zu durchqueren, wenn er andere Menschen am Seil hat, selbst wenn er glaubt, sich auf seine eigene Trittsicherheit voll verlassen zu können. Denn in einem instabilen Schneefeld kann schon eine beliebig kleine Störung eine große Katastrophe auslösen. Das Beispiel macht den stetigen Übergang von einer verantwortlichen zu einer unverantwortlichen Situation deutlich, die hier einerseits etwa mit der allgemeinen Erfahrung, der Kenntnis und Umsicht des Seilführers (die Beschaffenheit des Schneefeldes in Abhängigkeit von äußeren Bedingungen wie Lage, Temperatur, Sonnenhöhe usw. beurteilen zu können) und andererseits der Größe der Seilschaft, der Menge der Betroffenen zusammenhängt. Obwohl es keine scharfe Grenze zur Unverantwortlichkeit gibt, so wird dadurch das Unverantwortliche nicht verantwortbar, so, wie auch der stetige Übergang des Tages zur Nacht, die Nacht dem Tage nicht ähnlich macht. Die Fähigkeit, Verantwortung zu übernehmen und verantwortlich zu handeln, setzt also nicht nur die Kenntnisse eines Experten in dem von ihm begangenen Terrain voraus, sondern auch Umsicht, die Fähigkeit, sein eigenes Wissen und seine eigenen Fertigkeiten im Kontext der größeren Wirklichkeit zu sehen und aus dieser topologischen Gesamtschau Rückschlüsse auf die eigene Befindlichkeit zu ziehen. Forscher sind heute hoch spezialisiert, sie verfügen nur selten über eine intellektuelle Breite, die ihnen, bei Offenheit der Zukunft, erst ermöglicht, Verantwortung im Handeln übernehmen zu können. Der erbarmungslose wirtschaftliche Wettbewerb verführt uns allerorten immer mehr dazu, unsere Wege durch bisher nicht begangene Lawinenfelder zu legen, ermutigt zu gefährlichen Abkürzungen und treibt zu höherem Tempo an. Umsicht und Vorsicht sind nicht mehr gefragt, ihre Nützlichkeit und Notwendigkeit werden geleugnet. Wer sie trotzdem fordert, dem werden Feigheit, Zögerlichkeit, gebremste Vitalität und mangelhafte Risikobereitschaft nachgesagt. Er wird als Bedenkenträger, Pessimist, als Bremser und Feind des Fortschritts denunziert. Kein Wunder, dass in solchen Situationen für den Forscher das Anlegen von »Scheuklappen«, welche die Sicht auf das gerade vor ihm Liegende und Kurzfristige einengt, empfohlen, gefördert und sogar ausschließlich gefordert wird.

Die augenblickliche politische Auseinandersetzung über Bildung, Ausbildung und Wissenschaftsförderung unter dem Aspekt der internationalen Wettbewerbsfähigkeit und der nationalen wirtschaftlichen Standortsicherung sowie die engagierten Diskussionen über die Forschungsfreiheit, bei der Spezialisten mehr Freizügigkeit für ihre unreflektierten Trampelpfade fordern, gibt uns ein anschauliches Bild von dieser Situation. Selbstverständlich wird dabei immer wieder von Verantwortung gesprochen. Doch diese Verantwortung reduziert sich dabei meist auf die »interne Verantwortung«, auf ein »Berufsethos«, das in der Forschung im Wesentlichen nur die gewissenhafte und fehlerfreie Einhaltung der dort geltenden Regeln zur Wahrheitsfindung verlangt. Die Einengung des Gesichtsfeldes verhindert nicht nur das Auffinden risikoärmerer Pfade, sondern verstellt auch den Blick auf die indirekt Betroffenen, d. h. auf die nicht beabsichtigten Auswirkungen, die als Reaktionen, Re-Reaktionen usw. durch die ursprünglichen Aktionen ausgelöst werden und bei stark nichtlinear rückgekoppelten Systemen sehr schnell in »chaotische« Unbestimmtheiten entarten. Nachdenkliche Wissenschaftler dürfen nicht aufhören darauf zu drängen, dass der Gesellschaft Institutionen erhalten bleiben, in denen in und mit der Öffentlichkeit ein offener und freier Diskurs über alle Streitfragen der Zukunftsfähigkeit geführt wird.

Maschinen und nicht lebendige Menschen bestimmen immer mehr unser Alltagsleben. Statt sich mit geeigneten Werkzeugen den äußeren, mit der Gesamtentwicklung sich stetig verändernden Rahmenbedingungen dem Lebendigen optimal anzupassen, werden Technologien in hohem Maße benutzt, durch Manipulation der äußeren Befindlichkeit Prozessabläufe zu erzwingen, die in dieser Form in der Natur bisher nicht abgelaufen sind. Diese Manipulationen sind dabei primär nicht mehr von den menschlichen Bedürfnissen und den Erleichterungen seines Alltags diktiert, sondern sind zunehmend auf eine Verstärkung der Macht über Menschen und auf eine immer vollständigere Verfügungsgewalt über die übrige Natur ausgerichtet. Hiermit werden die Bedingungen für eine Destabilisierung des jetzigen irdischen Ökosystems geschaffen, die aus menschlicher Sicht nur in einer Katastrophe enden kann. Denn die Naturgesetzlichkeit ist irreversibel und sie ist prinzipiell nicht von einer Art, die sich jemals »in den Griff« bekommen lässt, eine Möglichkeit, von der der herrische Mensch noch immer träumt und die er – aufgrund einer groben und unzulässigen Extrapolation seiner Handlungsfähigkeit – für prinzipiell realisierbar erachtet. Die angestrengten Versuche, das Naturgeschehen für die unmittelbaren beabsichtigten Zwecke verlässlich zu versklaven, raubt dem Menschen gerade die Lebendigkeit, die er braucht, um die nächsten Stufen einer Evolution zu erklimmen, die in Richtung einer höheren Differenzierung der Ordnungsstruktur führt. Die Einengung der Spielräume schöpferischer Entfaltung, nicht zuletzt durch nicht fehlerfreundliche Handlungsräume, beschleunigt den Abbau, die Zerstörung, den Absturz in die bewusstlose Existenz, aus der wir Menschen erst vor nicht allzu langer Zeit emporgewachsen sind. Nicht die Natur gerät ob dieser Knebelung in Gefahr. Denn die Natur in ihrer allgemeinsten Verfasstheit kann ohne uns sehr wohl leben, aber wir als Menschen können nicht leben ohne die Natur und ihr speziell auf der heutigen Erdoberfläche herausgebildetes Regelsystem, in das wir uns historisch in einem langwierigen und sorgfältigen Plussummenspiel eingependelt haben.

Der »moderne« Mensch ist also nicht zu neuen heroischen Großtaten aufgefordert, um mithilfe seiner mächtigen Werkzeuge der Erde ein anderes und, aus seiner beschränkten Sicht, für ihn vorteilhafteres Antlitz aufzuprägen, denn solche Aktionen könnten wegen ihrer, im Vergleich zur Komplexität des Naturgeschehens, unvermeidbaren »Einfalt« letztlich nur zu einer beschleunigten Zerstörung aller für den Fortbestand der Menschheit wesentlichen Strukturen führen. Zukunftsweisend wären vielmehr energische Versuche, aufwändige, zentral dirigierte und damit einengende und dominierende Großaktivitäten zu begrenzen und zu beenden, da sie offensichtlich die ökologische, soziale und individuelle Nachhaltigkeit stören und zerstören. Unterstützt werden sollte eine Vielfalt kreativer Neuerungen, die in einem synergetischen und symbiotischen Zusammenspiel flexible, entwicklungsfähige Gesamtstrukturen erproben und mit Geduld und Ausdauer auf den Weg bringen. Als äußere Bedingung bedarf eine solche Gewinn-Gewinn-Strategie jedoch dringend der Moderation und Entschleunigung, um den strukturstiftenden Aufbauprozessen, die wir für unsere Zukunftsfähigkeit brauchen, eine faire Chance im Wettbewerb mit den dominanten, entropischen Abbauprozessen zu geben.

Die Aufforderung Hannah Arendts an uns Studenten in Berkeley »Wehret den Anfängen, bevor es zu spät ist!« klingt mir dabei noch in den Ohren. Weil wir aber nicht wissen können, wann es zu spät sein wird, müssen wir jetzt anfangen, den drohenden Herausforderungen entgegenzutreten und die besten Einstiege zu ihrer Bewältigung auswählen. Dies heißt vor allem: Wehret den Kräften, die sich durch Einfalt selbst aufschaukeln, die Vielfalt überwuchern und auf diese Weise den Höhenflug zu wachsender Differenzierung abwürgen und zum Sturzflug überleiten. Wir sollten uns dabei nicht vom Pessimismus leiten lassen, solange wir nichts Unmögliches fordern, und vielleicht eine in der naturwissenschaftlichen Forschung geläufige Methode praktizieren, nach der keiner einem anderen einen Lösungsvorschlag ausreden darf, wenn er nicht imstande ist, einen besseren zu machen. Auf diese Weise kann Unwahrscheinliches wahrscheinlicher gemacht und schließlich zum Erfolg geführt werden. Es wäre doch in der Tat ein *Triumph menschlicher Vernunft*, wenn wir Menschen nicht nur einen Mann auf den Mond bringen könnten, sondern unsere viel gepriesenen, zukunftahnenden Fähigkeiten auch einmal nutzen würden, auf herannahende große Katastrophen nicht erst dann zu reagieren, wenn sie über uns hereingebrochen sind und uns irreparabel geschädigt haben.

Wie viel Verantwortung haben Industrie und Wissenschaft für die Menschen?

Beispiel: Atomkernenergie

Die über 40 Jahre währende Auseinandersetzung um die industrielle Nutzung der Atomkernenergie dauert immer noch an. Ich war selbst in den letzten 20 Jahren daran beteiligt. Dieser Streit beruht nicht auf wissenschaftlich-technischen Meinungsverschiedenheiten. Er basiert vorwiegend auf unterschiedlichen Wahrnehmungen, Wertvorstellungen und Bewertungen sowie abweichenden Einschätzungen der menschlichen Gestaltungsmöglichkeiten und -fähigkeiten. Die Unversöhnlichkeit, mit der dieser Disput geführt wird, entspringt jedoch wirtschaftlichen und parteipolitischen Motiven. Sie hängen mit Macht- und Organisationsstrukturen zusammen, weshalb problemorientierte Diskussionen ins Leere laufen. Die heute auf offizieller Ebene geführte Atomenergie-Diskussion ist zu unser aller Leidwesen im Wesentlichen auf dem Argumentationsstand der Fünfzigerjahre, der euphorischen Zeit des »Atoms for Peace«, stehen geblieben. Sie hat praktisch nichts von dem in der Zwischenzeit abgelaufenen langen Lernprozess über die wesentliche Bedeutung der »Nachhaltigkeit« für die wirtschaftliche Entwicklung (des Sustainable Development) profitiert. Faktisch tragen Industrie und Wissenschaft große Verantwortung für die Menschen und ihre Zukunft. Verantwortung im eigentlichen Sinne wird jedoch in diesen Kreisen nur von wenigen Industriellen und Wissenschaftlern wahrgenommen und übernommen, und dies meist aus persönlichen Motiven. Der Staat hat versäumt, rechtzeitig Strukturen zu schaffen, um diese freiwillige Verantwortlichkeit Einzelner zu fördern und konstruktiv für die Entscheidungsprozesse der Gesellschaft nutzbar zu machen.

Verantwortliches menschliches Handeln setzt ein gemeinsames Wertsystem voraus, an dem Handlungsentscheidungen gemessen werden. Man sollte sich hüten, solche Wertsysteme, die nicht unmittelbar aus technischer Machbarkeit oder betriebswirtschaftlicher Rationalität ableitbar sind, als »Ideologien« zu diffamieren. Sie sind für »vernünftiges« Handeln unentbehrlich. Solche Wertsysteme haben sich historisch in einem langen kulturellen Läuterungsprozess herausgebildet und »im praktischen Leben« bewährt. In gewissem Grade spiegeln diese Wertsysteme deshalb natürliche und gesellschaftliche Voraussetzungen für die »Zukunftsfähigkeit« des Menschen in der erdgeschichtlichen biologischen Evolution wider. Demgegenüber sind gerade die Dogmen der dominierenden Wirtschaft ideologisch geprägt. Denn in der empirischen Bewährung der wirtschaftlichen Gesetzmäßigkeiten kommt doch weniger eine tiefgründige »Naturgesetzlichkeit« zum Ausdruck als ähnlich wie bei einem Schachspiel die disziplinierte Einhaltung der selbst vorgegebenen Regeln durch die beteiligten Spieler (»self-fulfilling prophecy«). Aktive Zukunftsgestaltung verlangt offensichtlich aber mehr als nur diese Fortschreibung vergangener Erfahrungen. Evolution und die eigene Zukunftsfähigkeit erfordern ständige Anpassung der Spielregeln an neue Erfordernisse und Bedingungen.

Die Zukunftsfähigkeit des Menschen als *»homo sapiens«* (ich betone: *»homo sapiens«* im Kontrast zu seiner Schrumpfgestalt des *»homo oeconomicus«*) setzt eine nachhaltige Entwicklung auf drei Ebenen gleichzeitig voraus:

- eine individuelle Nachhaltigkeit, die, über die ökonomische Absicherung der Befriedigung der materiellen Lebensbedürfnisse des Menschen hinaus, auch die volle Entfaltung seiner geistigen und emotionalen Fähigkeiten erlaubt;
- eine soziale Nachhaltigkeit, die durch eine gerechte Verteilung der irdischen Früchte und Ressourcen, menschlichen Güter und Dienstleistungen, doch vor allem auch durch eine Partizipation aller an ihrem Gemeinwesen ein konstruktives Zusammenleben der Menschen ermöglicht;
- eine ökologische Nachhaltigkeit, bei der die vielfältigen Aktivitäten des Menschen so in das irdische Ökosystem eingepasst werden, dass die Vitalität und Produktivität dieses dynamischen Systems und die natürlichen Lebensgrundlagen des Menschen nicht beeinträchtigt oder zerstört werden.

Alle drei Ebenen sind gleich wichtig, aber nicht gleichwertig. Das Ökosystem der Erde bildet die Basis, der individuelle Mensch die Spitze. Nachhaltig ist, was sich langfristig bewährt. Tautologisch: *Sustainable is what sustains!* Nachhaltigkeit wird deshalb wirksam gefördert einerseits positiv durch Vermehrung von Optionen und von Flexibilität, was eine Anpassung an zukünftige, nichtvorhersehbar veränderte Bedingungen erlaubt, und andererseits negativ durch die Vermeidung von Sackgassen, von offensichtlich nichtnachhaltigen Wegen. Die Industriegesellschaft hängt wesentlich von der üppigen und bequemen Bereitstellung arbeitsfähiger Energie ab. Die entscheidenden Voraussetzungen für die Etablierung der Industriegesellschaft lieferte jedoch nicht eine intensivierte Nutzung der nachhaltigen Sonnenenergie, sondern erst die nichtnachhaltige Ausbeutung der in Millionen Jahrhunderten in der Erdkruste aufgefüllten Sonnenenergiespeicher in Form fossiler Brennstoffe (Kohle, Erdöl, Erdgas). Die enorme Ausweitung des persönlichen Konsums und die fortschreitende Industrialisierung der Weltgesellschaft wird deshalb schon im nächsten Jahrhundert zu einer empfindlichen Verknappung dieser endlichen und nichterneuerbaren Brennstoffe führen. Die Atomkernenergie, erstmals für die breite Öffentlichkeit negativ im Zusammenhang mit der Atombombe erfahrbar geworden, schien sich hier rechtzeitig als idealer Kandidat anzubieten, letztlich die entstehende Versorgungslücke schließen zu können. Die Wissenschaftler, genauer: die Atomphysiker (so z. B. auch die Göttinger 18 in ihrer Erklärung 1957 gegen die Atombewaffnung der Bundeswehr), waren dabei fast einmütig die stärksten Befürworter dieser Option, und dies wohl auch mit dem Hintergedanken, den Imageverlust ihrer Wissenschaft durch die Atombombe der Öffentlichkeit gegenüber damit etwas zu kompensieren. Die Industrie in Deutschland war hier vergleichsweise zögerlicher, da sie sich nur ungern auf so komplexe Projekte einlässt, die lange Entwicklungszeiten und hohe Anfangsinvestitionen erfordern. Unter dem dominierenden Gesichtspunkt der drohenden Erschöpfung der fossilen Energieträger und dem verständlichen Wunsch, den Menschen auf Dauer ihre materiellen Bedürfnisse sichern zu helfen, haben Wissenschaft und Industrie damals, trotz warnender Stimmen, aber doch in nachvollziehbarer Weise verantwortlich gehandelt. Zweifellos hat bei manchen (vor allem in der Regierung) dabei auch das machtpolitische Motiv, einmal selbst Atomwaffen entwickeln zu können, eine gewisse Rolle gespielt, und bei der Industrie die wirtschaftliche Verlockung, an großzügig bereitgestellte staatliche Subventionen heranzukommen, eine solche Entscheidung zusätzlich erleichtert.

Dies war damals. Heute, mehr als 40 Jahre nach dieser Aufbruchszeit, ist die Situation ganz anders. Die galoppierende Plünderung irdischer Ressourcen und die schnell anwachsende Ausweitung, Intensivierung und Beschleunigung menschlicher Aktivitäten lassen immer deutlicher die ökologischen Belastungsgrenzen in Erscheinung treten, die durch die Endlichkeit der Erde und die nur beschränkte Robustheit des Biosystems gesetzt sind. Die mit diesem eskalierenden Raubbau verknüpfte, extrem unausgeglichene Entwicklungsdynamik führt zu gravierenden Verwerfungen im wirtschaftlichen und sozialen Gefüge. Großräumige Veränderungen und langfristig irreversible Folgewirkungen müssen deshalb notwendig in unserer Bewertung an Bedeutung gewinnen. Eine sichtbare Beeinträchtigung der Nachhaltigkeit auf allen drei Ebenen (die Verletzung der ökologischen Verträglichkeit, der sozialen Gerechtigkeit und der weltweiten individuellen Zumutbarkeit) wird zur existenziellen Bedrohung. Dies erfordert dringend eine radikale Neubewertung, Neuorientierung und Umsteuerung der bisherigen Industriepolitik und insbesondere auch der Energiepolitik. Nicht die Begrenztheit und Verknappung der nichterneuerbaren Energieressourcen ist jetzt das Hauptproblem, sondern die bei der Energieumwandlung und Energienutzung entstehenden schädlichen Endprodukte, die nicht rezykliert werden und für die kein geeignetes Endlager gefunden werden kann. Erstmals trat dieses Problem im Zusammenhang mit den radioaktiven abgebrannten Brennelementen bei der Kernenergienutzung auf. Für sie gibt es bis heute keine befriedigende Entsorgung oder finanzierbare Beseitigung. Beherrscht wird allerdings die öffentliche und internationale Diskussion derzeit vom Kohlendioxid, das bei der Verbrennung fossiler Brennstoffe entsteht und als Treibhausgas in der Atmosphäre dramatische Klimaveränderungen auslösen soll. Wichtig in diesem Zusammenhang ist aber, dass die ganze Endlager-Problematik aller Wahrscheinlichkeit nach nur die Spitze eines Eisberges ist. Es sind die durch starke Energiezuführung in den Produktionsprozess enorm verstärkten menschlichen Aktivitäten insgesamt, welche eine bedrohliche Belastung des Ökosystems heraufbeschwören. Wegen der Vielzahl nichtgeschlossener Prozessketten führen diese zu einer ebenso großen Zahl von bedenklichen Nebenwirkungen, deren langfristige Folgen wir nicht kennen. Die existenzielle Forderung der Nachhaltigkeit zwingt deshalb zu einer Auswahl möglicher Energieträger oder/und einer Beschränkung ihrer Nutzung. Dies führt uns in ein Dilemma: Da zukünftige Bedingungen unserer Existenz aus prinzipiellen und praktischen Gründen weitgehend unbekannt sind, ist es einerseits aus Nachhaltigkeitsgründen vernünftig, die Zahl zukünftiger Entwicklungspfade nicht unnötig einzuengen. Späteren Generationen soll genügend Spielraum bleiben, die für ihr Überleben notwendigen Entscheidungen nicht weniger günstig als heute treffen zu können. Andererseits darf dies jedoch nicht heißen, dass offensichtlich nicht nachhaltige Pfade einfach weitergeführt werden. Denn diese zerstören durch irreversible Folgen und Sachzwänge gerade solche Spielräume. Darüber hinaus verändern solche Sackgassen-Engagements aufgrund der begrenzten jeweiligen Leistungsfähigkeit der Wirtschaft indirekt die Entwicklung besserer, d. h. primär nachhaltigerer Optionen. So erscheint doch zweifellos die regenerative Sonnenenergie vom Nachhaltigkeitsgesichtspunkt aus im Vergleich zur Atomkernenergie die weit bessere Wahl zu sein. Die Kernenergienutzung birgt nicht nur die wohl bekannten enormen, nicht nachhaltigen sozialen und ökologischen Risiken, so die Radioaktivität bei normalem Betrieb, die Gefahr der betriebsbedingten Kernschmelze und ungelöste Endlagerprobleme, sondern vor allem auch die Gefahr der kriminell verursachten Kernreaktor-Katastrophen in Krisenzeiten und die Möglichkeit einer Proliferation von Atomwaffen. Darüber hinaus verkörpert die Atomkerntechnik mit ihren im Extremfall unzumutbar hohen Schadensfolgen eine nicht fehlertolerante Technik, die dem kreativen und deshalb immer fehlbaren Menschen nicht angemessen ist.

Erfolgreiche Lernprozesse zeichnen sich dadurch aus, dass bei ihnen viel probiert wird, aber letztlich dann auch aufgegeben wird, was sich unter den geforderten Bedingungen nicht bewährt hat. Die Frage der Wirtschaftlichkeit im Sinne einer betriebswirtschaftlichen Rentabilität oder nur Finanzierbarkeit ist im Kontrast zur Nachhaltigkeit, die einer langfristigen Wirtschaftlichkeit entspricht, nur von sekundärer Bedeutung. Sekundär heißt hier nicht, dass dies keine Schwierigkeiten verursachen kann und dass dadurch nicht vielleicht schmerzhafte Belastungen, etwa kurzfristig erhöhte Kosten, entstehen, die dann außerordentliche Anstrengungen verlangen. Jedoch ist uns Ähnliches in der Vergangenheit immer wieder abverlangt worden, wie etwa, um ein schlechtes, aber eindrucksvolles Beispiel zu nennen, in Form der gewaltigen Hochrüstungen, die einen drohenden Angriffskrieg abwehren sollen, Maßnahmen, die kaum jemals und wenn doch, dann leider unter Wirtschaftlichkeitskriterien diskutiert worden sind. Die Menschen in der modernen Gesellschaft und vor allem die richtungweisenden Institutionen der Gesellschaft sind auf Entscheidungssituationen, die globale Verflechtungen und langfristige Folgewirkungen berücksichtigen müssen, praktisch gar nicht oder nur ganz schlecht vorbereitet. Offensichtlich klafft hier eine empfindliche Verantwortungslücke. Alle reden heute von Zukunftsfähigkeit und den damit notwendig verbundenen politischen und gesellschaftlichen Weichenstellungen, aber niemand fühlt sich wirklich zuständig, diese auch zu veranlassen. Wie ein »schwarzer Peter« wird diese Aufgabe zwischen Politik, Wirtschaft, Wissenschaft und anderen Institutionen weitergereicht, um dann am Ende als unlösbar erklärt zu werden, so, als ginge es hierbei um eine bestenfalls wünschenswerte Dekoration und nicht um eine das Überleben betreffende Problematik (wie sie etwa bei einer Kriegsbedrohung gegeben zu sein scheint).

Formal sind klarerweise der Staat und seine gewählten Repräsentanten für die Vorgabe von gesellschaftlichen Rahmenbedingungen, so auch für solche, die eine nachhaltige Entwicklung unterstützen, zuständig und verantwortlich. Doch fehlen dem Staat und seinen Politikern offensichtlich hierzu primär 1. die für kompetente Entscheidungen notwendigen Einsichten, 2. die »reale« Macht, solche Entscheidungen wirksam um- und durchzusetzen und 3. eine sichtbare Gefolgschaft und ausreichende Unterstützung von Bürgerinnen und Bürgern, weil diese zunehmend durch ständige Medienberieselung zu höherem Konsum verführt, statt zu Nachdenklichkeit über langfristige Zukunftsfragen angeregt werden. Realiter liegt die Richtungs- und Entscheidungskompetenz doch vielmehr bei einer Vielzahl von unsichtbaren Souffleusen, vor allem der mächtigen Wirtschaft, doch auch der vermeintlich seherischen Wissenschaft, die beide hier den Regierenden wichtige Ratschläge geben. Experten für Zukunftsfähigkeit sind in weit höherem Maße Bürgerinnen und Bürger aus allen Teilen der Gesellschaft, die sich mit dem wirklich lebendigen Leben beschäftigen und sich, aus Verantwortung für zukünftige Generationen, intensiv mit den langfristigen Folgen der augenblicklichen Entwicklung der Wirtschaft befasst haben, einer Wirtschaft, die sich nur noch an vermeintlichen Bedürfnissen von Konsumenten und nicht an den Lebenswünschen und Entfaltungsmöglichkeiten von Menschen orientiert. Wirtschaft und Industrie sind auf betriebswirtschaftliche Bestimmungsgrößen und notwendigerweise, wie sie selbst offen zugeben, auf den betrieblichen Erfolg ausgerichtet. Sie können deshalb als Institutionen kaum die Rolle von Lehrmeistern in Zukunftsfähigkeit spielen und sollten auch nicht als solche interpretiert werden. Dies bedeutet nicht, dass nicht Einzelpersonen bei ihnen die volle Kompetenz dafür besitzen.

Fragen der Zukunftsfähigkeit, vor allem einer zukunftsfähigen Energiepolitik einschließlich der zukünftigen Nutzung der Atomkernenergie, müssten heute dringend im Lichte der Nachhaltigkeit offen und kritisch, vor und mit der Öffentlichkeit, neu diskutiert und zu einem vernünftigen Abschluss gebracht werden. Es macht keinen Sinn, hinter verschlossenen Türen auf die obsoleten Argumente der Fünfzigerjahre zurückzugreifen und weiterhin den seit langem geführten, fruchtbaren Lernprozess über Nachhaltigkeit zu ignorieren. In dieser hier gewissermaßen dem Siemens Konzern zu seinem 150. Geburtstag gewidmeten Stunde, in der wir seiner Kompetenz und seines Engagements beim Bau der Atomkraftwerke kritisch gedenken, geht es mir nicht um Anklage und Schuldzuweisung. Mein Beitrag soll vielmehr eine dringende Aufforderung an alle sein, doch endlich ernsthaft und gemeinsam – Industrie, Wissenschaft, Politik und Bevölkerung – nach Lösungen für diese für uns alle existenziell wichtige Aufgabe zu suchen, nämlich ökologisch nachhaltige, sozial verträgliche und im vollen (und nicht nur im ökonomisch verkürzten) Sinne lebenswerte Lebensstile zu entwickeln und an ihrer praktischen Verwirklichung weltweit mitzuhelfen.

Bedeutung und Ziel der Zivilgesellschaft

Einleitende Bemerkungen

Die Bezeichnung Zivilgesellschaft wird in recht unterschiedlicher Bedeutung benutzt. Vielen gilt sie durch den negativen Gebrauch im ehemaligen kommunistischen Teil Europas im Sinne einer Bürgergesellschaft, der Gesellschaft der *bourgeois*, als verbraucht und überholt. Als Civil Society, der Gesellschaft der *citoyens*, ist sie wieder von den USA in unseren Sprachraum eingedrungen, doch oft mit dem Hinweis, dass in den USA heute mehr von einem Kommunitarismus gesprochen werde, der sich als eine Partizipationsgesellschaft mit einer gemeinsamen Orientierung auf eingeschränkte Sachverhalte und Zielvorstellungen verstehe. Ich will mich auf diese unterschiedlichen Definitionen nicht einlassen, weil mir dies als Nichtsoziologe gar nicht gelingen würde. Ich möchte als Zivilgesellschaft etwas großzügig den Teil der Bevölkerung bezeichnen, der sich außerhalb der staatlichen Institutionen in unserer Demokratie gesellschaftspolitisch engagiert. Entsprechend der Unterscheidung von Bürger und Staat sehe ich also die Zivilgesellschaft institutionell als Gegenstück zur staatlichen Organisation. Doch soll in meinen Ausführungen hier unter der Zivilgesellschaft nur der »Dritte Sektor« gemeint sein, der nicht im wirtschaftlichen Bereich, dem »Zweiten Sektor«, integriert ist.

Diese weitere Einengung des Begriffs Zivilgesellschaft ist im Hinblick auf die realen Machtstrukturen sinnvoll. Vom Standpunkt der einzelnen Bürgerin oder des einzelnen Bürgers aus erscheinen doch Staat und Wirtschaft wie eine kaum mehr entflechtbare, gemeinsame Obrigkeit, die das individuelle Leben weitgehend bevormundet und deren Forderungen man sich weitgehend ohnmächtig ausgeliefert fühlt. Daran ändert auch ihre gelegentliche Beteiligung an Wahlen von Volksvertretern in die staatlichen Institutionen nicht viel, weil inhaltliche Fragen – in der öffentlichen Diskussion bewusst unterbelichtet und auf verwirrende Weise miteinander verknotet – dabei eine immer geringere Rolle spielen, so dass die Kandidaten unterschiedlicher Parteien in immer höherem Maße als beliebig auswechselbar erscheinen. Über die mächtigen Führungskräfte der Wirtschaft, die nicht nur im eigenen Lande, sondern zum Teil auch weltweit großen Einfluss auf die Geschicke aller Bürgerinnen und Bürger haben, existieren kaum verwertbare Informationen, die den Betroffenen eine Orientierung über Personen und mögliche Optionen erlauben könnten. Im Übrigen wäre diese auch völlig unnütz, da keine Wahlmöglichkeiten über solche Personen und Optionen bestehen, es sei denn als Kunde bei der Auswahl der von der Wirtschaft angepriesenen Produkte, was jedoch keinem demokratischen, sondern einem von der Kaufkraft abhängigen Votum entspricht. Der eigentlich Bedürftige hat hier keine Stimme. Es ist aus diesen Gründen verständlich, dass sich der wirtschaftsunabhängige Teil der Zivilgesellschaft notgedrungen als eine neue unabhängige Kraft artikulieren, formieren und organisieren möchte und muss, um diesem Missstand zu begegnen.

Offensichtlich hat die Zivilgesellschaft eine Vielzahl unterschiedlicher Ziele. Sie sind direkt oder indirekt verkoppelt mit den unterschiedlichen Unzulänglichkeiten von Staat und Wirtschaft, in angemessener Weise den Bürgerinnen und Bürgern das ihnen in einem demokratischen System zugebilligte Recht einzuräumen, gemeinsam und mehrheitlich über die Formen ihres Zusammenlebens entscheiden zu können. Die rasante ökonomische Entwicklung der wissenschaftlich-technischen Zivilisation hat hier zu dramatischen ökonomischen, sozialen und ökologischen Ungleichgewichten geführt, die sich durch eine Verselbstständigung der Dynamik in eine zivilisatorische Katastrophe auszuwachsen drohen.

Die Ziele der Zivilgesellschaft bestimmen sich vornehmlich darin, erstens die sich anbahnende Krise allen deutlich zu machen und zweitens diese Krise mit allen ihren Symptomen durch geeignete Gegenmaßnahmen erfolgreich zu bewältigen oder sie wenigstens so weit zu entschärfen, dass größere Katastrophen verhindert werden. Im Folgenden sollen zunächst die Probleme der modernen wirtschaftlichen Entwicklung aufgezeigt werden, deren Lösung eine existenzielle Herausforderung der Gesellschaft dringend erfordert. Hierzu bieten sich mögliche Lösungsstrategien und konkrete Einstiege an. Wirtschaft und Staat scheinen beide, aber aus unterschiedlichen Gründen, als Problemlöser ungeeignet zu sein. Deshalb kommt, wie mir scheint, wenn überhaupt nur eine sich geeignet weiterentwickelnde, differenzierte Zivilgesellschaft infrage. In den unterschiedlichen Zielsetzungen ihrer Teile und deren konstruktivem Zusammenwirken könnte sie sehr wohl dieser schwierigen Aufgabe gerecht werden.

Zukunftsfähigkeit als vorrangige gesellschaftliche Aufgabe

Die in der Folge der Aufklärung betont rationale Betrachtung der Wirklichkeit hat eine eindrucksvolle Entwicklung der Wissenschaft ermöglicht. Insbesondere führte sie in den Naturwissenschaften zu einem tieferen und umfassenderen Verständnis der Naturvorgänge. Die Erkenntnis allgemeiner Naturgesetze erlaubte die Prognose zukünftiger Ereignisse. Durch geeignete Präparation des Gegenwärtigen eröffnete dies prinzipiell die Möglichkeit, die Natur nach Belieben zu manipulieren und sie dem Menschen dienstbar zu machen. Die auf dieser Grundlage entwickelte Technik hat dem Menschen Steuerungsmacht über natürliche Prozesse verliehen und ihm vielfältige Wege eröffnet, sich die Mühen seines Alltagslebens zu erleichtern. Die Industriegesellschaft im eigentlichen Sinne konnte sich jedoch erst durch die umfassende Ausbeutung der fossilen Brennstoffe Kohle, Erdöl und Erdgas in der Erdkruste entwickeln. Die Probleme der heutigen Industriegesellschaft resultieren weniger aus der durch Wissenschaft ermöglichten Technik als vielmehr aus der enormen Verstärkung menschlicher Einwirkung auf das Ökosystem durch diesen forcierten Einsatz nichterneuerbarer Energieressourcen und die dadurch ausgelöste Beschleunigung natürlicher Prozesse.

Entsprechend dem »Zweiten Hauptsatz der Thermodynamik« (Entropiesatz) tendieren isolierte Systeme in der Natur zeitlich immer in Richtung größerer Unordnung (höhere Entropie), was praktisch einer Wertminderung entspricht. Veränderungen, umgekehrt, zu höher differenzierten Ordnungsstrukturen, also Wertschöpfungsprozesse *in einem natürlichen Sinne* (im Gegensatz zu den Wertschöpfungsprozessen der Wirtschaft, die auf eine Vermehrung des *Tausch*wertes zielen), müssen deshalb gegen diesen dominanten Trend der Ordnungsminderung anlaufen. Solch ein Gegentrend wird nur dann möglich, wenn eine »ordnende Hand« eingreift: Sie muss Ordnungsenergie (arbeitsfähige Energie) zuführen, aber auch – und das ist wichtig – intelligent gesteuert werden. Dies erfordert Information und einen gewissen Zeitaufwand für die

Umsteuerung. Deshalb sind Mäßigung und Entschleunigung wesentliche Voraussetzungen, um bei Energiezufuhr den »unnatürlichen« Aufbauprozessen gegenüber den »natürlichen« Abbauprozessen eine Chance zu geben. Die Evolution des Lebendigen auf der Erde unter Sonneneinstrahlung zeigt eindrucksvoll, wie durch ein intelligentes und lernfähiges Plussummenspiel (ein Win-win-Spiel) in der relativ kurzen Zeit von dreieinhalb Milliarden Jahren aus einfachen chemischen Verbindungen die enorme Vielfalt des Biosystems, ein synergetisch vernetztes System hochkomplexer Pflanzen und Tiere, entstanden ist. Wichtig ist, dass der Mensch als ein Teil dieses hoch ausgetesteten Biosystems verstanden werden muss und nicht außerhalb von diesem steht. Die Zukunftsfähigkeit des Menschen erfordert Nachhaltigkeit auf drei Ebenen: der ökologischen, der sozialen und der human-individuellen. Nachhaltigkeit (sustainability) geht hierbei über den statischen Begriff der substantiellen Erhaltung hinaus, sie bezeichnet dynamisch die aktive Unterstützung der Vitalität und Entwicklungsfähigkeit des Ökosystems einschließlich des Menschen. Alle drei Ebenen sind gleich wichtig, aber nicht gleichwertig. Die ökologische Nachhaltigkeit ist die umfassendste, sie soll die natürlichen Lebensgrundlagen des Menschen sichern helfen. Die human-individuelle Nachhaltigkeit schließt die ökonomische Komponente, die materielle Sicherung der natürlichen Lebensbedürfnisse, ein, erschöpft sich jedoch nicht in dieser, sondern umfasst auch die für einen Menschen wesentliche Entfaltung seiner geistigen und emotionalen Potenziale. Offensichtlich stehen diese Forderungen der Nachhaltigkeit im Widerspruch zum Wirtschaftsparadigma der heutigen industriellen Welt, das sich immer noch an einem ungehemmten materiellen Wachstum orientiert. Hierin liegt die große Problematik der jetzigen wissenschaftlich-technisch-ökonomischen Entwicklung. Um die notwendige Umsteuerung zu erreichen, sind dramatische Änderungen der wirtschaftlichen Rahmenbedingungen und Spielregeln nötig. Dies stellt eine existenzielle Herausforderung der Gesellschaft dar.

Eine Umsteuerung dynamischer Prozesse ist schwierig, da sie in der Regel über eine große Eigendynamik verfügen, die dem Handelnden als scheinbar unveränderbare Sachzwänge begegnen. Die weltwirtschaftliche Dynamik trägt alle Zeichen einer Destabilisierung, die durch eskalierende Intensivierung und Beschleunigung gekennzeichnet sind. Diese Zeichen sind nicht Ausdruck von Wohlstand, wie allgemein angenommen wird, sondern Merkmale eines Teufelskreises. Er ähnelt der Rüstungseskalation im vergangenen Kalten Krieg: Die wechselseitige Bedrohung von Ost und West hatte aufgrund der Ambivalenz der Waffensysteme bezüglich Angriffs- und Verteidigungsfähigkeit und der Worst-case-Annahmen der Militärplaner zu einer beispiellosen Überrüstung beider Seiten geführt, bei der am Ende unfassliche Massenvernichtungspotenziale von je fast 30 000 Atomsprengköpfen sich gegenüberstanden. Die Unvernunft dieser Überrüstung war beiden Seiten offensichtlich, doch zeigte sich kein geeigneter Weg, aus dieser Rüstungsspirale ohne eigenes Risiko auszusteigen. Bei der letztlich gewaltlosen Beendigung des Kalten Krieges hat aus meiner Sicht die Zivilgesellschaft, selbstverständlich mit Michail Gorbatschow als einer wichtigen Schlüsselperson im politischen Bereich, eine entscheidende Rolle gespielt.

Auch Hazel Henderson sieht in ihrem neuesten Buch ›Building a win-win world – life beyond global economic warfare‹ eine gewisse Parallele zwischen der augenblicklichen weltweiten ökonomischen Entwicklung und der ruinösen Rüstungseskalation. Um in dem unsinnigen Wettrennen um relative Marktvorteile mithalten zu können, fühlen sich heute viele Länder gezwungen und bereit, mühsam erworbene kulturelle und soziale Errungenschaften der letzten Jahrzehnte aufzukündigen. Die menschliche Gesellschaft steht deshalb vor der existenziellen Herausforderung, die eskalierenden materiellen Wachstumsprozesse durch geeignete Maßnahmen zähmen zu müssen. Staat und Wirtschaft, welche die Macht in unserer Gesellschaft verkörpern, erscheinen als Akteure für eine Umsteuerung kaum geeignet, weil ihr Einfluss immer noch eng mit den Energie- und Stoffströmen zusammenhängt und sie deshalb kaum an deren Einschränkung interessiert sein werden. Denn auch in Zukunft kann aus diesen Strömen, die nach bisheriger Praxis aus kostenlosen Naturressourcen gespeist werden, wirkliches (und nicht nur virtuelles) Geld erwirtschaftet werden, solange sie nicht versiegen. Selbstverständlich wird der Dienstleistungsanteil der Wirtschaft künftig stärker anwachsen als der materielle Anteil. Doch ist kaum vorstellbar, dass eine Weltwirtschaft vornehmlich als Dienstleistungsunternehmen ohne wesentliche materielle Basis florieren kann. Der Herausforderung wird deshalb nur erfolgreich begegnet werden können, wenn sich eine geeignete dritte Kraft formiert und sich die Lösung der damit verbundenen Aufgaben zum Ziel macht.

Die Krisensymptome der wissenschaftlich-technisch-ökonomischen Zivilisation stehen im Zusammenhang mit einer notorischen Vernachlässigung des Systemischen gegenüber dem Lokal-Ursächlichen, einer bewussten Unterbetonung des Gemeinsamen gegenüber dem Individuellen und einer Abwertung von Solidarität und Gemeinsinn gegenüber der isolierten Eigenleistung und dem Eigennutz. Offensichtlich stellt sich dabei nicht die Frage nach einem »Entweder-oder«. Denn das eine wie das andere ist notwendig. Es geht vielmehr um die Suche nach Möglichkeiten eines fruchtbaren Zusammenspiels von Teilen innerhalb eines Gesamtsystems, so dass »das Ganze mehr wird als die Summe seiner Teile«. Solidarität ist nicht nur eine gefeierte Errungenschaft der von uns wortreich gepriesenen »humanen« Gesellschaft. Solidarität ist ein für uns existenziell wichtiges Lebensgut, das im Erfolg des Plussummenspiels bei der Herausbildung der höheren Lebensformen auf der Erde wurzelt. Hierbei triumphieren im Überlebenskampf der Arten letztlich nicht einfach die Stärkeren über die Schwächeren nach dem primitiven K.-o.-Ausleseprinzip (Nullsummenspiel) – wie es von unserer Wirtschaft als das vermeintlich »natürliche« Prinzip kopiert wird –, sondern diejenigen, die geschickt die Verschiedenartigkeit der Lebensformen in ihrer Umgebung zu ihrem eigenen Vorteil *und gleichzeitig auch zum Vorteil ihrer Partner* nutzen. Langfristige Überlebensfähigkeit, Zukunftsfähigkeit von komplexen Systemen setzt nicht nur Stärke und Beweglichkeit der einzelnen Glieder voraus, sondern die Einsicht, dass in der Verschiedenartigkeit, der Vielfalt der Glieder nicht nur eine Bedrohung lauert, sondern dass darin ungeahnte Möglichkeiten liegen, im Einvernehmen mit anderen auch schwierigere Aufgaben zu meistern, die der Einzelne allein nicht lösen kann. Weit besser als bei den auf ganz bestimmte Situationen hin starr optimierten Systemen, eröffnen sich für eine individuell hoch entwickelte, differenzierte, pluralistische und kooperative Gesellschaft vielfältige Chancen, auf überraschend veränderte äußere Bedingungen flexibel reagieren zu können und eben darum langfristig überlebensfähig zu werden. Zukunftsfähig ist, was zum Plussummenspiel bereit ist, was im anderen, dem Mitmenschen, der Mitnatur, vornehmlich den *Mit*spieler und nicht den *Gegen*spieler sieht. So stehen soziale Verträglichkeit und ökologische Nachhaltigkeit nicht im Widerspruch zueinander, sondern streben das Gleiche auf zwei verschiedenen Ebenen an. Ein Plussummenspiel muss jedoch scheitern, wenn eine Gesellschaft, wie die unsrige im wirtschaftlichen Bereich, »den Kampf aller gegen alle« gewissermaßen als Naturprinzip propagiert und darüber hinaus auch noch alle zu einem gemeinsamen Feldzug gegen die übrige »Natur« aufruft, eine Natur, die sie nur mehr als »Umwelt« im Sinne einer Arena für ihre vielfältigen, eigensüchtigen Beutezüge, als unendlich ergiebigen Steinbruch und beliebig schluckfähige Müllkippe begreift und nicht, was sie eigentlich ist, als ihre natürliche Lebensgrundlage. Selbstverständlich wird dies so nicht offen verkündet, doch wir alle fühlen uns genötigt, täglich in diesem Sinne zu handeln, weil die harte »Realität«, so glauben wir, dies eben von uns so erfordert. Und dahinter steckt ja auch eine sehr realistische Variante der Realität, die besagt, dass »dumme« Gesellschaften, die starrköpfig, engstirnig und kurzsichtig ihre längerfristigen Vorteile nicht wahrnehmen, am Ende einfach aus der Evolution hinausgeworfen werden – und dies leider ohne Rücksicht darauf, ob es in diesen Gesellschaften einige wenige oder gar ganze Völker (die gewöhnlich von dem zum Abgrund keuchend Spurtenden als »unterentwickelt« tituliert werden) noch rechtzeitig warnend den Finger gehoben haben. Die Individuen in einer solchen »dummen« Gesellschaft kommen sich dabei allesamt recht schlau vor, da sie voll auf kurzfristige Ziele orientiert und in deren Verfolgung meist auch recht erfolgreich sind. Wenn man Erfolg dabei vor allem am schnellen Wachstum und an zunehmender Beschleunigung misst, so wird eine zu Tale donnernde Lawine geradezu zum Erfolgssymbol, soweit man einmal von der Zerstörung von all dem überrollten schwächlichen Kleinkram auf ihrer Bahn absieht – sorry, wo gehobelt wird fallen Späne! – und dann auch noch alle düsteren Spekulationen über die fernere Zukunft als Panikmache diffamiert.

So haben sich längst die meisten damit abgefunden, dass es auf der Erde eben Reiche und Arme gibt, weil es schon immer so war und Unterschiedlichkeit ja ein unvermeidlicher Aspekt der gepriesenen Vielfalt ist. Mag sein, aber die sich immer deutlicher abzeichnende bedrohliche Eigendynamik der Wirtschaft sollte uns nachdenklich stimmen. Die von uns heute favorisierte, wachstumsorientierte, kapitalistische, »freie« Marktwirtschaft hat offensichtlich Rahmenbedingungen und Spielregeln geschaffen, nach denen mit zunehmendem Tempo die Reichen immer reicher und die Armen immer ärmer werden. Dies trägt die Züge einer »Destabilisierung« des Systems (ähnlich wie bei unserer Lawine). Es erfordert eigentlich dringend eine Generalüberholung des mangelhaften wirtschaftlichen Regelwerkes, wenn wir dabei wüssten, was, wer, wie, und vorausgesetzt, der Zeitpunkt dafür ist (wie bei einer Lawine) noch nicht verpasst.

Lösungsstrategien und Einstiege

Auf welche Weise Nachhaltigkeit, insbesondere ökologische Nachhaltigkeit, erzielt werden kann, ist nicht einfach zu beantworten. Dies liegt nicht zuletzt an einer gewissen Schwammigkeit des Begriffes »Nachhaltigkeit«, der sich nur schwer in Form eines Rezeptbuches konkretisieren lässt. Dies hat jedoch nicht nur mit augenblicklicher Unkenntnis zu tun, sondern ist von prinzipieller Art. Genau betrachtet sind wir nämlich bei einer Verwirklichung der Nachhaltigkeit in keiner schlechteren Situation als die Natur selbst. Denn die Natur versucht ja auf der Erde (unserer heutigen Kenntnis nach) nicht ihre langfristigen, nach immer weiterer Differenzierung strebenden Ordnungsstrukturen aufgrund eines vorgefassten Superplanes (mit einem bestimmten Ziel vor Augen) zu verwirklichen. Die Natur muss diese Differenzierung nach dem Prinzip von »Versuch und Irrtum«, gewissermaßen spielerisch, aber unter optimaler Ausnützung synergetischer Vorteile – also konstruktiven Zusammenwirkens schon existierender Lebensformen – herausfinden. Nachhaltig ist also, tautologisch, was nachhält, was sich langfristig bewährt. Nachhaltigkeit wird also nicht in der genauen Befolgung ganz bestimmter Rezepte erreicht, sondern durch eine *offene, aufmerksame, umsichtige, flexible, kreative, ein-*

fühlende und liebende Lebenseinstellung. Hierdurch wird schon deutlich, dass für die richtige Orientierung echte, verantwortungsbewusste Menschen unentbehrlich sind, die kaum durch mehr oder weniger bürokratische Institutionen, wie sie Staat und Wirtschaft anbieten, imitiert werden können.

Es gibt allerdings Nachhaltigkeitsbedingungen, die auch von Staat und Wirtschaft administriert werden können. So ist es leichter anzugeben, welche Maßnahmen und Verhaltensweisen definitiv ökologische Nachhaltigkeit verschlechtern. Hierfür lässt sich gewissermaßen ein »Negativkatalog« für Nachhaltigkeit (»Killer«-Bedingungen) erstellen. Damit ist man allerdings der Lösung der Aufgabe noch nicht wesentlich näher. Denn die eigentlichen Schwierigkeiten treten doch bei der praktischen Umsetzung auf. Hierbei müssen wir einerseits schmerzhaft erkennen, dass wir uns selbst als Verbraucher und potenzielle Nutznießer im Wege stehen. Andererseits müssen wir zusätzlich auch gegen alle die vielfältigen Machtstrukturen ankämpfen, deren Reichtum und Einfluss zu wesentlichen Teilen ja bisher aus nichtnachhaltigem Wirtschaftsverhalten gespeist wurden. Um bei den Änderungsbemühen nicht sofort donquixotisch zu scheitern, ist es deshalb wichtig, sorgfältig nach geeigneten Einstiegen und katalytischen Mechanismen zu suchen, wie die bestehenden wirtschaftlichen und politischen Kräfte konstruktiv für die notwendigen Transformationen eingespannt werden können. Auch hierzu bedarf es der kundigen Einsichten von verantwortungsbewussten Menschen direkt vor Ort.

Wie soll ein Umsteuern gelingen? Es besteht in den führenden Industrienationen wenig Neigung, vom bisherigen wirtschaftlichen Dogma abzuweichen, da doch gerade erst die westliche Wirtschaftsform in der Auseinandersetzung mit der östlichen Kommandowirtschaft eindeutig als Siegerin hervorgegangen zu sein scheint. Damit sei sie nun, so glaubt man, hinreichend als die schlechthin angemessenste Wirtschafts- und Lebensform ausgewiesen. Dies ist ein gefährlicher Trugschluss, da die westliche, wachstumsorientierte Wirtschaftsform mit ihrem aufwändigen und verschwenderischen Lebensstil im krassen Widerspruch zu den Bedingungen einer sozialen und ökologischen Verträglichkeit steht. Sie kann deshalb kein Vorbild für eine zukunftsfähige Weltwirtschaft sein.

Ungebremste, freie Marktwirtschaft als Problemverschärfer

Eine freie Marktwirtschaft erscheint als die beste Form, um die Bedürfnisse der Bürgerinnen und Bürger einer Gesellschaft angemessen zu befriedigen, denn jeder hat dabei die Möglichkeit, nach eigenem Ermessen und in eigener Kompetenz beim Kauf seine für ihn beste Auswahl zu treffen. Diese Idealsituation ist jedoch praktisch nur in seltenen Fällen gegeben. Dies gilt insbesondere nicht für eine liberal-kapitalistische freie Marktwirtschaft. Denn hier ist nicht jeder Bedürftige ein möglicher Kunde am Markt, sondern nur diejenigen, welche über ausreichend Geld verfügen. Bei steigender Arbeitslosigkeit fallen immer mehr – und hierbei gerade die Bedürftigsten – als handlungsfähige Käufer aus. Doch auch die Kauffähigen haben nur geringe Chancen, das ihren Wünschen Angemessene und das für sie beste Produkt herauszufinden, weil ihnen die dazu nötige Information fehlt. Durch eine massive schönfärberische Werbung wird der Kunde auf wissenschaftlich ausgeklügelte Weise zum Kauf von Produkten verführt, die zunächst kaum in seinem Interesse liegen. Auch wird er über den eigentlichen Wert des Produktes getäuscht. Die Unsitte der *,99-Preise zeigt beispielhaft, dass hier mehr Täuschung und Verführung als ehrliche Unterrichtung und Klärung Hauptmotive sind. Der unerbittliche Wettbewerb zwischen den Produzenten und Anbietern verleitet doch dazu, die Bürgerinnen und Bürger über Fernsehen, Radio und Printmedien zu verdummen, anstatt sie als aufmerksame und gewissenhafte Kunden zu einer informierten, kompetenten Entscheidung zu befähigen, wie dies eigentlich in den Lehrbüchern der freien Marktwirtschaft als Idealfall beschrieben wird. Die unsäglichen und dummen Werbesprüche zerstören darüber hinaus auch die Sensibilität der Bürgerinnen und Bürger, sich im politischen Bereich ein fundiertes Bild über Qualität und Motive der von den Parteien zur Wahl aufgestellten Kandidaten zu machen. Mit der durch die Medien ausufernden verlogenen Werbemanipulation der Kunden werden der partizipatorischen Demokratie faktisch die Grundlagen entzogen und die Menschen widerstandslos in eine selbst gewählte Sklaverei getrieben. Auf diese Weise führt die unerbittliche Wettbewerbswirtschaft zu einer Beschleunigung von Prozessen, deren zweifelhafter Wert für den Einzelnen oder die Gesellschaft nie hinterfragt wird.

Trotz der oberflächlichen Pluralität der angebotenen Produkte triumphiert am Ende die mächtige Einfalt über die differenzierte Vielfalt, da sich diese nur allzu oft als nur verschiedene »Verpackungen« von Wohlbekanntem entpuppen. Die meisten Produzenten werden im unerbittlichen Konkurrenzkampf immer mehr genötigt, sich weniger um eine hohe Qualität ihrer Produkte, als mehr um deren möglichst umfangreiche Vermarktung zu kümmern. Damit scheidet die Wirtschaft praktisch als eine innovative Kraft für die Neuorientierung der Gesellschaft in Richtung auf eine bessere Nachhaltigkeit aus. Sie will dies offen gestanden auch gar nicht und unterstreicht diese Abstinenz der Öffentlichkeit gegenüber mit dem demokratisch klingenden Hinweis, dass einzig die Politik für eine neue Weichenstellung in Richtung Nachhaltigkeit verantwortlich sei. Formal hat sie damit auch völlig Recht. Aber wer soll denn die dringend notwendige Arbeit dann leisten und mit welchen Mitteln? Glauben die Wirtschaft und die Bevölkerung wirklich, dass der Staat, also die von der Wirtschaft und allen anderen viel gescholtene Politik, dazu in seiner begrenzten Handlungsfähigkeit prinzipiell noch imstande ist?

Unzulänglichkeiten des Staates als Problemlöser

Ohne Zweifel ist es die Aufgabe des Staates und seiner Institutionen, die Rahmenbedingungen und Spielregeln für eine freie Wirtschaft so vorzugeben, dass sich im freien Spiel der Marktkräfte auch die notwendigen Voraussetzungen für ökologische Nachhaltigkeit und soziale Verträglichkeit ergeben. Es ist jedoch offensichtlich, dass die Politik mit dieser Aufgabe *de facto* überfordert ist. Ihre Kräfte werden durch die täglich schwierigere Tagespolitik aufgezehrt und dies insbesondere, weil keine langfristigen Perspektiven existieren und nicht einmal, so erscheint es wenigstens dem Außenstehenden, Anstalten gemacht werden, solche zu entwickeln. In der gegenwärtigen Situation eines globalen gesellschaftlichen Umbruchs wären dringend soziale Innovationen notwendig. Anstatt diese zielstrebig und mutig anzustreben, wird weiterhin nur auf technische Innovationen gesetzt, die letztlich bestenfalls nur Atempausen schaffen, um dann zu einem späteren Zeitpunkt erkennen zu müssen, dass die alten sozialen Spannungen meist in verschärfter

Form wieder in Erscheinung treten. Es ist klar, dass soziale Innovationen weitaus schwieriger zu initiieren und zu administrieren sind, als wissenschaftlich-technische Innovationen, da diese wegen ihrer vergleichsweise geringeren Komplexität, bei Vorgabe der richtigen Fragestellungen und Rahmenbedingungen, meist von alleine üppig aufsprießen. Die durch die vergangenen Erfolge gut gestützte Gewohnheit, gesellschaftliche Schwierigkeiten durch technische Neuerungen auflösen zu wollen, also im Wesentlichen neue Freiräume zu schaffen (Going West!) und nicht auf Schlichtung von Konflikten zu drängen, ist einer der Gründe, warum die Technik immer weniger, wie ursprünglich konzipiert, dem Menschen und der Befriedigung seiner Grundbedürfnisse dient. Stattdessen wird eine Entwicklung neuer Lebensformen des Menschen gefordert, die ihn nun umgekehrt auf diese von einer kleinen Minderheit entwickelten, mit der Mehrheit gar nicht abgestimmten und von ihr nicht unterstützten Technik ausrichten und anpassen soll. Die großen Opfer an einer wirklich gelebten Humanität, wie sie angeblich den *homo sapiens sapiens* auszeichnen soll, werden dabei von einer triumphierenden Minderheit, die einfach den primitiven wissenschaftlich-technisch-wirtschaftlichen Fundamentalismus als geschichtlich unausweichliche Heilslehre für alle verkündet, der großen Mehrheit – im Sinne etwa des gorbatschowschen Ausspruchs: Wer zu spät kommt, den bestraft das Leben! – mitleidlos aufgebürdet.

Der Staat, der zweifellos den Verfassungsauftrag hat, die Rahmenbedingungen der gesellschaftlichen Entwicklung im Lande vorzugeben, kann meines Erachtens nicht nur *de facto,* sondern auch grundsätzlich diese Aufgabe unter den heutigen Bedingungen nicht mehr leisten. Durch die globale Einbindung fehlt ihm dazu vielfach die dazu notwendige Kompetenz und Souveränität. Durch die Vielzahl und Komplexität der Sachverhalte und die wachsende Geschwindigkeit der Veränderungen sind die verantwortlichen Politiker auf den fachmännischen Rat von Wissenschaft, Industrie, Wirtschaft und mächtiger Interessengruppen wesentlich angewiesen, die sich als Souffleusen, im Hintergrund und für die Öffentlichkeit unbemerkt, auf diese Weise unentbehrlich gemacht haben. Versuche, Wissenschaft, Industrie und Wirtschaft direkt auf die Bewältigung der drängenden Probleme einzuschwören, scheitern mit dem Hinweis auf die Richtlinienkompetenz der Politik. So wandert der »schwarze Peter« von einem zum anderen und keiner fühlt sich für die Untätigkeit wirklich verantwortlich. Verständlich ist deshalb, dass von mancher Seite die Notwendigkeit einer »vierten Gewalt«, in Form etwa einer »Konsultative« (neben der Exekutive, Legislative und Judikative), gefordert wird, deren Aufgabe es wäre, sich vornehmlich der Zukunftsfragen anzunehmen. Doch kommt hierbei sofort die Frage auf, wer nun eigentlich so eine »Konsultative« repräsentieren soll. Denn es ist doch eher unwahrscheinlich, dass durch ein wie intelligent auch immer ausgeklügeltes Ausleseverfahren die Weisheit im Lande verlässlich in geeigneten Persönlichkeiten verankert werden könnte. Andererseits ist es für jeden offensichtlich, der sich aktiv an den vielfältigen und mit großem Engagement betriebenen öffentlichen gesellschaftspolitischen Diskussionen beteiligt hat und noch beteiligt, dass die Gesellschaft über ein großes Potenzial an profunden Einsichten und erprobtem Sachverstand, an konstruktiven Zukunftsvorstellungen und praktischen Umsetzungsvorschlägen sowie an persönlichem Verantwortungsbewusstsein und ethischer Standfestigkeit verfügt, und dies in einem Maße, das weit über das im politischen Raum erkennbare Niveau hinausgeht. *Die Aufgabe müsste deshalb darin bestehen, das in der Gesellschaft verborgene intellektuelle, geistige und sittliche Potenzial für die Gesellschaft geeignet zu mobilisieren.* Letzten Endes heißt dies wohl: Die sich in unzähligen Initiativen formierende Zivilgesellschaft als ernst zu nehmende dritte globale Kraft neben Staat und Wirtschaft voll zu etablieren und als konstruktives, lebendiges, kreatives, kritisches Element in die Gestaltung der zukünftigen Weltgesellschaft einzubinden.

Die Zivilgesellschaft als möglicher Problemlöser

Grundvoraussetzung der Zivilgesellschaft ist nicht primär die demokratische Legitimierung von Hierarchien, die das Staatswesen ordnen sollen, sondern die Partizipation aller an der Gestaltung des für sie relevanten Lebensbereichs. Der jeweilige Einfluss des Einzelnen ist hierbei nicht ganz demokratisch austariert, sondern durch den Grad der Partizipation gewichtet, was nicht ganz unproblematisch ist. Die Zivilgesellschaft beschreibt eine solidarische Gesellschaft intellektuell und emotional befähigter, ethisch und moralisch kompetenter, emanzipierter und engagierter Individuen. Sie orientiert sich in ihrer Organisation in gewisser Weise an der biologischen Evolution, bei der die Teilnahme unterschiedlichster Fähigkeiten an einem gemeinsamen Plussummenspiel die besten Voraussetzungen für höhere Flexibilität und damit eine Weiter- und Höherentwicklung des ganzen Systems ermöglicht. Sie strebt nicht die straff ausgerichtete, machtvolle Einfalt an, sondern die chaotisch-evolvierende, differenzierte Vielfalt. Die Ausbildung eines funktionierenden Gemeinwesens und seine dynamische Stabilisierung benötigt unter solchen Umständen eine geeignete Steuerung. Wichtig ist dabei vor allem eine ausreichende Flexibilität und Reaktionsfähigkeit seiner Glieder. Dies kann nur durch eine weitgehende Dezentralisierung der Gesamtstruktur erreicht werden. Denn Flexibilität verlangt notwendig eine umfassende und unabhängige konstruktive Partizipation der Menschen, was nur in relativ kleinen Strukturen (small is beautiful!) funktioniert, da sie intensive, wechselseitige Dialoge voraussetzt. Mit den modernen Informationstechnologien braucht dies vielleicht nicht notwendig kleinräumigen, regionalen Strukturen zu entsprechen, sondern könnte sich auch in der Ausbildung einer globalen Vernetzung von Gleichgesinnten widerspiegeln. Die Kleinheit schafft die Voraussetzung, dass Informationsaustausch nicht inhalts- und bedeutungsleer bleibt, sondern zu echter Kommunikation führt, also ein Informationsaustausch, der Betroffenheit erzeugt, zu Verständnis und Wissen führt und in der Folge Verantwortungsbereitschaft bei den Teilnehmern generiert. Die Beziehung zwischen den Menschen darf sich nicht nur in wechselseitiger Toleranz erschöpfen, wo man die Andersartigkeit des anderen »erträgt«, sondern verlangt wechselseitigen Respekt vor anderen Sicht- und Lebensweisen, die als Bereicherung der eigenen Erfahrung im Sinne eines »das Ganze ist mehr als die Summe seiner Teile« empfunden wird.

Auf dem Hintergrund der Hilflosigkeit der Politik und der ruinösen Eigendynamik der Wirtschaft versucht die Zivilgesellschaft, eine Flotte von kleinen Rettungsbooten für den Ernstfall zu entwickeln. Die Vielfalt ist erstaunlich und das Engagement eindrucksvoll. Aber noch dominieren die leidgeprüften Einzelkämpferinnen und -kämpfer und Überlebenskünstlerinnen und -künstler. Die Solidarisierung der Gruppen gelingt bisher meist nur im Kopf und nicht in der Praxis. Zu sehr verlässt man sich in den aufreibenden

Auseinandersetzungen mit einer unwilligen oder einfach nur passiven, trägen und bequemen Masse von Mitmenschen und bei der Durchsetzung der ausgewählten Nahziele, auf seine eigenen Erfahrungen und Kräfte. Spontane Zusammenschlüsse verschieden orientierter Gruppen mit gemeinsamen übergeordneten Zielen – Abrüstung und Friedenssicherung, Kernenergie, nachhaltige Entwicklung, Soziales, Bevölkerung, Frauen, Städte u. a. – haben mit der Zeit ein »Wir«-Gefühl entstehen lassen, das immer mehr zu gemeinsamen Aktionen und mutigeren Vorstößen ermuntert. Die großen Konferenzen der Vereinten Nationen in Rio de Janeiro (Environment and Development), Kopenhagen (Social Problems), Kairo (Population), Peking (Women) und Istanbul (Human Settlements) haben für die globale Zivilgesellschaft hervorragende Plattformen für erste und weiterführende intensive internationale Kontakte geboten, die auch nach diesen Treffen über die elektronischen globalen Informationsnetze mannigfach verbreitert und vertieft werden konnten. Sie findet heute ihren lebendigen Ausdruck vor allem in den vielfältigen Aktivitäten der kommunalen Agenda 21.

Die enorme Stärkung des Einflusses der Zivilgesellschaft war für mich besonders auf dem Städtegipfel Habitat II in Istanbul spürbar. Hier tagten auf dem gleichen Gelände zum ersten Mal in zwei getrennten Strängen die Regierungsvertreter (Commission I) und die Zivilgesellschaft (Commission II) nebeneinander und mündeten in getrennten und gemeinsamen Verlautbarungen. Gerade bei Problemen über die Zukunft der Städte wurde offensichtlich, welche wesentliche Kompetenz hier bei der Zivilgesellschaft, insbesondere den Vertretern der kommunalen Verwaltungen und den vielen, an kommunalen Fragen orientierten Nichtregierungsorganisationen, den NROs oder NGOs lag, die sich an dem Prinzip »Global denken, lokal handeln!« orientierten. Auch der Generalsekretär der UNO, Boutros Boutros Ghali, hatte aus diesem Grunde zu seiner persönlichen Unterrichtung gesondert eine Beratungsgruppe (der auch ich damals angehörte) aus Vertretern und Multiplikatoren der Zivilgesellschaft zur Habitat II Konferenz nach Istanbul eingeladen.

Auch in früheren Zeiten, insbesondere auch während des Kalten Krieges, haben NGOs eine wesentliche Rolle beim Konfliktmanagement und bei der Entschärfung gefährlicher politischer Spannungen gespielt. Mir sind insbesondere einige interessante Begebenheiten im Umfeld von *Pugwash Conferences on Science and World Affairs (Pugwash)* und *International Physicians for the Prevention of Nuclear War (IPPNW)* bekannt. So hatten z. B. die Initiativen der *Vereinigung Deutscher Wissenschaftler (VDW)* und *Pugwash* in Richtung einer »Defensiven Verteidigung« (»Non-Provocative Defense«) oder »Strukturellen Nichtangriffsfähigkeit« und auch eines »Umfassenden Nuklear-Test-Stopps« (»Comprehensive Nuclear Test Ban CNTB«) einen sehr günstigen Einfluss auf die Ost-West-Entspannungsbemühungen.

Hierzu kenne ich eine nette kleine Geschichte: Kurz nach seiner Amtsübernahme als Generalsekretär der Sowjetunion hatte Michail Gorbatschow im August 1985 anlässlich des 40. Jahrestags des Abwurfs der ersten Atombombe auf Hiroshima ein Moratorium für alle Atomtests der Sowjetunion zunächst bis Jahresende verkündet mit der Aufforderung an die USA, ihrerseits alle Atomtests zu unterlassen. Gorbatschow hoffte damals mit Unterstützung von *Pugwash*, den Erfolg des »Teilweisen Nuklear-Test-Stopps« (»Partial Nuclear Test Ban PNTB«) von 1963 wiederholen zu können, bei dem zunächst US-Präsident Kennedy einseitig ein Moratorium bei den Atomversuchen in der Atmosphäre, unter Wasser und im Weltraum verkündet und Chruschtschow gleichzeitig aufgefordert hatte, es ihm gleichzutun. Dies gelang damals auch! Leider war jedoch 1985 US-Präsident Reagan nicht bereit, nun seinerseits auf das Angebot Gorbatschows einzugehen, und dies mit dem Argument, dass die Einhaltung des sowjetischen Verzichts angeblich nicht nachkontrollierbar sei. Dieser Behauptung widersprachen eine Reihe von amerikanischen und sowjetischen Physikern. Um diesen abweichenden Standpunkt zu erhärten, sammelte die US-amerikanische Umweltorganisation *Natural Resources Defense Council (NRDC)* etwa drei Millionen Dollar, um zwei hochwertige seismische Messstationen zu kaufen. Mit diesen kann man auch kleinste unterirdische Atomexplosionen nachweisen, wenn sie nur genügend nahe am Explosionsort aufgestellt werden. Eine dieser

Stationen wollten *NRDC* in der Nähe des US-amerikanischen Testgeländes in Nevada, die andere in der Nähe des sowjetischen Versuchsgeländes in Semipalatinsk/Kasachstan installieren – beide mit internationaler personeller Besetzung. Dr. Thomas Cochran, der Direktor des *NRDC,* schrieb damals im Mai 1986 einen Brief an Gorbatschow, um eine Genehmigung für dieses Vorhaben zu erwirken. Als Gorbatschow diesen Brief erhielt, rief er seinen wissenschaftlichen Berater Jewgeni Welichow, *Pugwash*-Mitglied und Vizepräsident der Sowjetischen Akademie der Wissenschaften zu sich in den Kreml (Welichow, zu dessen internationaler Abrüstungsgruppe an der Sowjetischen Akademie ich gehörte, hat mir dies damals persönlich erzählt), zeigte ihm den cochranschen Brief und fragte ihn nach seiner Meinung. Durch das Wissenschaftler-Netzwerk besaß Welichow schon Kenntnis von diesem Vorhaben, das er enthusiastisch unterstützte. Er sagte dies auch Gorbatschow bei seiner Unterredung, der ihm auch gleich freudig zustimmte. Als Gorbatschow Welichow verabschiedete, legte er ihm die Hand auf die Schulter und sagte sinngemäß: »Ist das nicht wunderbar, Jewgeni Pawlowitsch: Da gibt es in den USA eine private Organisation, die mit der ablehnenden Haltung ihres Präsidenten nicht übereinstimmt, sie sammelt Geld, kauft damit ein teures Gerät, das die Meinung ihres Präsidenten widerlegen soll, schreibt einen Brief an mich, den Hauptfeind, den Häuptling des ›Evil Empire‹, ohne ihren eigenen Präsidenten zu fragen, und bittet um Unterstützung! – Ich möchte in meinem Lande auch so eine unabhängige Organisation haben, die mich widerlegt, wenn ich Unsinn behaupte.« Neun Monate später, im Februar 1987, lud Gorbatschow 1000 Wissenschaftler, Ärzte, Schriftsteller, Künstler, Geschäftsleute, Militärs u. a. zu einem Friedensforum nach Moskau ein, um Möglichkeiten für eine atomwaffenfreie Welt auszuloten. Auf diesem Forum wurde am Rande beschlossen, eine »International Foundation for the Survival and Development of Humanity« unter internationalem Recht in Moskau zu gründen. (Ich gehörte damals mit zu den Gründern.) Auch Andrei Sacharow, der anlässlich des Friedensforums aus seiner Verbannung in Gorki wieder nach Moskau zurückkehren durfte, wurde 1988 Mitglied der Foundation und konnte dann ein Jahr später ohne Behinderung unter dem internationalen Recht dieser Foundation zu einer Sitzung in Washington zum ersten Mal in die USA ausreisen.

Diese Begebenheit ist für mich nur ein eindrucksvolles Beispiel unter vielen für die überragende Bedeutung einzelner verantwortungsbewusster Persönlichkeiten und die Existenz von grenzüberschreitenden Netzwerken einer internationalen Zivilgesellschaft. Sie können kritische Massen organisieren, denen es unter glücklichen Umständen manchmal gelingt, verkrustete Machtstrukturen aufzubrechen. Unter der globalen Bewegung der *»Agenda 21«* können wir im Augenblick die Bildung einer weltweiten, kongenialen zivilen Weltgemeinschaft beobachten, die sehr wohl ein Vorbild für eine selbstbewusstere globale Zivilgesellschaft werden könnte.

Vernetzung der Zivilgesellschaft als Chance für Zukunftsfähigkeit

Einleitende Bemerkungen

Die Zukunftsfähigkeit unserer Zivilisation und sogar die Überlebensfähigkeit der Menschheit erscheinen heute gefährdet. Für die Bewältigung dieser existenziellen Herausforderung der Gesellschaft bieten sich mögliche Lösungsstrategien und konkrete Einstiege an. Wirtschaft und Staat scheinen jedoch beide, aber aus unterschiedlichen Gründen, als maßgebliche Problemlöser ungeeignet zu sein. Deshalb kommt wohl nur, wenn überhaupt, eine sich geeignet weiterentwickelnde, differenzierte Zivilgesellschaft infrage. Trotz der vielfältigen hervorragenden Kompetenzen ihrer Komponenten ist sie dazu heute nur begrenzt imstande, da die genialen Einzelkämpfer noch nicht gelernt haben, ihre sich hervorragend ergänzenden Kräfte zielorientiert zu bündeln. Bei einer geeigneten Abstimmung ihrer unterschiedlichen Kompetenzen und Zielvorstellungen sowie einer guten Kooperation bei der Durchführung konkreter Aufgaben könnten sie sehr wohl in kurzer Zeit dieser schwierigen Aufgabe gerecht werden. Entscheidend ist hierbei eine weitgehende Vernetzung und ein unmittelbarer Informationsaustausch zwischen den Akteuren. Die elektronischen Netzwerke könnten dafür die notwendige technologische Grundlage bieten. Dafür wurden schon zu Beginn der Gorbatschow-Ära die ersten Schritte initiiert.

Global Challenges Network (GCN)

Der NATO-Doppelbeschluss und das vom amerikanischen Präsidenten Ronald Reagan im Frühjahr 1983 verkündete »Verteidigungsprogramm der Zukunft«, das den Startschuss für die »Strategic Defense Initiative SDI« gab, hatten damals zu einem engagierten Widerstand vieler Friedensgruppen und insbesondere der Wissenschaftler der Friedensbewegung geführt. SDI konzipierte einen gigantischen Waffenschild im erdnahen Weltraum, mit dem die Menschheit gewissermaßen von der atomaren Geisel befreit werden sollte. Es war leicht einzusehen, dass dies, trotz der Vokabel »Verteidigung«, nur eine weitere Stufe in der Rüstungseskalation bedeutete. Die militärtechnischen Anstrengungen dafür überstiegen alle bis dahin gekannten Dimensionen. Um das Programm trotzdem erfolgreich durchzuführen, forderte Reagan damals alle Wissenschaftler und Ingenieure der Welt auf, gemeinsam an einem groß angelegten und hoch dotierten (etwa 70 Milliarden Dollar) mehrjährigen Forschungsprogramm mitzuwirken. Fünfzig brillanten und hoch spezialisierten Wissenschaftlern, Technikern und Militärexperten wurde im Rahmen der amerikanischen Fletcher-Kommission der Auftrag erteilt, die utopische Vision SDI auf den Weg zu bringen. In viereinhalbmonatiger intensiver Arbeit zerlegte diese Gruppe den gesamten Problemkomplex fachgerecht in Hunderte hochkomplizierte und wissenschaftlich immer noch höchst schwierige Teilprojekte, die sie dann getrennt dafür kompetenten Wissenschaftlern zur Bearbeitung und Lösung antrugen. Dieser Trick, das Unmöglicherscheinende in eine Vielzahl von sehr Schwierigen zu zerstückeln, hat mich damals sehr beeindruckt. Ich habe deshalb 1985 vorgeschlagen, die gleiche Methode für ein anderes, aus meiner Sicht viel dringlicheres und wichtigeres, aber ähnlich unlösbar erscheinendes Problem anzuwenden, nämlich die *langfristige globale Friedenssicherung*. Dies hat im Januar 1987 zu meiner Gründung des *Global Challenges Network GCN*, eines »Netzwerkes zur Bewältigung der globalen Herausforderungen«, in Starnberg bei München geführt. Es ist vielleicht im Zusammenhang mit den hier behandelten Fragen der Vernetzung der Zivilgesellschaft interessant, einmal zurückzublenden, was ich vor 12 Jahren »Zum Sinn und Zweck des *Global Challenges Network*« geschrieben hatte:

»Trotz aller beschwörender Warnungen und überzeugend geführter Argumente scheint die Rüstungsdynamik in Ost und West ungebrochen. Steigende Rüstungsausgaben untergraben die nationalen Haushalte und verschlingen wertvolle Ressourcen. Und hierbei geht es nicht allein um das Geld – um viel Geld, das wir dringend nötig hätten, um die eigentlich großen und drängenden Probleme unserer Zeit kraftvoll anzugehen –, es geht vor allem auch um die vielen Menschen, deren Geist, Fantasie, Einsatzfreude und Kraft auf bedrückende Weise für Unsinniges, Zerstörerisches vergeudet und missbraucht werden. Unsere Gesellschaft bietet uns immer weniger Gelegenheiten zum wirklich sinnvollen und für die Menschen nützlichen Handeln. Das Wenige, was uns immer noch nützlich erscheint, entpuppt sich dann oft auch nur als kleine Reparatur, als Maßnahme zur Schadensbegrenzung oder als hilfloser Rettungsversuch auf dem Hintergrund eines ungebremsten Zerstörungsprozesses. Unsere Gesellschaft fordert uns nicht auf, sie motiviert uns nicht einmal, die tieferen Ursachen der Probleme zu ergründen und geeignete Lösungen zu ersinnen. Wir alle streben danach, unserem Leben Inhalt zu geben und es mit Sinn zu erfüllen. Wir wollen dazu beitragen, die Not der Menschen auf dieser Erde zu lindern, die schreienden Ungerechtigkeiten zu beseitigen oder wenigstens zu mildern, unsere Umwelt in ihrer Schönheit und Vielseitigkeit zu erhalten – und dies nicht nur aus reiner Selbstlosigkeit und reinem Altruismus, sondern weil wir unmittelbar empfinden und wissen, dass unsere Welt eine große Einheit darstellt, in der nicht Teile leiden können, ohne dass wir selbst leiden. Wir können und wollen uns nicht damit begnügen, immer und immer wieder auf die augenblicklichen, unheilträchtigen Entwicklungen hinzuweisen und gegen die übermächtigen Kräfte, die den Frieden bedrohen und unsere Umwelt zugrunde richten, anzudiskutieren und zu demonstrieren. Wir wollen aus diesem frustrierenden Gegenstemmen, aus dieser bedrückenden Negativhaltung heraus, die uns zu Unrecht zu Pessimisten stempelt. Denn eigentlich sind wir die Optimisten, da wir noch nicht den Glauben aufgegeben haben, dass den Menschen in höchster Not und Gefahr ungeahnte Fähigkeiten der

Wahrnehmung, des Lernens und der Einsicht zuwachsen können, die sie letztlich vor dem Absturz zu bewahren vermögen. Es ist allerhöchste Zeit, dass wir unsere geistigen und physischen Kräfte der Lösung der großen und drängenden Menschheitsprobleme widmen, bevor es zu spät ist. Diese Probleme überfordern uns als Einzelne alle. Unsere Hilflosigkeit verleitet uns dazu, sie zu verdrängen und ihre Lösung künftigen Generationen zuzuschieben. Die Lösung dieser Probleme erfordert die gemeinsame Anstrengung von sehr vielen Menschen. Um ihre Mitarbeit jedoch zu ermöglichen, ist es nötig, dass diese globalen Probleme auf geeignete Weise in eine große Zahl kleinerer, überschaubarer und griffiger Teilprobleme zerlegt werden, deren Lösung unseren begrenzten Vorstellungen, Fähigkeiten und Kräften besser angemessen ist.

Das *Global Challenges Network (GCN)* wurde zu dem Zweck gegründet, langfristig ein Netz aus Projekten und Gruppen zu knüpfen, die arbeitsteilig und koordiniert an der Bewältigung solcher umfassender, menschheitsbedrohender Probleme arbeiten. Durch die Konzentration auf die allen Menschen gleichermaßen wesentlichen Anliegen soll es wirksam zur Vertrauensbildung zwischen West und Ost beitragen. Als erster wichtiger Schritt soll zunächst in diesem Rahmen eine *International Science and Technology Study Group* gebildet werden. Sie soll aus einer kleinen Gruppe kompetenter und weitsichtiger Frauen und Männer bestehen und die Aufgabe haben,

- die wichtigsten globalen Probleme zu benennen,
- diese zu strukturieren und geeignet in fassbare Teilprobleme zu zerlegen,
- Prioritäten in Bezug auf Dringlichkeit und Machbarkeit anzugeben,
- praktische Lösungsansätze und -einstiege aufzuzeigen und schließlich
- wissenschaftliche, technische, industrielle und »Grass-roots«-Potenziale intellektueller und materieller Art zu ihrer Bearbeitung und Durchführung ausfindig zu machen und gegebenenfalls sogar zu initiieren.

Im Zusammenhang mit der Arbeit dieser Studiengruppe und zur Vorbereitung einer angemessenen Übertragung konkreter Teilaufgaben an dafür kompetente Gruppen sollen bereits bestehende Projekte und Gruppen auf nationaler und internationaler Ebene geeignet erfasst und miteinander vernetzt werden. Darüber hinaus soll *Global Challenges Network* auch neuen Initiativen die organisatorische Anbindung an das weltweite Netzwerk ermöglichen und ihre Einbindung in bestimmte, für sie interessante Projekte erleichtern. Auf lange Sicht soll auf diese Weise u. a. die Voraussetzung dafür geschaffen werden, dass im Bereich der Ökologie, des Ressourcenschutzes, der Nord-Süd-Problematik, der Weltwirtschaftsfragen und der Friedenssicherung auch umfangreiche und kostenintensive Projekte, wie sie sonst in dieser Größenordnung nur im militärisch-wirtschaftlichen Komplex verwirklicht werden können, machbar werden. Die Tätigkeitsfelder von *Global Challenges Network* sollen dabei nicht auf wissenschaftliche und technische Belange beschränkt sein, wie dies vielleicht durch den Namen der Studiengruppe suggeriert wird. Dieser Name soll nur zum Ausdruck bringen, dass am Anfang der Arbeit der Studiengruppe wissenschaftlich-technische Fragen, da sie gewöhnlich einfacher sind, etwas im Vordergrund stehen sollen. Die Tätigkeitsfelder wollen und müssen auch kulturelle Projekte mit einschließen. *Global Challenges Network* will vom Nachdenken und Forschen über globale Probleme – wie dies etwa vom Club of Rome oder von Global 2000 begonnen wurde – zum Handeln übergehen. *Global Challenges Network* soll den institutionellen Rahmen liefern, innerhalb dessen die praktische Umsetzung der Problemlösung möglich wird.«

Die Gründung des *Global Challenges Network* wurde von den Engagierten freudig aufgenommen und durch einen öffentlichen Plenarvortrag auf dem großen internationalen Friedenskongress 1987 in Moskau gewürdigt. Die Forderung nach einer besseren Vernetzung wurde als wesentlich begrüßt. Es stellte sich allerdings sehr schnell heraus, dass *GCN* die für eine befriedigende Vernetzung notwendige Logistik mit ihren bescheidenen finanziellen Mitteln und Kräften nicht bereitstellen konnte. Dies führte dazu, dass *GCN* einen ernsthaften Versuch unternahm, die Vernetzung über ein *elektronisches Netzwerk* zu versuchen. Zu diesem Zwecke wurde ein *GCN*-internes Projekt gestartet: »Ein allgemein zugängliches Mess- und Kommunikationsnetz zur Umweltbeobachtung und -überwachung«. Ein solches Computernetzwerk sollte, wie es damals formuliert wurde, »allen Personen, Institutionen und Organisationen weltweit zugänglich sein, die am Erhalt unserer Umwelt interessiert sind und sich daran auch aktiv beteiligen wollen. Dies bedeutet, dass dieses Computernetzwerk sowohl für Laien als auch Fachleute brauchbar sein muss«. Ein preisgünstiges Computernetzwerk sollte sich deshalb weitgehend auf schon bestehende Geräte und Einrichtungen stützen, was bedeutete, dass man von den damals etwa 10 Millionen schon weltweit existierenden PCs und den öffentlichen Telefonnetzen Gebrauch machen wollte.

Unsere Vision bei *GCN* hatte damals, wie leicht zu erkennen ist, schon vieles gemein mit dem, was heute durch das *»Internet«* verwirklicht worden ist. Trotz großer Anstrengungen ist es *GCN* damals nicht gelungen, die Software zu finden oder selbst zu schreiben, wie sie für ein solch ehrgeiziges Unterfangen erforderlich gewesen wäre. Aufgrund der hohen Komplexität der Aufgabe und der Notwendigkeit leistungsfähigerer PCs ist unser Scheitern vor 10 Jahren aus heutiger Sicht mehr als verständlich.

Chancen und Risiken des Internets

Das heute existierende Internet, das aus einer großräumigen Vernetzung der an und mit den großen Beschleunigerzentren arbeitenden Hochenergiephysiker hervorgegangen ist, gibt uns eine fantastische Chance, Vorstellungen einer weltweiten Vernetzung, von denen vor 12 Jahren bei *GCN* geträumt wurde, in hohem Maße realisieren zu können. Die Bürger und Bürgerinnen haben heute die Möglichkeit, schnell und effizient an die von ihnen gewünschten Daten heranzukommen und sie beliebig innerhalb eines Landes oder auch über die Ländergrenzen hinweg auszutauschen. Prinzipiell kann dies zu einem Empowerment der Menschen in großer Zahl führen, da ihnen damit eine neue Stimme zuwächst, mit der sie ihrer Meinung Ausdruck verleihen und durch die sie, in einem von ihnen selbst gewählten Umfange, auf ihre Mitmenschen und Mitwelt Einfluss nehmen können. Damit ergibt sich für sie die Möglichkeit, sich vermehrt und gezielter an der kreativen Gestaltung ihrer Zukunft und ihrer Gesellschaft zu beteiligen.

Die Frage ist, ob das Internet, so, wie es sich heute global innerhalb der Weltgesellschaft entfaltet hat und voraussichtlich noch weiterentwickeln wird, tatsächlich dazu beitragen kann, nicht nur das Angebot an relevanter Information zu vergrößern und ihren Austausch zu erleichtern, sondern damit auch die Kommunikation zwischen den Menschen und Völkern zu verbessern. Diese Bedingung ist nicht automatisch erfüllt. Zunächst erlaubt ja ein elektronisches Netzwerk wie das Internet nur die schnelle und unkomplizierte Bereitstellung einer ungeheuren Datenfülle für alle, die über die geeigneten Sender- und Empfangswerkzeuge verfügen, und den fast instantanen (praktisch mit Lichtgeschwindigkeit) Austausch solcher Daten über alle irdischen Entfernungen. Kommunikation zwischen Menschen verlangt jedoch mehr als Datenaustausch. Der Datentransfer muss das Bewusstsein der vernetzten Menschen ansprechen, muss bei ihnen Betroffenheit und Nachdenklichkeit auslösen. Daten müssen gedeutet, inhaltlich verarbeitet, verdaut werden, um nichttriviale Schlüsse für nichtautomatische Reaktionen daraus ziehen zu können, also genuine Dialoge erlauben, auf die eine Kommunikation im eigentlichen Sinne zielt. Kommunikation zwischen zwei Personen, die über den unreflektierten Austausch von Daten hinausgeht, ist ein echt kreativer Prozess, durch den ein neues Ganzes geschaffen wird, das mehr ist als die Summe aller ausgetauschter Daten.

Offensichtlich ist: Ohne die Möglichkeit des Datenaustausches gibt es keine Kommunikation. Doch gilt auch umgekehrt die Einschränkung: Bei einer Datenüberschwemmung sinken die Möglichkeiten der Kommunikation, da keine Zeit mehr bleibt, die Daten entsprechend ihrer Relevanz zu gewichten und zu werten und ihnen die angemessene Aufmerksamkeit zukommen zu lassen. Gerade in der Möglichkeit einer Informationsüberflutung liegt eine große Gefahr des Missbrauchs. Die auf unserer Erde in über drei Milliarden Jahren entstandenen vielfältigen Lebensformen zeichnen sich nicht durch eine Maximierung ihrer Kommunikationsmöglichkeiten mit ihrem Umfeld aus. Ihre Überlebensfähigkeit hängt vielmehr entscheidend davon ab, in welchem Maße es ihnen gelingt, die für ihr Überleben *irrelevante* Information erst gar nicht wahrzunehmen oder sie effizient zu unterdrücken. Es ist also nicht in erster Linie die Fülle der verschiedenen wahrnehmbaren Signale, die einen Überlebenserfolg unterstützt, sondern mehr die präzise Deutung der für ein Überleben wesentlichen Signalkombinationen, gewissermaßen bestimmter Signalmuster. Dies ist uns von der Nutzung des drahtlosen Telefon-Funknetzes geläufig, das auf der

Frequenzmodulation von elektromagnetischen Wellen im Gigahertzbereich basiert, einem engen Frequenzbereich, der zwischen Frequenzen des infraroten Lichtes und des Fernsehens liegt. Durch die spezielle Einstellung des Senders unseres Handys und das Eintippen der gewünschten Rufnummern wird die Auswahl eines ganz bestimmten Schwingungsmusters ermöglicht, in dem das von uns gewählte Ferngespräch verschlüsselt ist. Die exakte Mustererkennung ist also für eine störungsfreie Verbindung wesentlich, welche wiederum die Voraussetzung für die ausgewählte Kommunikation ist. Eine globale und interaktive Vernetzung erlaubt schnelle Kontaktaufnahme und weltweite Dialogfähigkeit sowie den raschen Zugriff auf mentale Werkzeuge wie Anleitungen und Datenspeicher verschiedenster Art. Prinzipiell könnte sie deshalb geeignet sein, die geografischen und nationalen Eingrenzungen von Kulturen zu überwinden, ohne dabei die kulturelle Vielfalt zu opfern. Die Weltgemeinschaft könnte sich zu einem Kulturmosaik entwickeln, das seine Lebendigkeit aus einer dezentralen Bindungsstruktur bezieht und gleichzeitig durch die Unterschiedlichkeit seiner Komponenten eine hohe Flexibilität besitzt, die dem Menschen seine Zukunftsfähigkeit sichern hilft.

Die Frage bleibt allerdings, ob diese neuen globalen Beziehungsstrukturen nicht wieder Machtzusammenballungen von einer ganz neuen Art provozieren und somit zur alten Problematik zurückführen, bei denen kleine Eliten über viele Entrechtete herrschen. Gefahren für die Herausbildung neuer Machtstrukturen im Internet sind leicht auszumachen. Die Informationsfülle schreit nach geeigneten Auswahlprinzipien, damit jeder schnell und effizient jeweils das für ihn Relevante finden kann. Es wird deshalb viele spezialisierte Wegekundige geben, die ihre Dienste als Führer durch den Datendschungel anbieten. Dies eröffnet mannigfache Möglichkeiten, auf unbemerkte Weise in die neu erworbene größere Freiheit der Netzbenutzer einzugreifen. Die Manipulation könnte bei weitem das Maß überschreiten, mit denen die Medien heute schon den Menschen traktieren und ihn mit psychologischer Raffinesse zu einer selbst gewählten Versklavung verführen. Darüber hinaus – und im Gegensatz zu der normalen zwischenmenschlichen Kommunikation – findet der Informationsaustausch immer unter dem stets wachen, alles wahrnehmenden und nichts vergessenden Auge eines »Big Brother« statt, der für die kleine Elite, welche das System kennt und beherrscht, hemmungslos jede Auskunft geben wird. Des Weiteren dürfen wir nicht vergessen, dass dieses neue Kommunikationsmittel zunächst einen neuen Analphabetismus schafft, dem die Mehrzahl der Menschen noch zugerechnet werden muss. Das wäre nicht weiter schlimm, wenn sich dieser Zustand nach einiger Zeit ausgleichen würde. Bei der zunehmenden Armut in der Welt erscheint es jedoch nicht wahrscheinlich, dass dieses, wegen des relativ großen apparativen Aufwandes, trotz immenser Verbilligung in der Zukunft leicht erreicht werden kann. Auch beschleichen mich große Zweifel, ob eine weitgehende Ablösung der direkten zwischenmenschlichen Kommunikation durch den virtuellen Austausch über den Bildschirm eines Monitors wirklich erstrebenswert ist, wenn wir ein Hauptziel – »die volle Entfaltung des Menschen als *homo sapiens sapiens* mit allen seinen physischen, emotionalen und spirituellen Potenzialen« – nicht opfern wollen. Wir wären wohl gut beraten, wenn wir das Instrument der globalen Vernetzung maßvoll nutzen lernen und es nur als ein weiteres mögliches Instrument betrachten würden, mit dem wir insbesondere versuchen, die globalen Probleme, die alle Menschen betreffen – und hierzu gehört an wesentlicher Stelle die Zukunftsfähigkeit des *homo sapiens sapiens* –, im Geiste eines Gewinn-Gewinn-Spiels gemeinsam einer Lösung zuzuführen. Es sollte uns dabei immer bewusst bleiben: Die Technik ist für den Menschen da und nicht umgekehrt!

Literatur – Eine Auswahl

Hannah Arendt: The Origins of Totalitarianism, Harcourt Brace Jovanovich, New York 1951; Deutsche Ausg.: Elemente und Ursprünge totaler Herrschaft, München/Zürich, 4. Aufl. 1995

Elzbieta Ettinger: Hannah Arendt – Martin Heidegger, München/Zürich 1995

Hannah Arendt – Mary McCarthy: Im Vertrauen – Briefwechsel 1949–1975, München/Zürich 1995

Arthur Miller: Timebends – A Life, New York 1987; Deutsche Ausg.: Zeitkurven – ein Leben, Frankfurt/Main 1987

Hannah Arendt: Eichmann in Jerusalem, München/Zürich 1992

Hannah Arendt: Zwischen Vergangenheit und Zukunft – Übungen im Politischen Denken I, Hrsg. Ursula Ludz, München 1994

Hans-Peter Dürr: Das Eine, das Ganze und seine Teile, 1992 zum 80. Geburtstag von C. F. von Weizsäcker, In: Poesis 8, 1993

Hans-Peter Dürr: Sheldrakes Vorstellungen aus dem Blickwinkel der modernen Physik. In: Rupert Sheldrake in der Diskussion, Hrsg. Dürr, H.-P., Gottwald, F.-Th., Bern/München 1997

Hans-Peter Dürr. Verantwortung für die Natur, Hrsg. Haller, M., Zürich 1992

Hans-Peter Dürr: Die Zukunft ist ein unbetretener Pfad, Hrsg. Braeuning, M., Freiburg 1995

Hans-Peter Dürr: Das Netz des Physikers, München, 3. Aufl. 2000

Arthur Eddington: The Philosophy of Physical Science, University of Michigan Press 1967; Deutsche Ausg.: Philosophie der Naturwissenschaften, Sammlung Dalb, 11, Bern 1939

Paul Feyerabend: Wider den Methodenzwang, Frankfurt/Main 1991

Hans Immler: Vom Wert der Natur, Wiesbaden 1990

Bibliografische Nachweise

Gott, der Mensch und die Wissenschaft
Vortrag im Rahmen des 4. Kulturkongresses, Haus der Industrie, Wien, 1998 »Europa – mehr als ein geografischer Begriff«

Naturwissenschaftliche Erfahrung und Wirklichkeitserfahrung
Vortrag im Rahmen des 2. Kulturkongresses, Akademie der Wissenschaft, Wien, November 1996
»Auf der Suche nach dem verlorenen Gott – Zukunft von Religion und Glaube in einer säkularisierten Welt«

Emanzipation des Lebendigen im Lichte der modernen Physik
VDW-Studiengruppe 1997–1999, Berlin, »Moderne Pflanzenzüchtung und Gesellschaft«

Technologie und Weltanschauung
Fragen an das 21. Jahrhundert, Eine Anthologie der Zukunft, Redaktion »Der Österreich 1 Essay«, 1999

Wie offen ist die Zeit?
Ringvorlesung an der Technischen Universität München, 1993

Möglichkeiten menschlicher Zukunft
3. Internationaler Kongress des FORUM Verlags, Visionen menschlicher Zukunft, Congress Center Bremen, 1996

Bevölkerungswachstum und Umweltzerstörung
Betrachtungen anlässlich der Eröffnung der Weltbevölkerungskonferenz in Kairo, September 1994

Bildung ohne Kunst und Musik
Podiumsdiskussion anlässlich der geplanten Reformen in Realschule und Gymnasium in der Bayerischen Akademie der Schönen Künste, München, Januar 1999

Zukunftsfähige Weltgesellschaft
Veröffentlicht in stark gekürzter Form im Standpunkt, Themenheft der IG-Metall, Nr. 5, November 1996

Energie und Syntropie
Symposium des UFZ-Umweltforschungszentrums Leipzig-Halle, »Nachhaltigkeit – Bilanz und Ausblick«, Leipzig, 1997

Die 1,5-Kilowatt-Gesellschaft
3. Internationaler Kongress des FORUM Verlags, Visionen menschlicher Zukunft, Congress Center Bremen, 1996

Habitat II – Zukünftige Stadtentwicklung
Diskussionsbeitrag für das Bundesministerium für Raumordnung, Bauwesen und Städtebau, 1996

Naturverständnis und politische Macht
Göttinger Universitätsforum der Konrad-Adenauer-Stiftung, Forum zum 20. Todestag von Hannah Arendt, Universität Göttingen, Dezember 1995

Zur Rolle und Verantwortung der Wissenschaftler
IPPNW-Benefizkonzert für die Kinder von Tschernobyl, Berlin, 1997

Bedeutung und Ziel der Zivilgesellschaft
veröffentlicht in: Dritter Sektor – Dritte Kraft,
Hrsg. Rupert Graf Strachwitz, Stuttgart 1998

Vernetzung der Zivilgesellschaft als Chance für Zukunftsfähigkeit
GCN-Newsletter, Mai 1999

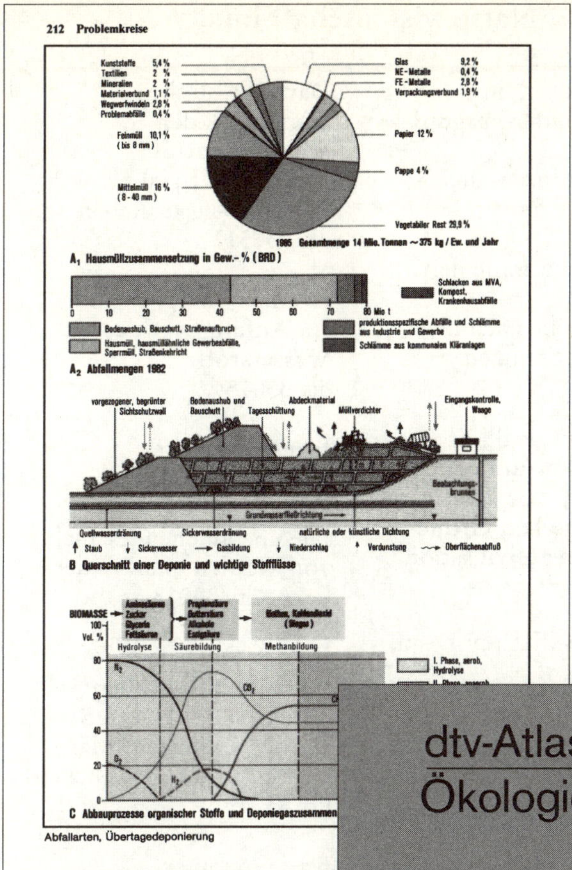

dtv-Atlas Ökologie
von Dieter Heinrich und
Manfred Hergt
122 Farbseiten
von R. und R. Fahnert
Originalausgabe
dtv 3228

20 Tage im 20. Jahrhundert

Herausgegeben von
Norbert Frei, Klaus-Dietmar Henke und Hans Woller

Diese Buchreihe ist die Grundlage der gleichnamigen Fernsehdokumentation der ARD.

Volker R. Berghahn
Sarajewo, 28. Juni 1914
Der Untergang des alten Europa
dtv 30601

Dietrich Beyrau
Petersburg, 25. Oktober 1917
Die russische Revolution und der Aufstieg des Kommunismus
dtv 30602
(i.Vb.)

Hans Woller
Rom, 28. Oktober 1922
Die faschistische Herausforderung
dtv 30603

Jürgen Osterhammel
Shanghai, 30. Mai 1925
Die chinesische Revolution
dtv 30604

Hans Mommsen
Auschwitz, 17. Juli 1942
Genozid und Ausrottungspolitik
dtv 30605
(i. Vb.)

Jost Dülffer
Jalta, 4. Februar 1945
Der Zweite Weltkrieg und die Entstehung der bipolaren Welt
dtv 30606

Detlef Bald
Hiroshima, 6. August 1945
Die nukleare Bedrohung
dtv 30607

Dietmar Rothermund
Delhi, 15. August 1947
Das Ende kolonialer Herrschaft
dtv 30608

Franz Knipping
Rom, 25. März 1957
Die Einigung Europas
dtv 30609

Robert D. Johnson
Washington, 20. Januar 1961
Der amerikanische Traum
dtv 30610

Helmut Mejcher
Sinai, 5. Juni 1967
Krisenherd Naher und Mittlerer Osten
dtv 30611

20 Tage im 20. Jahrhundert

Herausgegeben von
Norbert Frei, Klaus-Dietmar Henke und Hans Woller

Norbert Frei
Paris, 13. Mai 1968
Kulturprotest und Gesellschaftsreform
dtv 30612 (i.Vb.)

Brigitte Röthlein
Mare Tranquillitatis, 20. Juli 1969
Die wissenschaftlich-technische Revolution
dtv 30613

Wilfried Loth
Helsinki, 1. August 1975
Entspannung und Abrüstung
dtv 30614

Harold James
Rambouillet, 15. November 1975
Die Globalisierung der Wirtschaft
dtv 30615

Mária Huber
Moskau, 10. März 1985
Die Auflösung des sowjetischen Imperiums
dtv 30616 (i. Vb.)

Franz J. Brüggemeier
Tschernobyl, 26. April 1986
Die ökologische Herausforderung
dtv 30617

Klaus-Dietmar Henke, Kurt Sontheimer
Berlin, 9. November 1989
Die deutsche Frage
dtv 30618 (i. Vb.)

Walther L. Bernecker
Port Harcourt, 10. November 1995
Aufbruch und Elend in der Dritten Welt
dtv 30619

Michael Jeismann
Boston, 26. Dezember 2000
Schöne neue Welt: Erwartung und Erfahrung
dtv 30620 (i. Vb.)